O QUE NOS FAZ BONS OU MAUS

PAUL BLOOM

O QUE NOS FAZ BONS OU MAUS

Tradução
Eduardo Rieche

7ª edição

Rio de Janeiro | 2025

CIP-BRASIL. CATALOGAÇÃO NA PUBLICAÇÃO
SINDICATO NACIONAL DOS EDITORES DE LIVROS, RJ

Bloom, Paul

B616q   O que nos faz bons ou maus / Paul Bloom; tradução: Eduardo Rieche. –
7ª ed.   7ª ed. – Rio de Janeiro: BestSeller, 2025.
il.

Tradução de: Just babies
Apêndice
ISBN 978-85-7684-705-2

1. Ciências sociais. 2. Psicologia. 3. Genética. 4. Moralidade. I. Título.

CDD: 813
14-12046   CDU: 821.111(73)-3

Texto revisado segundo o novo Acordo Ortográfico da Língua Portuguesa.

Título original
JUST BABIES
Copyright © 2013 by Paul Bloom
Copyright da tradução © 2014 by Editora Best Seller Ltda.

Todos os direitos reservados. Proibida a reprodução,
no todo ou em parte, sem autorização prévia por escrito da editora,
sejam quais forem os meios empregados.

Direitos exclusivos de publicação em língua portuguesa para o Brasil
adquiridos pela
EDITORA BEST SELLER LTDA.
Rua Argentina, 171, 3º andar, São Cristóvão
Rio de Janeiro, RJ – 20921-380
que se reserva a propriedade literária desta tradução

Impresso no Brasil

ISBN 978-85-7684-705-2

Seja um leitor preferencial Record.
Cadastre-se em www.record.com.br e receba informações sobre
nossos lançamentos e nossas promoções.

Atendimento e venda direta ao leitor:
sac@record.com.br

Dedicado a Elaine Reiser e a Murray Reiser,
pelo amor e apoio

O destino do homem é viver em sociedade. Sua moralidade, portanto, teve de ser moldada a este objetivo. Sua percepção inata de certo e errado está exclusivamente relacionada a isso. Este sentido faz parte de sua natureza, tanto quanto os sentidos da audição, da visão e do tato; ele é o verdadeiro fundamento da moralidade. (...) O senso ou a consciência moral faz parte do homem tanto quanto uma perna ou um braço. Todos os seres humanos o possuem em maior ou menor grau, da mesma forma que seus membros têm maior ou menor força. Ele pode ser fortalecido com o exercício, como qualquer outro membro específico do corpo.

— THOMAS JEFFERSON, 1787

Sumário

Prefácio 11

1. A vida moral dos bebês 17

2. Empatia e compaixão 45

3. Equidade, status e punição 73

4. Os outros 119

5. Os corpos 153

6. A importância da família 183

7. Como ser bom 213

Agradecimentos 249

Notas 253

Prefácio

Em 2005, uma escritora que mora em Dallas ficou sabendo que uma conhecida sua estava sofrendo de uma doença renal. Sem a realização de um transplante, Sally Satel logo estaria em diálise, presa a uma máquina que filtraria o seu sangue três dias por semana. Depois de fazer algumas pesquisas e conversar com seu marido, Virginia Postrel voou para Washington, D.C., e doou seu rim direito para Sally. Normalmente, transplantes renais ocorrem entre membros da mesma família, mas Virginia e Sally não eram nem sequer amigas íntimas. Ainda assim, Virginia afirmou que sentia empatia pela situação de Sally, e que gostava da ideia de ser capaz de ajudar de uma forma direta. Outros vão ainda mais longe: cadastram-se em sites como o matchingdonors. com e organizam a doação de seus rins e outros órgãos para indivíduos completamente desconhecidos.

Algumas pessoas veem esse tipo de altruísmo como evidência de um código moral implantado por Deus. Entre elas, estão cientistas proeminentes como Francis Collins, diretor dos Institutos Nacionais de Saúde, que argumenta que tais atos de altruísmo provam que nossos juízos e ações morais não podem ser totalmente explicados pelas forças da evolução biológica. Eles exigiriam uma explicação teológica.

Ao lado dessa transcendente amabilidade, porém, existe uma crueldade assustadora. Esta manhã, li no jornal sobre um homem que foi rejeitado pela namorada; mais tarde, ele a perseguiu e jogou ácido em seu rosto. Lembro-me da primeira vez que ouvi falar do Holocausto, quando eu era criança, de câmaras de gás, médicos sádicos e crianças que eram transformadas em sabão e cúpulas de abajur. Se a nossa maravilhosa amabilidade é uma evidência de Deus, seria a nossa capacidade de provocar um mal devastador uma prova do Diabo?

E ainda existem os atos mais mundanos de gentileza e crueldade. No meu caso, são as coisas ruins que mais me marcam. Algumas das escolhas que fiz no passado ainda me causam embaraço (se isto não acontece com você, então você é uma pessoa muito melhor do que eu — ou muito pior). Alguns foram erros honestos, com base no que eu achava que era certo naquele momento. Em outros casos, porém, eu sabia qual era a coisa certa a fazer, mas escolhi fazer outra. Como Yoda parece ter afirmado, "forte é o poder do lado negro". Ainda assim, ao mesmo tempo que confesso ter preservado meus dois rins, sacrifiquei-me para ajudar os outros e corri riscos em nome de causas que considerei corretas. Sob todos esses aspectos, sou perfeitamente normal.

A moralidade nos fascina. As histórias de que mais gostamos, sejam de ficção (como nos romances, programas de televisão e filmes) ou reais (como no jornalismo e em relatos históricos), são contos sobre o bem e o mal. Queremos que os mocinhos sejam recompensados — e queremos, realmente, que os bandidos sofram.

PREFÁCIO

Nosso apetite pela punição pode chegar a extremos. Na Inglaterra, há alguns anos, um gato foi encontrado preso dentro de uma lixeira, depois de ter sido dado como desaparecido havia muitas horas. O dono do gato descobriu o que havia acontecido pelas imagens de uma câmera de segurança voltada para a rua. Uma mulher de meia-idade havia pegado o gato, olhado ao redor, aberto a lixeira e jogado o animal lá dentro. Em seguida, ela fechou a lixeira e foi embora. O dono postou esse vídeo no Facebook, e a mulher, Mary Bale, foi rapidamente identificada. Ora, não é difícil perceber por que a ação de Bale seria perturbadora para o dono do gato (e para o gato, obviamente), mas milhares de pessoas se sentiram muito abaladas pelo que viram. Elas queriam sangue. Alguém criou uma página no Facebook chamada "Morte a Mary Bale", e a mulher teve que ser colocada sob proteção policial. De fato, pessoas já foram assassinadas por multidões que as consideraram responsáveis por atos imorais — incluindo atos que outros acreditam ser moralmente aceitáveis, como ter relações sexuais antes do casamento.

Como podemos compreender melhor nossas naturezas morais? Muitos concordam com Collins que esta é uma questão teológica, enquanto outros acreditam que a moralidade é melhor compreendida pelas ideias de romancistas, poetas e dramaturgos. Alguns preferem abordar a moralidade a partir de uma perspectiva filosófica, levando em consideração não o que as pessoas pensam e como elas agem, mas questões de ética normativa (*grosso modo*, como se deve agir) e de metaética (*grosso modo*, a natureza do bem e do mal).

E também existe a ciência. Podemos explorar nossas naturezas morais usando os mesmos métodos empregados no estudo de outros aspectos de nossa vida mental, como a linguagem, a percepção ou a memória. Podemos observar o raciocínio moral através das sociedades ou explorar a forma como as pessoas são diferentes em uma mesma sociedade — liberais e conservadores nos Estados Unidos, por exemplo. Podemos examinar casos incomuns, tais como os psicopatas de sangue frio. Poderíamos nos perguntar se criaturas como os chimpanzés têm algum aspecto que possamos identificar como moralidade, e podemos nos concentrar na biologia evolutiva para explorar como um senso moral pode ter evoluído. Os psicólogos sociais podem investigar como as características do ambiente estimulam a gentileza ou a crueldade, e os neurocientistas podem analisar as partes do cérebro que estão envolvidas no raciocínio moral.

Abordarei todos esses aspectos nas páginas que se seguem. Entretanto, como psicólogo do desenvolvimento, estou interessado, primordialmente, em pesquisar a moralidade sob a ótica de suas origens em bebês e crianças pequenas. Argumentarei que a pesquisa desenvolvimentista contemporânea nos revela algo impressionante sobre nossas vidas morais. Ela comprova que Thomas Jefferson estava certo quando, em uma carta a seu amigo Peter Carr, escreveu: "O senso ou a consciência moral faz parte do homem tanto quanto uma perna ou um braço. Todos os seres humanos o possuem em maior ou menor grau, da mesma forma que seus membros têm maior ou menor força."

A visão de Jefferson, de que temos um senso moral arraigado, foi compartilhada por alguns dos filósofos iluministas de seu tempo, incluindo Adam Smith. Quando eu estava em Edimburgo, no verão anterior à conclusão deste livro, fiquei extasiado com *A teoria dos sentimentos morais*. A maioria das pessoas conhece Smith por sua obra mais famosa, *A riqueza das nações*, mas ele próprio considerava seu primeiro livro melhor. A obra é muito bem escrita, séria e generosa, com ideias perspicazes sobre a relação entre a imaginação e a empatia, os limites da compaixão, nosso desejo de punir os delitos alheios e muito mais. É emocionante avaliar as descobertas científicas contemporâneas pelos olhos de Smith, e eu o citarei a um grau que talvez chegue a ser constrangedor, como um jovem estudante que tivesse lido apenas uma única obra.

Grande parte deste livro descreve como a psicologia do desenvolvimento, amparada pela biologia evolutiva e pela antropologia cultural, favorece a visão de Jefferson e de Smith de que alguns aspectos da moralidade nos são inerentes. Nossos dotes inatos são:

- Um senso moral — certa capacidade de distinguir entre as ações gentis e as cruéis;
- Empatia e compaixão — sofrer com a dor dos que nos cercam e ter vontade de acabar com este sofrimento;
- Um senso rudimentar de equidade — uma tendência a favorecer divisões equitativas dos recursos;
- Um senso rudimentar de justiça — o desejo de ver as boas ações recompensadas e as más ações punidas.

No entanto, a nossa bondade inata apresenta, algumas vezes, trágicas limitações. Em 1651, Thomas Hobbes argumentou que o homem "no estado de natureza" é mau e egoísta, e me aprofundarei neste ponto, investigando de que forma Hobbes tinha razão. Somos, por natureza, indiferentes, e até mesmo hostis, a desconhecidos; temos uma propensão ao bairrismo e à intolerância. Algumas de nossas respostas emocionais instintivas, mais notavelmente a aversão, nos estimulam a fazer coisas horríveis, incluindo atos de genocídio.

No penúltimo capítulo, mostro como uma compreensão das naturezas morais dos bebês pode fundamentar uma nova perspectiva sobre a psicologia moral dos adultos, uma perspectiva que leve em consideração a nossa tendência natural a dividir o mundo em família *versus* amigos *versus* desconhecidos. E termino investigando como viemos a transcender a moralidade com a qual nascemos — como a nossa imaginação, a nossa compaixão e, especialmente, a nossa inteligência dão origem à percepção moral e ao progresso moral, nos tornando mais do que apenas bebês.

1

A VIDA MORAL DOS BEBÊS

O bebê de 1 ano de idade decidiu fazer justiça com as próprias mãos. Ele havia acabado de assistir a um teatro de fantoches com três personagens. O boneco do meio jogava uma bola para o boneco da direita, que lhe passava a bola de volta. Em seguida, ele jogava a bola para o boneco do lado esquerdo, que saía correndo com ela. No fim da apresentação, o boneco "bom" e o boneco "mau" foram retirados do palco e colocados diante do menino. Um presentinho foi posicionado em frente a cada um dos bonecos, e o garoto foi instruído a remover um dos presentes. Conforme previsto, e como a maioria das crianças pequenas que participaram desse experimento fez, ele retirou o presente do boneco "mau" — aquele que havia fugido com a bola. Mas não foi só isso. O bebê, então, se inclinou e deu uma palmadinha na cabeça desse boneco.

Ao longo deste livro, vou sugerir que experimentos como esse mostram que alguns aspectos da moralidade nos são inerentes — e outros não. Temos um senso moral que nos permite julgar os outros e que orienta nossa compaixão e nossa reprovação. Somos naturalmente gentis com os outros, pelo menos em alguns momentos. Mas também possuímos instintos desagradáveis, que podem se transformar em maldade. O reverendo Thomas Martin não estava totalmente errado quando escreveu, no século XIX, sobre a "perversidade natural" das crianças, e concluiu que "trazemos ao mundo uma natureza repleta de más intenções".

Estou ciente de que a ideia de que os bebês são criaturas morais soa ridícula para alguns, por isso começarei esclarecendo sobre o que exatamente estou falando.

Por *bebês*, eu realmente quero dizer bebês — "choramingando e vomitando nos braços da ama", como diria Shakespeare. Mas há bebês e há bebês. Não falarei muito dos que tenham menos de 3 meses de idade, principalmente em função da carência de dados experimentais — é difícil estudar suas mentes usando os métodos dos quais dispomos. Sem esses dados, eu pensaria duas vezes antes de afirmar que tais criaturas minúsculas realmente têm uma vida moral. Afinal, mesmo que alguma moralidade nos seja inerente, muitas características naturais não surgem de imediato — pensemos nas sardas, nos dentes do siso e nos pelos nas axilas. O cérebro, assim como o resto do corpo, leva tempo para crescer, e, portanto, não estou defendendo que a moralidade esteja presente desde o nascimento. O que estou propondo, entretanto, é que certos fundamentos morais não são adquiridos pela aprendizagem. Eles não surgem no colo da mãe, nem na escola ou na igreja; ao contrário, são produtos da evolução biológica.

E quanto à "moralidade"? Nem mesmo os filósofos morais estão de acordo sobre o que a moralidade realmente é, e mui-

A VIDA MORAL DOS BEBÊS

tos dos que não são filósofos abominam o uso desta palavra. Ao contar às pessoas sobre o que eu estava escrevendo, mais de uma reagiu desta forma: "Não acredito em moralidade." Certa vez, alguém me disse — e não tenho certeza se era uma brincadeira ou não — que a moralidade nada mais era do que um conjunto de regras sobre com quem se pode ou não fazer sexo.

Argumentos sobre terminologia são entediantes; as pessoas podem usar as palavras da forma que lhes convier. Mas o que quero dizer com *moralidade* — aquilo que estou interessado em investigar, seja lá como a chamem — inclui muito mais do que as restrições sobre o comportamento sexual. Eis aqui um exemplo simples:

> *Um carro repleto de adolescentes passa lentamente ao lado de uma mulher idosa, que está parada em um ponto de ônibus. Um dos adolescentes se debruça na janela e dá um tapa na mulher, derrubando-a. Eles vão embora rindo.*

A menos que seja um psicopata, você vai achar que os adolescentes fizeram algo errado. E é um tipo de erro específico. Não é uma gafe social, como sair por aí com sua camisa do avesso, ou um equívoco factual, como pensar que o sol gira em torno da Terra. Não é uma infração de uma regra arbitrária, como mover um peão três casas adiante em um jogo de xadrez. E não é um erro de predileção, como achar que as sequências de *Matrix* foram tão boas quanto a original.

Sendo uma infração moral, esse erro se conecta a certas emoções e desejos. Você pode sentir compaixão pela mulher e raiva dos adolescentes; talvez você queira que eles sejam punidos. Eles deveriam se sentir mal pelo que fizeram; no mínimo, eles devem um pedido de desculpas à mulher. E se viesse a se lembrar, de repente, de que você foi como um desses adolescentes, talvez sentisse culpa ou vergonha.

Bater em alguém é uma infração moral das mais básicas. De fato, o filósofo e jurista John Mikhail sugeriu que o ato de bater intencionalmente em alguém sem permissão — *agressão* é o termo jurídico — equivale a uma maldade imediata e específica, à qual todos os seres humanos reagem. Eis aqui uma potencial regra moral que transcende o espaço e o tempo: se você der um soco na cara de alguém, é melhor ter uma boa razão para isso.

Há outras infrações morais menos diretas. Os adolescentes poderiam ter feito um comentário indiscreto. Ou poderiam ter riscado o carro dela, danificando-o; isso a prejudicaria, mesmo que ela não testemunhasse a ação. Eles poderiam ter matado o cachorro dela. Ou ter ficado completamente bêbados e a atropelado acidentalmente — isso seria errado, mesmo que não tivessem uma intenção maliciosa, porque eles deveriam ser mais cuidadosos.

Alguns erros podem ser cometidos sem nenhuma espécie de contato físico — eles poderiam ter vociferado um insulto racista, enviado por e-mail uma ameaça de morte, espalhado boatos maldosos a seu respeito, chantageado a mulher, postado fotos obscenas suas na Internet, e assim por diante. Sentado sozinho diante do meu computador, escrevendo tarde da noite, fico impressionado com o número de coisas terríveis e ilegais que eu poderia fazer sem deixar minha escrivaninha — cada um de nós vive a apenas algumas teclas de distância de um crime.

A VIDA MORAL DOS BEBÊS 21

É possível, até, ser imoral quando se opta por não fazer absolutamente nada. Certamente, os pais que escolhem não alimentar os filhos estão fazendo algo errado; a maioria de nós acharia o mesmo de alguém que deixa um cão ou um gato morrer de fome.

A esse respeito, a lei, algumas vezes, diverge do senso comum. Considere o caso de dois jovens — Jeremy Strohmeyer e David Cash Jr. — que, em 1988, entraram em um cassino em Nevada. Strohmeyer seguiu uma menina de 7 anos de idade até o banheiro feminino, a molestou e a assassinou. A incorreção do ato de Strohmeyer é óbvia, tanto do ponto de vista moral quanto legal. Mas o que dizer de Cash, que estava com Strohmeyer no banheiro e, sem muita convicção, tentou fazê-lo parar, e, depois, desistiu e foi dar uma volta? Como afirmou mais tarde, ele não iria "perder o sono pelos problemas dos outros".

Strohmeyer foi condenado à prisão, mas Cash, não, pois em Nevada não era ilegal deixar de impedir um crime. Ainda assim, muitos ficaram com a sensação de que ele havia feito algo errado. Houve manifestações contra ele em sua universidade e exigiram que fosse expulso (realmente, em resposta a este caso específico, os legisladores mudaram a lei de Nevada, em conformidade com o sentimento do público). Hoje em dia, Cash está sendo perseguido na Internet; as pessoas denunciam o seu paradeiro, esperando arruinar suas perspectivas de conseguir um emprego e fazer amigos, almejando destruir sua vida, mesmo sem terem sido pessoalmente afetadas por sua omissão. Isso ilustra o quanto as transgressões morais são importantes para nós. Não apenas constatamos o quanto Cash é um cara mau; alguns de nós estamos motivados a fazê-lo sofrer.

22 O QUE NOS FAZ BONS OU MAUS

Em outros tipos de erros morais, os danos causados não ficam tão claros. Pense em:

- Praticar sexo com animais (sem causar nenhum sofrimento ao animal);
- Quebrar a promessa feita a uma pessoa morta;
- Destruir a bandeira nacional;
- Ter contato sexual com uma criança enquanto ela dorme (mas a criança sai ilesa e nunca fica sabendo disso);
- Incesto consentido entre irmãos adultos;
- Canibalismo consensual (a pessoa A deseja ser comida pela pessoa B depois de sua morte, e a pessoa B satisfaz a sua vontade).

Ora, algumas dessas atividades podem realmente ser prejudiciais — por exemplo, o incesto, mesmo entre adultos, pode causar danos psicológicos. Mas, em muitos desses casos, fica claro que, em um sentido concreto, ninguém é prejudicado. Ainda assim, para muitas pessoas, tais ações incitam as mesmas reações que seriam desencadeadas por um ato como uma agressão física — raiva contra os autores, desejo de que eles sejam punidos, e assim por diante.

Os exemplos dessa lista podem parecer exóticos ou artificiais, mas podemos citar com facilidade ações reais em que não há vítimas envolvidas e que provocam o mesmo tipo de indignação moral. Em alguns lugares, as relações homossexuais consensuais são vistas como maléficas, e, em alguns países, elas são caso de pena de morte (então, sim, a moralidade, algumas vezes, *diz respeito* a quem está

A VIDA MORAL DOS BEBÊS

autorizado a dormir com quem). Em algumas sociedades, acredita-se que o sexo antes do casamento desonra a família da mulher, de tal modo que o pai pode se sentir obrigado a assassinar a própria filha para reparar a sua situação. Nos Estados Unidos e na Europa, há leis contra a prostituição, o uso de drogas, a eutanásia, o casamento entre irmãos adultos e a comercialização de órgãos. Tais restrições são, por vezes, justificadas em termos dos danos, mas, frequentemente, elas têm suas raízes em uma sensação de que tais ações são simplesmente erradas; de que, talvez, elas violem a dignidade humana. Qualquer teoria da psicologia moral tem que explicar como essas percepções funcionam e de onde elas vêm.

Nem toda moralidade está relacionada à incorreção. A moralidade também abrange questões de retidão, como foi muito bem ilustrado em um estudo sobre a ajuda espontânea em bebês, concebido pelos psicólogos Felix Warneken e Michael Tomasello. Em uma das situações do estudo, o bebê é mantido em uma sala, onde a mãe também está presente. Um adulto, com os braços abarrotados de coisas, entra na sala e tenta abrir a porta de um armário. Ninguém olha para a criança, nem a incita ou lhe pede ajuda. Ainda assim, cerca de metade dos bebês oferece ajuda — eles ficam em pé espontaneamente, cambaleiam um pouco e abrem a porta para o adulto.

Esse é um pequeno exemplo de um indivíduo em miniatura, mas observamos esta gentileza em larga escala quando as pessoas doam tempo, dinheiro ou, até mesmo, sangue para ajudar os outros, algumas vezes desconhecidos. Esse comportamento também é considerado moral; ele inspira emoções como orgulho e gratidão, e nós o descrevemos como bom e ético.

24   O QUE NOS FAZ BONS OU MAUS

O escopo da moralidade, então, é amplo, abrangendo tanto os elementos mais rigorosos e críticos quanto os elementos altruístas e mais brandos, incluindo, como destacou Adam Smith, "a generosidade, a humanidade, a gentileza, a compaixão, a amizade e a estima mútuas, todas as afeições sociais e benevolentes".

ALGUNS COSTUMES e crenças morais são claramente aprendidos, pois variam conforme as culturas. Qualquer pessoa que viaje ou até que leia bastante estará ciente das diferenças morais. Heródoto defendeu este ponto há 2.500 anos, em uma passagem de suas *Histórias*, começando por observar que "todos, sem exceção, acreditam que seus próprios costumes nativos, e a religião na qual foram educados, são os melhores". Em seguida, ele narra a história de Dario, rei da Pérsia:

> *Ele convocou os gregos que, por acaso, estavam presentes em sua corte e perguntou-lhes quanto eles exigiriam para comer os cadáveres de seus pais. Eles responderam, então, que não fariam isso por dinheiro nenhum no mundo. Mais tarde, na presença dos gregos, e através de um intérprete, de modo que pudessem entender o que estava sendo dito, ele perguntou a alguns hindus, de uma tribo chamada callatiae, e que, de fato, comiam os cadáveres de seus pais, quanto eles exigiriam para queimá-los. Eles proferiram um grito de horror e proibiram-no de mencionar coisas tão terríveis como essa. Pode-se ver, assim, o que os costumes podem fazer.*

É fácil pensar em crenças morais que são peculiares à nossa própria cultura e ao nosso tempo. Por exemplo, provavelmente quase todos os leitores deste livro acreditam que

A VIDA MORAL DOS BEBÊS

é errado odiar alguém apenas por causa da cor da pele. Esta, contudo, é uma visão moderna; pois, na maior parte da história humana, ninguém via nada de errado no racismo. Minha síntese favorita das diferenças morais contemporâneas é a do antropólogo cultural Richard Shweder, que oferece uma longa lista de coisas que são consideradas, por diferentes sociedades, como neutras, louváveis ou estarrecedoras:

> A masturbação, a homossexualidade, a abstinência sexual, a poligamia, o aborto, a circuncisão, o castigo corporal, a pena capital, o islamismo, o cristianismo, o judaísmo, o capitalismo, a democracia, a queima da bandeira, as minissaias, os cabelos longos, os que raspam a cabeça, o consumo de álcool, o consumo de carne, as vacinas, o ateísmo, a adoração de ídolos, o divórcio, o casamento de viúvas, o casamento arranjado, o casamento por amor romântico, pais e filhos que dormem na mesma cama, pais e filhos que não dormem na mesma cama, a autorização para que as mulheres trabalhem, a não autorização para que as mulheres trabalhem.

Mas, ao mesmo tempo que os trechos de Heródoto e Shweder ilustram a diversidade, eles também apontam para as categorias universais. De modo geral, os relatos etnográficos ignoram aquilo que é compartilhado pelos seres humanos, em parte por causa da tendência dos antropólogos a exagerar o exotismo das outras pessoas (algo que o antropólogo Maurice Bloch descreveu como "a má conduta profissional") e, em parte, porque, do ponto de vista antropológico, não há nada de interessante a dizer sobre os universais; seria como ler, em um guia de viagem, que as pessoas que você encontrará têm nariz, bebem água e envelhecem com o passar do tempo. É algo óbvio demais para que seja digno de nota. Pelo mesmo motivo, consideramos absolutamente normal que as pessoas, em todos os lugares, manifestem uma desaprovação natural diante de ações como mentir, quebrar uma promessa e cometer um homicídio. Heródoto não faz referência a pessoas que não se importam com o destino dos cadáveres; Shweder não descreve aqueles que ficam indiferentes diante do incesto. Pessoas assim não existem.

Se pensarmos na evolução apenas em termos da "sobrevivência do mais apto" ou da "natureza rubra em dentes e garras", então tais universais não fazem parte da nossa natureza. A partir de Darwin, porém, viemos a perceber que a evolução é muito mais sutil do que uma luta malthusiana pela existência. Hoje compreendemos como a força amoral da seleção natural pode ter incutido dentro de nós um pouco dos fundamentos do raciocínio e da ação morais.

Na verdade, um dos aspectos da moralidade, o da gentileza entre parentes, tem sido, há muito tempo, algo bastante fácil de explicar de um ponto de vista evolutivo. O exemplo mais puro, aqui, é o de um pai e um filho: não é necessário fazer uma sofisticada modelagem evolutiva para constatar que os genes dos pais que cuidam dos filhos são mais propensos a se disseminar pela população do que os dos pais que abandonam ou comem os filhos.

No entanto, também existem outros laços de parentesco, como entre irmãos e primos, e, embora eles possam ser mais fracos, a diferença é de grau, e não de categoria. Diz a lenda

A VIDA MORAL DOS BEBÊS

que, certa vez, perguntaram ao biólogo evolucionista J. B. S. Haldane se ele daria a sua vida para salvar um irmão que estivesse se afogando, e ele respondeu que não — mas que faria isso com toda alegria se fossem dois irmãos ou oito primos. Uma vez que ele compartilhava, em média, metade de seus genes com cada um de seus irmãos e um oitavo de seus genes com cada um de seus primos, essa seria a estratégia adequada sob a perspectiva genética. Ao fazer referência a esses cálculos, Haldane foi inteligente em sua resposta — poucas pessoas se deixam motivar conscientemente pelo desejo explícito de preservar seus genes —, mas os cálculos explicam, apenas, nossas motivações e desejos normais. No fim, no tocante aos genes, não existe uma diferença rigorosa entre um indivíduo e seus parentes de sangue. Dessa forma, genes egoístas podem produzir animais altruístas, animais que amam os outros animais como amam a si mesmos.

Também somos capazes de agir com amabilidade e generosidade com aqueles que não são nossos parentes consanguíneos. Em primeiro lugar, a origem evolutiva desse fenômeno pode parecer óbvia: claramente, prosperamos trabalhando juntos — na caça, na coleta, no cuidado da prole, e assim por diante —, e nossos sentimentos sociais tornam possível esta coordenação. Adam Smith destacou esse fato muito antes de Darwin: "Todos os membros da sociedade humana precisam da ajuda uns dos outros, e estão igualmente expostos a ofensas mútuas. Nas sociedades onde a ajuda é provida de forma recíproca através do amor, da gratidão, da amizade e da estima, a sociedade se desenvolve e cresce feliz." E, assim, é em nome do benefício de todos que nos preocupamos com aqueles que nos cercam.

Mas há um porém: para que a sociedade floresça dessa forma, os indivíduos têm que se abster de tirar vantagem uns dos outros. Um mau ator em um elenco de bons atores é a serpente no ninho; é o que o biólogo evolucionista Richard Dawkins chama de "subversão interna". Essa serpente ficaria com o melhor de tudo, colhendo os benefícios da cooperação, sem ter que pagar os custos por isso. Porém, é verdade que o mundo como um todo estaria pior se os genes nefastos tivessem proliferado, mas este é o problema, e não a solução — a seleção natural é insensível a considerações sobre "o mundo como um todo". Precisamos explicar o que impediu os genes nefastos de se apoderar da população, deixando-nos com um mundo repleto de psicopatas.

A teoria de Darwin supunha que as características cooperativas poderiam prevalecer, caso as sociedades cujos indivíduos trabalhassem pacificamente em conjunto viessem a derrotar outras sociedades com menos membros cooperativos — em outras palavras, a seleção natural operando no nível do grupo, em vez de no nível individual. Ao abordar um conflito hipotético entre duas tribos imaginárias, Darwin escreveu: "Se uma das tribos contasse com (...) membros corajosos, simpáticos e fiéis, que estivessem sempre prontos a avisar uns aos outros do perigo, a ajudar e a defender uns aos outros, esta tribo, sem dúvida, teria maior sucesso e conquistaria a outra." Uma teoria alternativa, mais de acordo com a seleção natural em nível individual, é que os mocinhos poderiam punir os bandidos. Ou seja, mesmo sem tal conflito entre grupos, o altruísmo poderia se desenvolver, caso os indivíduos fossem estimulados a recompensar e a interagir com indivíduos gentis, e a punir — ou, pelo

A VIDA MORAL DOS BEBÊS

menos, a evitar — os trapaceiros, os ladrões, os assassinos, os oportunistas, e assim por diante.

Outros universais morais são mais difíceis de explicar do ponto de vista evolutivo. Por que somos tão obcecados pela moralidade do sexo? Por que somos tão rápidos em fazer distinções morais, com base em características físicas superficiais, como a cor da pele? E como podemos explicar o surgimento das noções morais, como a igualdade de direitos para todos? Estes são os temas dos capítulos seguintes.

Devemos levar a sério, então, a ideia de que possuímos uma moralidade inata e universal. Mas não teremos como saber se isso é verdade se não estudarmos a mente dos bebês.

Uma pesquisa desse tipo é problemática; é bastante difícil saber o que está se passando dentro da cabeça de um bebê. Quando meus filhos eram bebês, eu olhava para eles e ficava imaginando o que, exatamente, estava correspondendo ao meu olhar. Eles eram iguais ao meu cachorro, só que mais fascinantes (hoje eles são adolescentes, maravilhosos em muitos aspectos, mas muito menos interessantes do ponto de vista profissional — eu sei o que é ser um adolescente). Certa vez, o psicólogo do desenvolvimento John Flavell afirmou que abdicaria de todos os seus diplomas e títulos para passar apenas cinco minutos dentro da cabeça de uma criança de 2 anos de idade. Eu abriria mão de um mês da minha vida por aqueles cinco minutos — e abdicaria de seis meses da minha vida para ser novamente um bebê, por cinco minutos.

Parte do problema é que não nos lembramos de nada. Certa vez, o comediante Louis C. K. comparou o cérebro de um bebê a um jogo de Traço Mágico, que chacoalhamos ao fim de cada dia. As memórias não se fixam; até mesmo as crianças pequenas não se lembram de sua época de bebês. O psicólogo Charles Fernyhough conta que pediu à sua filha de 3 anos de idade que lhe dissesse o que era ser um bebê. Tentando ajudar, ela respondeu: "Sabe do que mais? (...) Quando eu era um bebezinho, era muito ensolarado."

Os bebês são ainda mais difíceis de estudar do que os ratos e os pombos, que, pelo menos, conseguem percorrer labirintos ou pressionar alavancas. Quando a minha colega e colaboradora Karen Wynn faz palestras sobre a realização de pesquisas com bebês, ela projeta uma imagem de uma lesma, para efeitos de comparação.

Talvez você imagine que os psicólogos escaneiam os cérebros dos bebês; de fato, alguns pesquisadores começaram a fazer isso de forma promissora. Contudo, muitas vezes, os métodos de imagens cerebrais concebidos para o uso em adultos não são adequados aos bebês, porque são muito perigosos ou porque os participantes devem permanecer acordados, porém imóveis, por um longo período de tempo. Certas técnicas especiais, como a espectroscopia de infra-vermelho próximo, podem ser mais facilmente utilizadas em bebês, e talvez conduzam a descobertas importantes no futuro. Mas, no momento, os dados que elas produzem — a respeito de mudanças na oxigenação do sangue em partes do cérebro — nos dizem muito pouco sobre as especificidades da vida mental. Se quisermos saber *em que parte* do cérebro do bebê alguns processos cognitivos estão ocorrendo, tais métodos são excelentes. Mas, normalmente, eles são bastante insuficientes para responder a perguntas mais precisas sobre como os bebês pensam e o que eles sabem.

A VIDA MORAL DOS BEBÊS   31

Felizmente, dispomos de métodos melhores. Na década de 1980, os psicólogos começaram a fazer uso de um dos poucos comportamentos que os bebês conseguem controlar: o movimento ocular. Os olhos, realmente, são janelas para a alma do bebê. O tempo que os bebês passam olhando para um objeto ou uma pessoa — o seu "tempo do olhar" — pode dizer muito sobre a sua compreensão.

Um dos métodos específicos de tempo do olhar é a *habituação*. Da mesma forma que os adultos, se os bebês virem a mesma coisa repetidamente, eles vão se cansar e desviar o olhar. O tédio — ou a "habituação" — é uma resposta à mesmice, e, assim, esse método revela o que os bebês classificam como semelhante e como diferente. Suponha que você estivesse interessado em saber se os bebês conseguem diferenciar cachorros de gatos. Mostre-lhes várias imagens de gatos, até eles ficarem entediados. Em seguida, mostre-lhes uma imagem de um cachorro. Se eles reagirem, é porque estão conseguindo detectar uma diferença; se eles ainda parecerem entediados, então não estão conseguindo — neste caso, a sequência "gato, gato, cachorro" é a mesma coisa que "gato, gato, gato".

Em termos mais gerais, os métodos de tempo do olhar podem ajudar a acessar o que alguém considera novo, interessante ou inesperado. Tais métodos são particularmente adequados aos bebês. A psicóloga Alison Gopnik destaca que a atenção do adulto pode ser capturada por eventos externos — nos viraremos instintivamente se alguém chamar o nosso nome, por exemplo —, mas, geralmente, temos controle sobre o que atender. Pela nossa força de vontade, podemos escolher pensar em nosso pé esquerdo, visualizar o que tomamos no café da manhã, e assim por diante. Mas os bebês estão, em grande parte, à mercê do ambiente. A parte do cérebro responsável pela inibição e controle, o córtex pré-frontal, é uma das últimas a se desenvolver. Gopnik compara a consciência do bebê à de um adulto abandonado no meio de uma cidade estrangeira, totalmente oprimido, sempre se deparando com coisas novas, lutando para encontrar um sentido em tudo. Na verdade, as coisas são ainda piores para um bebê, pois até mesmo o adulto mais estressado pode optar por pensar em outra coisa: podemos desejar voltar ao hotel; imaginar como descreveríamos nossa viagem para os amigos; fantasiar, divagar ou rezar. O bebê apenas *é*, preso ao aqui e agora. Não é de admirar que os bebês sejam, muitas vezes, tão inquietos. Felizmente, para os pesquisadores, a sua falta de controle interno significa que eles são vulneráveis aos nossos métodos.

Os estudos de tempo do olhar são difíceis de elaborar, em parte porque é preciso ter o cuidado de se certificar de que os bebês estão respondendo à coisa certa. Muitos estudos descobriram, por exemplo, que os bebês distinguem dois objetos dentre três. Se mostrarmos aos bebês uma série de imagens de dois objetos — dois cães, duas cadeiras, dois sapatos etc. —, e depois mostrarmos uma imagem de três objetos, eles olharão por mais tempo, o que sugere que conseguem diferenciar entre dois e três objetos. Mas um cético dirá que dois objetos, normalmente, ocupam menos espaço do que três, e, então, talvez os bebês estejam reagindo ao espaço que os objetos ocupam — menos *versus* mais. Pode-se tentar resolver isso contrastando-se dois objetos maiores e três objetos menores, de modo que eles ocupem o mesmo

A VIDA MORAL DOS BEBÊS

espaço total, mas o cético, então, pode argumentar que os bebês estão reagindo não ao número de objetos, mas aos objetos grandes *versus* os objetos pequenos. No fim, torna-se admiravelmente complicado projetar um estudo que isole apenas a variável relevante — mas é algo que pode ser feito.

O desenvolvimento dos métodos de tempo do olhar desencadeou uma revolução na forma como analisamos as mentes dos bebês. Os primeiros estudos em que esse método foi utilizado focaram no conhecimento precoce dos objetos físicos — a "física ingênua" de um bebê. Os psicólogos mostraram aos bebês truques de mágica, eventos que pareciam transgredir alguma lei do universo: remover a base de um objeto qualquer e ele flutuar no ar, sem nenhum apoio; um objeto desaparecer e depois reaparecer em outro local; esconder uma caixa atrás de um biombo e o biombo cair para trás no espaço vazio. Se os bebês esperam que o mundo funcione segundo os princípios da física, eles devem considerar estes resultados surpreendentes. E o seu tempo do olhar mostra que eles realmente acham isso — os bebês passam mais tempo olhando essas cenas do que outras totalmente idênticas a elas, mas sem nenhuma violação às leis físicas. Hoje em dia, um vasto corpo de pesquisa sugere que, ao contrário do que se ensinou durante décadas a legiões de estudantes de psicologia, os bebês pensam nos objetos de forma bem parecida com os adultos, como massas que se deslocam como unidades conectadas, sólidas e sujeitas à gravidade, e que se movem continuamente através do espaço e do tempo.

Em um estudo clássico, Karen Wynn descobriu que os bebês também são capazes de realizar matemática rudimentar com os objetos. A demonstração é simples. Apresente um palco vazio a um bebê. Monte um biombo no meio do palco. Coloque um boneco do Mickey atrás do biombo. Em seguida, coloque outro boneco do Mickey no mesmo lugar. Agora, abaixe o biombo. Os adultos esperam encontrar dois bonecos, e as crianças de 5 meses também; se o biombo for abaixado e aparecerem um ou três bonecos, os bebês passarão mais tempo olhando do que se aparecerem dois bonecos.

Os pesquisadores também utilizaram esses métodos para investigar as expectativas dos bebês em relação às pessoas — à sua "psicologia ingênua", em oposição à sua "física ingênua". Sabemos, há muito tempo, que os bebês reagem de uma maneira especial às outras pessoas. Eles se sentem atraídos por elas. Eles gostam do som das vozes humanas, em especial aquelas com as quais estão familiarizados; eles gostam da aparência dos rostos humanos. E ficam perturbados quando as interações não acontecem da forma esperada. Eis aqui como deixar um bebê com os nervos à flor da pele: sente-se em frente ao bebê, interaja com ele, e, de repente, fique totalmente parado. Se isso se prolongar por mais do que alguns segundos, e você ficar imóvel como um cadáver, o bebê vai se aborrecer. Em um estudo, crianças de dois meses foram colocadas diante de uma tela de TV que exibia imagens de suas mães. Quando as mães interagiam com os bebês por meio de videoconferência em tempo real, eles gostavam. Mas quando havia um atraso de alguns segundos, eles se mostravam agitados.

A psicóloga Amanda Woodward concebeu um estudo de tempo do olhar para demonstrar que os bebês têm consciência de que os indivíduos têm metas. Primeiramente, um bebê era colocado diante de dois objetos e via uma mão se

A VIDA MORAL DOS BEBÊS 35

estendendo para alcançar um deles. Em seguida, os pesquisadores invertiam as posições dos objetos. Os bebês tinham a expectativa de que, quando a mão se estendesse novamente, ela deveria procurar o mesmo objeto, e não o mesmo local. Essa expectativa era específica para as mãos; se fosse uma garra de metal, o resultado já não seria mais válido.

Em outra série de estudos, as psicólogas Kristine Onishi e Renee Baillargeon mostraram que bebês de 15 meses conseguem antecipar o comportamento de uma pessoa, com base em sua falsa crença. Os bebês testemunhavam o momento em que um adulto observava um objeto dentro de uma caixa, e, logo depois, viam o objeto ser deslocado para outra caixa, enquanto os olhos do adulto eram vendados. Mais tarde, eles esperavam que o adulto procurasse o objeto na caixa original, e não na caixa que, de fato, continha o objeto. Trata-se de uma sofisticada inferência psicológica, o tipo de valiosa compreensão das mentes alheias que a maioria dos psicólogos costumava acreditar ser uma habilidade apenas de crianças de 4 e 5 anos.

Portanto, somos animais sociais desde o início da vida, capazes de fazer uma apreciação básica da mente das outras pessoas.

O ESTUDO que me levou a começar a realizar pesquisas sobre a vida moral dos bebês nem sequer foi concebido para analisar a moralidade. A intenção era investigar a sofisticação da compreensão social dos bebês. Meus colegas e eu estávamos interessados em saber se eles conseguiam prever, com precisão, como os indivíduos reagiriam a alguém que lhes tivesse sido gentil ou cruel. Nós nos perguntávamos, especificamente, se os bebês entenderiam que os indivíduos tendem a se aproximar daqueles que lhes prestaram ajuda e a evitar aqueles que os prejudicaram.

Este é o momento apropriado para observar que todos os estudos com bebês nos quais estive envolvido foram realizados no Centro de Cognição Infantil de Yale, dirigido pela minha colega de profissão (e esposa) Karen Wynn. Esses experimentos sempre são realizados em colaboração com Karen e sua equipe de estudantes de graduação, pós-graduação e pós-doutorado.

Antes de apresentar nossas descobertas, darei uma visão geral de como essa pesquisa é conduzida no laboratório. O experimento típico leva cerca de 15 minutos, e começa com um dos pais levando o seu bebê até uma pequena sala de testes. Na maioria das vezes, o pai se senta em uma cadeira com o bebê em seu colo, embora, algumas vezes, o bebê seja afivelado em uma cadeirinha alta, e o pai fique em pé, atrás da cadeira. Neste ponto, alguns dos bebês ficam sonolentos ou muito inquietos para continuar; em média, esse tipo de estudo acaba dispensando cerca de um quarto de seus participantes. Da mesma forma que os críticos descrevem grande parte da psicologia experimental como estudos com universitários norte-americanos que querem apenas o dinheiro para a cerveja, há alguma verdade na afirmação de que grande parte da psicologia do desenvolvimento se baseia no estudo de bebês interessados e em estado de alerta.

Em nosso estudo inicial, liderado pela colega e então pós-doutoranda Valerie Kuhlmeier, precisávamos mostrar aos bebês interações agradáveis e desagradáveis. A interação desagradável mais óbvia é uma pessoa batendo em outra,

A VIDA MORAL DOS BEBÊS

mas ficamos preocupados que alguns pais — e, possivelmente, o Comitê de Assuntos Humanos de Yale — não se sentiriam confortáveis sabendo que os bebês assistiriam a interações violentas. Decidimos, então, recorrer a trabalhos anteriores dos psicólogos David e Ann Premack, que mostraram aos bebês desenhos animados nos quais um objeto ajudava outro a se encolher e a passar por um vão, ou impedia sua passagem. Os resultados obtidos sugerem que os bebês interpretavam os atos de ajuda como positivos e os atos de impedimento como negativos.

Com base nessa pesquisa, criamos desenhos animados em que figuras geométricas ajudavam ou atrapalhavam outras figuras geométricas. Mostramos, por exemplo, uma bola vermelha tentando subir uma ladeira. Em alguns casos, um quadrado amarelo se colocava atrás da bola e gentilmente a empurrava ladeira acima (ajudando-a); em outros, um triângulo verde aparecia na frente da bola e empurrava-a para baixo (atrapalhando-a). Em seguida, os bebês viam filmes em que a bola se aproximava do quadrado ou do triângulo. Isso nos permitiu explorar as suas expectativas sobre como a bola agiria na presença dessas personagens.

Descobrimos que crianças de 9 e 12 meses de idade olhavam por mais tempo quando a bola se aproximava da personagem que a atrapalhava, e não daquela que a ajudava. Este efeito era fortalecido quando as personagens dos desenhos animados tinham olhos, fazendo-as ficar mais parecidas com pessoas, o que sustenta a noção de que se tratava de autênticas apreciações sociais por parte dos bebês (se os indivíduos não tivessem olhos, os padrões de tempo do olhar se invertiam para os bebês de 12 meses, e o efeito desaparecia nos bebês

38 O QUE NOS FAZ BONS OU MAUS

de 9 meses — eles olhavam para cada uma das situações pela mesma quantidade de tempo). Essa compreensão parece surgir em algum momento entre os 6 e os 9 meses de idade: um estudo posterior, usando personagens tridimensionais com rostos, replicou a descoberta com uma nova amostra de bebês de 10 meses, não tendo conseguido encontrar, no entanto, nenhum efeito em bebês de 6 meses.

Esses estudos investigam as expectativas dos bebês sobre como as personagens agiriam diante de um facilitador e de um dificultador, mas eles não nos dizem o que os próprios bebês pensam a respeito do facilitador e do dificultador. Será que eles têm uma preferência? Do ponto de vista adulto, o facilitador é uma boa pessoa, e o dificultador é um estúpido. Em uma série de experimentos conduzidos pela então estudante de pós-graduação Kiley Hamlin, nós nos perguntamos se os bebês tinham a mesma impressão.

Em nossa primeira série de estudos utilizamos objetos geométricos tridimensionais, manipulados como fantoches, em vez de desenhos animados (pode parecer estranho termos usado objetos em vez de pessoas reais, mas, muitas vezes, os bebês e as crianças pequenas não querem se aproximar de adultos desconhecidos). E, em vez de usar medidas de tempo do olhar, que são ideais para explorar as expectativas dos bebês, adotamos medidas de alcance dos braços, que são mais eficientes para determinar o que os próprios bebês preferem. As situações eram as mesmas utilizadas no experimento anterior: a bola era auxiliada ladeira acima ou empurrada ladeira abaixo. Em seguida, o pesquisador colocava a personagem facilitadora e a personagem dificultadora em uma bandeja para observar qual delas o bebê pegaria.

A VIDA MORAL DOS BEBÊS

(Alguns detalhes experimentais: para assegurar que os bebês estavam reagindo à situação em si, e não apenas às cores e às formas dos diferentes objetos, variamos sistematicamente os papéis de facilitador e dificultador — para metade dos bebês, por exemplo, o quadrado vermelho era o facilitador; para a outra metade, o quadrado vermelho era o dificultador. Outra preocupação foram as sugestões inconscientes: se os adultos em volta do bebê soubessem quem eram os bonzinhos e quem eram os malvados, eles, de alguma forma, poderiam transmitir estas informações. Para contornar esse problema, o pesquisador que oferecia as personagens não havia assistido ao teatro de fantoches, e por isso não sabia a resposta "certa"; além disso, a mãe do bebê fechava os olhos no momento da escolha.)

Conforme previmos, os bebês de 6 e 10 meses preferiram, irremediavelmente, o indivíduo que ajudou ao que criou dificuldades. Não se tratava de uma tendência estatística discreta; quase todos os bebês escolheram o bonzinho.

Esse resultado está aberto a três interpretações. Os bebês podem ter se sentido atraídos pelo indivíduo que ajudou, podem ter se sentido repelidos pelo indivíduo que criou dificuldades, ou ambos. Para investigar isto, introduzimos uma nova personagem, que nem ajudava nem atrapalhava. Descobrimos que os bebês escolhiam a personagem que ajudava em vez de a neutra, e preferiam esta personagem neutra àquela que criava dificuldades, indicando que eles se sentiam, ao mesmo tempo, atraídos pelo bonzinho e repelidos pelo malvado. Mais uma vez, esses resultados não foram discretos; quase sempre, os bebês mostraram um padrão de resposta.

40 O QUE NOS FAZ BONS OU MAUS

Em seguida, prosseguimos com dois estudos com bebês de 3 meses. Os bebês nesta faixa etária, porém, são realmente parecidos com lesmas, pois não conseguem controlar suficientemente bem o alcance de seus braços para serem testados com nosso método habitual. Mas notamos algo nos bebês mais velhos que nos serviu de pista sobre como proceder. Ao analisar os clipes de vídeo, descobrimos que eles não apenas estendiam os braços para alcançar a personagem que prestava auxílio; eles também olhavam na direção desta personagem. Isto sugeria que, no caso dos bebês menores, poderíamos usar a direção de seu olhar como um indicador de preferência. Quando mostramos aos bebês as duas personagens simultaneamente, o efeito foi intenso: claramente, os bebês de 3 meses preferiram olhar para os bonzinhos.

Em um segundo estudo, que apresentava a personagem neutra, tivemos um padrão interessante de sucesso e fracasso. Assim como os bebês de 6 e 10 meses de idade, os mais novos passavam mais tempo olhando uma personagem neutra do que aquela que atrapalhava. Mas eles não favoreciam a personagem facilitadora em detrimento da personagem de caráter neutro. Isso é compatível com uma "tendência à negatividade", frequente em adultos e crianças: a sensibilidade à maldade (neste caso, a personagem dificultadora) tem mais peso e surge antes da sensibilidade à bondade (a personagem facilitadora).

Nossos primeiros estudos de facilitador/dificultador foram publicados na revista *Nature* e provocaram muita discussão, tanto entre os entusiastas quanto entre os céticos. Nossos colegas mais críticos temiam a possibilidade de que os bebês não estivessem reagindo exatamente à bondade/

A VIDA MORAL DOS BEBÊS

maldade da interação, mas, sim, a algum aspecto não social da situação. Também estávamos preocupados com isso, e nossos experimentos continham certas características que esperávamos excluir tal possibilidade. Testamos bebês em outras situações, nas quais o "alpinista" era substituído por um bloco inanimado que não se mexia por vontade própria. O facilitador e o dificultador executavam os mesmos movimentos físicos, mas, agora, não estavam realmente ajudando nem atrapalhando. A substituição fez com que a preferência dos bebês desaparecesse, o que sugere que eles estavam, de fato, reagindo às interações sociais, e não apenas aos movimentos.

Além disso, em um projeto liderado por Mariko Yamaguchi, então estudante de graduação do laboratório de Karen, a equipe de pesquisa fez novos experimentos com as crianças que haviam sido testadas anos atrás nos estudos originalmente conduzidos por Valerie Kuhlmeier, nos quais elas haviam previsto o comportamento de uma bola que recebia ajuda ou que era dificultada. Descobriu-se que o seu desempenho no experimento original de facilitador/dificultador (excetuando-se o desempenho em outras tarefas) estava relacionado às suas habilidades de raciocínio social aos 4 anos de idade. Isso também sugere que os experimentos de facilitador/dificultador são efetivamente capazes de avaliar a compreensão social dos bebês.

Ainda assim, era importante perceber se alcançaríamos os mesmos resultados caso nos afastássemos das situações originais de facilitador/dificultador, e foi assim que Kiley e Karen criaram diferentes conjuntos de encenações sobre moralidade para mostrar aos bebês. Em uma delas, um indivíduo se esforçava para levantar a tampa de uma caixa. Em ações alternadas, um fantoche pegava a tampa e abria-a totalmente, e outro fantoche pulava sobre a caixa e fechava bruscamente a tampa. Em outra situação, um indivíduo brincava com uma bola, e a bola saía rolando. Da mesma forma, um fantoche jogava a bola de volta, e outro fantoche pegava a bola e saía correndo. Em ambas as situações, as crianças de 5 meses preferiram o indivíduo bonzinho — aquele que ajudava a abrir a caixa, aquele que jogava a bola de volta — ao malvado.

ESSES EXPERIMENTOS sugerem que os bebês possuem uma apreciação geral do comportamento bom e mau, que abrange uma gama de interações, incluindo aquelas que provavelmente nunca viram antes. Porém, não se trata, certamente, de uma prova definitiva de que a compreensão que orienta as escolhas deles possa ser computada, de fato, como algo moral. Mas as reações dos bebês têm, sim, certas propriedades que caracterizam os juízos morais dos adultos. São apreciações isentas, a respeito de comportamentos que não afetam os próprios bebês. E são apreciações sobre comportamentos que os adultos descreveriam como bons ou maus. De fato, quando mostramos as mesmas cenas para crianças pequenas e perguntamos: "Quem foi legal? Quem foi bom?", e "Quem foi ruim? Quem foi mau?", elas responderam da mesma forma que os adultos, identificando o facilitador como agradável e o dificultador como mau.

Acredito que estamos encontrando nos bebês aquilo que os filósofos do Iluminismo escocês descreveram como senso moral. Isso não equivale a um impulso de fazer o bem e evitar

A VIDA MORAL DOS BEBÊS   43

a prática do mal. Pelo contrário, trata-se da capacidade de fazer certos tipos de apreciações — de distinguir entre o bem e o mal, entre a gentileza e a crueldade. Adam Smith, embora cético em relação à sua existência, descreve o senso moral como, "em alguma medida, análogo aos sentidos externos. Assim como os corpos que nos cercam, ao afetá-los de certa maneira, aparentam possuir as diferentes qualidades de som, gosto, odor e cor; também os vários afetos do espírito humano, ao tocarem de certa maneira esta faculdade especial, aparentam possuir as diferentes qualidades de amável e odioso, virtuoso e vicioso, certo e errado".

Acredito que possuímos, naturalmente, um senso moral, e voltarei a este ponto algumas vezes. Mas a moralidade compreende muito mais coisas do que a capacidade de fazer certas distinções. Ela envolve certos sentimentos e motivações, como o desejo de ajudar outras pessoas que se encontram em necessidade, compaixão por aqueles que sofrem, raiva contra os que são cruéis e culpa e orgulho por nossas próprias ações vergonhosas e gentis. Até aqui, levamos em consideração a mente; mas e quanto ao coração?

2

EMPATIA E COMPAIXÃO

As pessoas não poderiam ser seres morais sem a capacidade de diferenciar o certo do errado. Mas se quisermos explicar de onde provêm as ações morais — por que algumas vezes nos comportamos de forma gentil e altruísta, em vez de cruel e egoísta —, este senso moral não é suficiente.

Para entender por que, imagine um psicopata ideal — idealmente corrompido. Ele é dotado de alta inteligência, boas habilidades sociais e algumas das mesmas motivações que as pessoas normais possuem, como fome, desejo sexual e curiosidade. Mas lhe falta uma resposta normal ao sofrimento dos outros, e também lhe escapam sentimentos como gratidão e vergonha. Por conta de alguma infeliz combinação de genes, do modo como foi criado e da experiência pessoal, ele carece de sentimentos morais.

Nosso psicopata não precisa ser um imbecil moral. Ele pode possuir capacidades mais básicas, as que discutimos no capítulo anterior. Mesmo quando bebê, esse psicopata poderia preferir um indivíduo que ajudasse alguém a subir uma ladeira a alguém que empurrasse o sujeito ladeira abaixo. E, conforme for crescendo, ele aprenderá as regras e as convenções de sua sociedade. Nosso psicopata sabe que é "certo" resgatar uma criança perdida e "errado" agredir sexualmente uma mulher enquanto ela está inconsciente. Mas ele não sente nenhuma das emoções morais correspondentes, e, por isso, a sua apreciação de certo e errado é semelhante à de alguém cego de nascença que afirma que a grama é "verde" e que o céu é "azul" — um conhecimento factualmente correto, mas que eles, na realidade, não experimentaram.

Imagine tentar convencer o seu psicopata a ser gentil com as pessoas. Você pode dizer-lhe que ele precisa reprimir os impulsos egoístas para o bem dos outros. Pode usar um pouco de filosofia, apresentando o ponto de vista dos filósofos utilitaristas, de que devemos agir em prol da soma total da felicidade humana, ou ir um pouco mais longe e travar longos discursos sobre os imperativos categóricos de Immanuel Kant, o véu da ignorância de John Rawls ou o espectador imparcial de Adam Smith. Você pode tentar uma estratégia que os pais costumam usar com os filhos e perguntar como ele se sentiria se alguém agisse com ele da mesma forma como ele costuma agir com os outros.

Ele poderia responder a tudo isso dizendo que, simplesmente, pouco importa se a felicidade humana pode aumentar ou não, e que não se interessa pelo imperativo categórico nem por nenhuma das outras coisas. Ele compreende que há uma equivalência lógica entre prejudicar um indivíduo e ser prejudicado por um indivíduo — afinal, ele não é um idiota. Mas, ainda assim, nada disso o motiva a tratar as pessoas com gentileza.

EMPATIA E COMPAIXÃO 47

Os verdadeiros psicopatas dão respostas praticamente idênticas. O psicólogo William Damon relembra uma entrevista do *New York Times* com um assaltante de 13 anos, que atacou violentamente vítimas idosas, incluindo uma mulher cega. Ele não demonstrava nenhum remorso por seus atos, comentando que fazia sentido ter como alvo as pessoas cegas, porque elas não poderiam identificá-lo mais tarde. Sobre a resposta do assaltante quando questionado sobre o sofrimento que causara à mulher, o repórter escreveu: "O rapaz ficou surpreso com a pergunta e respondeu: 'O que me importa? Eu não sou ela.'" Ted Bundy ficava confuso diante do alarde causado pelos assassinatos que havia cometido: "Mas há tantas pessoas por aí." O assassino em série Gary Gilmore resumiu a atitude de alguém sem sentimentos morais: "Sempre fui capaz de matar. (...) Posso me tornar totalmente desprovido de sentimentos em relação aos outros, insensível. Sei que estou fazendo algo totalmente errado. Mas consigo continuar mesmo assim."

Ou considere esta entrevista com Peter Woodcock, que estuprou e matou três crianças quando era adolescente. Depois de décadas em uma clínica psiquiátrica, ele recebeu uma permissão para passear pelos arredores por três horas, sem supervisão. Neste intervalo, ele convidou outro paciente, um amigo íntimo, para acompanhá-lo até a floresta, e, em seguida, o matou com uma machadada.

Entrevistador: O que passou pela sua cabeça naquele momento? Era alguém de quem você gostava.
Woodcock: Curiosidade, na verdade. E raiva. Porque ele rejeitou todos os meus progressos.

Entrevistador: E por que você sente que alguém deveria morrer como consequência de sua curiosidade?

Woodcock: Eu só queria saber qual era a sensação de matar alguém.

Entrevistador: Mas você já matou três pessoas.

Woodcock: Sim, mas isso foi há anos e mais anos e mais anos e mais anos.

COMPARE ESSES retratos perturbadores com os sentimentos morais que emergem durante uma infância normal. Alguns exemplos ilustrativos são relatados por Charles Darwin em "A Biographical Sketch of an Infant" ["Um esboço biográfico de um bebê"], publicado em 1877, na renomada revista de filosofia *Mind*. Darwin havia lido um artigo sobre desenvolvimento infantil na mesma revista, e isso o motivou a rever as observações que ele coletado 37 anos antes, ao observar o desenvolvimento de seu filho William, um garoto que ele orgulhosamente descrevia como "um prodígio de beleza e inteligência".

Os diários registravam primeiro as reações físicas ("espirros, soluços, bocejos, espreguiçamentos, e, claro, movimentos de sucção e gritos eram bem executados pelo meu bebê"), mas, logo em seguida, vinham os relatos do que Darwin descreveu como "as emoções morais". Nos primeiros seis meses de vida, William reagia ao sofrimento que conseguia perceber em outras pessoas: "No que diz respeito ao correspondente sentimento de solidariedade, ele foi nitidamente demonstrado aos 6 meses e 11 dias, por seu rosto melancólico, os cantos da boca bem rebaixados, quando sua ama fingia chorar." Muito tempo depois, Darwin observou a satisfação

EMPATIA E COMPAIXÃO

de William com suas próprias ações de gentileza: "Aos 2 anos e 3 meses de idade, ele deu o seu último pedaço de biscoito de gengibre para sua irmã mais nova, e, em seguida, gritou, em evidente autoaprovação: 'Oh, Doddy legal, Doddy legal'." Quatro meses depois desse episódio, apareceram os primeiros indícios de culpa e de vergonha: "Encontrei-o saindo da sala de jantar, com um brilho diferente nos olhos, com um comportamento estranhamente anormal e afetado; por isso, fui até a sala para ver quem estava lá, e descobri que ele havia comido açúcar batido, coisa que havia sido recomendado a não fazer. Como ele nunca havia sido punido antes, seu jeito estranho certamente não se devia ao medo, e suponho que era a excitação prazerosa lutando contra a consciência."

Duas semanas depois, Darwin escreveu: "Encontrei-o saindo da mesma sala, e ele estava olhando para o próprio avental, que havia sido cautelosamente enrolado; e, novamente, seu comportamento estava tão estranho que decidi ver o que estava escondido no avental, ainda que ele dissesse que não havia nada e me mandasse 'ir embora' repetidas vezes. Eu descobri que o avental estava manchado com sumo de picles; então, aqui, ele estava planejando, cuidadosamente, me enganar."

Vemos, no jovem William, a batalha entre o bem e o mal que caracteriza a vida cotidiana. As pessoas normais geralmente se comportam muito mal quando acreditam que não serão responsabilizadas por suas ações, e todos nós podemos controlar nossos impulsos diante de açúcar batido, picles e outras tentações. Mas também fica claro que a consciência surge desde a mais tenra idade para nos ajudar a resistir a tais impulsos. De fato, em muitos casos, não precisamos da

50 O QUE NOS FAZ BONS OU MAUS

ameaça da punição para sermos bons, porque agir de forma egoísta ou cruel pode ser inerentemente desagradável. Um exemplo que ilustra isso provém de um estudo feito na década de 1930, que formulou perguntas deste tipo: "Quanto dinheiro seria necessário para você estrangular um gato com as próprias mãos?" A resposta média foi de US$ 10.000,00 — cerca de US$ 155.000,00 em valores de hoje. Os mesmos indivíduos concordaram em receber apenas metade desse dinheiro para ter um dos dentes da frente arrancado.

Mas um psicopata faria isso por muito menos. De fato, se ele sentisse vontade de estrangular um gato, poderia fazê-lo gratuitamente — desde que não houvesse ninguém olhando, porque, provavelmente, ele seria inteligente o suficiente para saber que isso desagradaria as pessoas, e que o ostracismo e a punição resultantes seriam obstáculos para outras metas que ele desejasse alcançar. Ele simplesmente não manifesta a repugnância que as pessoas normais têm em relação a estrangular um gato.

No entanto, muitos romances, filmes e programas de televisão retratam os psicopatas como seres melhores, em certos aspectos, do que o resto de nós — intimidantes, charmosos e bem-sucedidos, como o psiquiatra canibal Hannibal Lecter, ou o amável assassino em série Dexter Morgan. Alguns psicólogos e sociólogos acreditam que a psicopatia pode ser uma vantagem no mundo dos negócios e da política, então traços psicopáticos apareceriam em quantidades desproporcionais entre as pessoas bem-sucedidas.

Se assim fosse, estaríamos diante de um quebra-cabeças. Se nossos sentimentos morais evoluíram por meio da seleção natural, então ser bem-sucedido sem esses sentimentos seria

EMPATIA E COMPAIXÃO

contraditório. E, na verdade, o psicopata bem-sucedido é, provavelmente, a exceção. Os psicopatas têm certas deficiências. Alguns deles são sutis. A psicóloga Abigail Marsh e seus colegas acreditam que os psicopatas são nitidamente insensíveis à expressão do medo. As pessoas normais reconhecem o medo e o tratam como um sinal de angústia, mas os psicopatas têm problemas para enxergar isso, e, mais ainda, para reagir ao medo de forma adequada. Marsh narra uma história sobre um psicopata que estava sendo testado com uma série de imagens e que fracassou várias vezes em reconhecer expressões de medo, até, finalmente, conseguir formular: "Este é o olhar que as pessoas fazem imediatamente antes de eu esfaqueá-las."

Outras deficiências são mais profundas. A ausência generalizada de sentimentos morais — e, especificamente, a falta de consideração pelos outros — pode se transformar na ruína do psicopata. Nós, não psicopatas, estamos sempre avaliando uns aos outros, à procura de amabilidade, vergonha e outros sentimentos afins, utilizando estas informações para decidir em quem confiar e a quem se associar. O psicopata precisa fingir ser um de nós. Mas isso é difícil. É difícil forçar-se a agir de acordo com as regras morais simplesmente avaliando racionalmente o que se espera que façamos. Se você sente vontade de estrangular o gato, é uma luta resistir apenas por saber que se trata de uma ação censurável. Sem uma cota normal de vergonha e de culpa, os psicopatas sucumbem aos impulsos, fazendo coisas terríveis por maldade, ganância ou simplesmente por tédio. E, mais cedo ou mais tarde, eles serão pegos. Embora os psicopatas possam ser bem-sucedidos a curto prazo, eles tendem a falhar a longo prazo, e, muitas vezes, acabam na cadeia ou em situações ainda piores.

Vamos analisar com mais atenção o que distingue os psicopatas do resto de nós. Há muitos sintomas de psicopatia, incluindo as mentiras patológicas e a falta de remorso ou de culpa, mas a principal deficiência é a indiferença para com o sofrimento de outras pessoas. Os psicopatas não têm compaixão.

Para entender como a compaixão funciona em todos nós, não psicopatas, é importante distingui-la da empatia. Hoje em dia, alguns pesquisadores contemporâneos usam os termos indiscriminadamente, mas existe uma grande diferença entre se preocupar com uma pessoa (compaixão) e colocar-se no lugar de outra pessoa (empatia).

Adam Smith não usou a palavra *empatia* — ela foi criada em 1909, com base na palavra alemã *Einfühlung*, que significa "sentir-se em" —, mas a descreveu com propriedade: "É como se entrássemos no corpo [de outra pessoa], e nos tornássemos, em certa medida, a mesma pessoa." A empatia é um impulso poderoso, e, muitas vezes, irresistível. O espectador se contorce quando assiste a um ator constrangido sobre o palco; é difícil manter a calma ao lado de alguém que está agitado; o riso é contagiante, e as lágrimas também. Alguém assiste a James Bond ser atingido nos testículos em *007 — Cassino Royale* e fica tenso, em uma reação espelhada de sua dor (aposto que esta cena é particularmente desagradável para os que têm testículos). Ao descrever sua infância, John Updike escreveu: "Minha avó tinha ataques de asma na mesa da cozinha, e minha própria garganta se estreitava em solidariedade."

A empatia leva à alegria pela alegria dos outros. Nossa reação ao prazer de outra pessoa é complexa, podendo ser contaminada pela inveja — por que ela está se divertindo muito mais do que eu? Mas, ainda assim, o contágio do prazer existe nitidamente. Procure um vídeo no YouTube chamado *Hahaha*, em que um homem faz sons estranhos ("Plong! Floop!"), fora do alcance da câmera, enquanto um bebê em uma cadeirinha alta reage com risos histéricos. Ou confira o vídeo *Baby Laughing Hysterically at Ripping Paper* [Bebê Rindo Histericamente com o Papel Rasgado], que teve mais de 58 milhões de visualizações, tornando-se mais popular do que pandas espirrando e gatos com flatulências. O apelo dos vídeos está no prazer dos bebês; ele passa, como que por magia, das mentes deles para as nossas.

Adam Smith dá outro exemplo: "Quando lemos um livro ou poema tantas vezes que já não podemos encontrar nenhuma diversão em lê-lo sozinhos, nós ainda podemos ter o prazer de lê-lo para um colega. Para ele, isso terá todo o charme de uma novidade; nós absorvemos a surpresa e a admiração que são naturalmente despertadas nele. (...) Consideramos todas as ideias ali contidas em função de como elas se apresentam para ele (...) e, solidariamente, nos divertimos com a sua diversão." Smith acaba de explicar um dos maiores prazeres da Internet: o encaminhamento de piadas, imagens de animais adoráveis, posts de blogs, vídeos e assim por diante. Sua análise também compreende uma das alegrias de ser pai — experimentar novamente certas experiências agradáveis, como ir ao zoológico e tomar sorvete, como se fosse a primeira vez.

Há uma teoria neural popular sobre o funcionamento da empatia — os neurônios-espelho. Originalmente encontradas nos cérebros dos macacos rhesus, essas células são disparadas quando um macaco observa outro animal agir e também quando o próprio macaco realiza as mesmas ações. Essas células não conseguem perceber a diferença entre o próprio indivíduo e os outros, e existem em outros primatas, incluindo, provavelmente, os seres humanos.

A descoberta desses neurônios causou uma grande celeuma, com um eminente neurocientista comparando-a à descoberta do DNA. Os cientistas estão encampando os neurônios-espelho em teorias de aquisição da linguagem, autismo e comportamento social, e essas células têm chamado a atenção do público, da mesma forma que as redes neurais chamaram há alguns anos: quando as pessoas começam a discutir qualquer aspecto interessante da vida mental, é óbvio que alguém acabará por sugerir que tudo pode ser explicado por meio dos neurônios-espelho.

Isso nos leva a uma teoria simples sobre a compaixão: X observa o sofrimento de Y; X sofre por causa da atuação dos neurônios-espelho, e X quer que o sofrimento de Y acabe, porque, ao fazê-lo, o sofrimento de X também acabará. A empatia, impulsionada pelos neurônios-espelho, dissolve as fronteiras entre as pessoas; o sofrimento de outra pessoa torna-se o seu sofrimento; o egoísmo se transforma em compaixão. Tal teoria traz a promessa de ser reducionista no melhor sentido: um fenômeno intrigante e importante — nosso cuidado pelos outros — é explicado em termos de

EMPATIA E COMPAIXÃO 55

um dos mecanismos psicológicos mais fundamentais — a empatia —, que, por sua vez, é explicada por um mecanismo específico no cérebro.

HÁ MUITO a ser dito a respeito de uma teoria tão requintada e tão clara. Mas, novamente, como Einstein disse certa vez: "Tudo deveria ser o mais simples possível — mas não mais simplificado."

Para começar, hoje já está claro que as primeiras afirmações sobre os neurônios-espelho foram bem exageradas. Os neurônios-espelho não são suficientes para explicar capacidades como a linguagem e o raciocínio social complexo, porque os macacos, que possuem tais neurônios, não dominam a linguagem nem o raciocínio social complexo. Eles não são sequer suficientes para explicar a imitação do comportamento dos outros, porque os macacos não imitam outros macacos. Os neurônios-espelho estão localizados em partes do cérebro que são distintas das áreas envolvidas na empatia, e muitos psicólogos e neurocientistas acreditam que, provavelmente, eles não têm nenhuma função social, sendo, antes, especializados no aprendizado de movimentos motores — embora, ainda aqui, haja controvérsias.

Em todo caso, os neurônios-espelho são a parte menos interessante da teoria. Temos a capacidade para a empatia, e isso tem que surgir, de alguma forma, do nosso cérebro — se não pelos neurônios-espelho, por algum outro mecanismo. A pergunta que nos interessa não está relacionada à neuroanatomia ou à neurofisiologia; ela tem a ver com o papel da empatia em uma teoria mais abrangente da psicologia moral.

56 O QUE NOS FAZ BONS OU MAUS

Sou muito adaptacionista para acreditar que uma capacidade tão rica quanto a empatia seja um excêntrico acidente biológico. Provavelmente, ela tem uma função, e a opção mais plausível, aqui, é que ela nos motiva a nos preocupar com os outros. A fome nos leva a procurar alimentos; o desejo inspira o comportamento sexual; a raiva leva à agressão diante de algum tipo de ameaça — e a empatia existe para motivar a compaixão e o altruísmo.

Ainda assim, o vínculo entre a empatia (no sentido de espelhar os sentimentos dos outros) e a compaixão (no sentido de sentir e agir com amabilidade para com os outros) tem mais sutilezas do que muitas pessoas acreditam.

Em primeiro lugar, embora a empatia possa ser automática e inconsciente — uma pessoa chorando pode afetar nosso humor, mesmo que não estejamos cientes de que isso está acontecendo e que preferiríamos que não estivesse —, escolhemos, muitas vezes, nos identificar com outra pessoa. Posso tomar conhecimento das torturas sofridas por um prisioneiro político e, por um ato de vontade, começar a imaginar (em um grau infinitamente menor, é claro) o que significa estar em sua pele. Posso ver alguém no palco recebendo um prêmio e optar por sentir o seu nervosismo e o seu orgulho. Então, quando a empatia está presente, ela pode ser o produto de uma escolha moral, e não a causa dessa escolha.

A empatia também é influenciada pelo que o indivíduo pensa a respeito dos outros. Em um estudo, participantes do sexo masculino se envolveram em uma interação financeira com um desconhecido, na qual eles eram recompensados ou enganados. Em seguida, eles assistiam àquele desconhe-

EMPATIA E COMPAIXÃO 57

cido levar um pequeno choque elétrico. Se o desconhecido que recebia o choque havia sido um bom negociante, os participantes enviavam uma resposta neural condizente com a empatia — de fato, a mesma parte de seu cérebro era despertada quando eles mesmos recebiam o choque. Mas quando o desconhecido que recebia o choque havia sido um mau caráter, não havia empatia alguma; ao contrário, as partes do cérebro associadas à recompensa e ao prazer eram despertadas (as mulheres, por outro lado, eram menos exigentes, ou, simplesmente, mais gentis — elas demonstraram uma resposta empática, independentemente de como o desconhecido as havia tratado).

Em segundo lugar, a empatia não é indispensável para motivar a compaixão. Para constatar isso, considere um exemplo óbvio de boa ação dado pelo filósofo Peter Singer. Você está passando por um lago e vê uma criança pequena lutando para sair da água. O lago tem apenas alguns metros de profundidade, mas a criança está se afogando. Os pais dela desapareceram. Se você for como a maioria das pessoas, entraria na água, mesmo que estragasse os seus sapatos, e resgataria a criança dali (os filósofos parecem gostar de exemplos com afogamento de crianças: cerca de 2 mil anos atrás, o sábio chinês Mêncio escreveu: "Nenhum homem tem um coração insensível ao sofrimento dos outros. (...) Imagine um homem que, subitamente, vê uma criança à beira de cair em um poço. Ele, certamente, agiria com compaixão.")

É concebível, suponho, que a empatia possa levar à compaixão, e que isso enseje uma ação: ao ver que a menina está apavorada e com falta de ar, nos sentimos da mesma maneira, queremos fazer com que nossa própria experiência de afogamento acabe, e isso nos motiva a resgatá-la. Mas não é isso que normalmente acontece. Provavelmente, nos jogaríamos na água mesmo sem experimentar indiretamente o pânico do afogamento. Como sinaliza o psicólogo Steven Pinker: "Se uma criança ficar assustada com os latidos de um cachorro e começar a gritar amedrontada, minha resposta solidária não é acompanhá-la em seus gritos, mas confortá-la e protegê-la."

Em terceiro lugar, assim como podemos ter compaixão sem empatia, podemos ter empatia sem compaixão. Poderíamos sentir o sofrimento da pessoa e desejar parar de sentir isso, mas escolher resolver o problema nos distanciando da pessoa, em vez de aliviar o seu sofrimento. Poderíamos nos afastar totalmente do lago. Um caso real, descrito pelo filósofo Jonathan Glover, foi a resposta de uma mulher que vivia perto dos campos de extermínio na Alemanha nazista e testemunhou prisioneiros levando várias horas para morrer depois de serem baleados. Ela ficou bastante incomodada, a ponto de escrever uma carta: "Muitas vezes, nos tornamos testemunha involuntária de tais atrocidades. De qualquer maneira, sinto-me debilitada e tal visão exige tanto dos meus nervos que não poderei suportar isso por muito tempo. Peço que tais atos desumanos sejam interrompidos, ou, então, que sejam feitos onde eu não possa vê-los."

Ela demonstrava empatia suficiente para que a visão daquelas pessoas sendo assassinadas a fizesse sofrer. E ela não era totalmente insensível à selvageria daqueles atos, descrevendo-os como "atrocidades" e "atos desumanos". Mas, ainda assim, ela poderia conviver com a existência daqueles assassinatos, desde que eles fossem cometidos fora de seu campo de visão. Este é um caso extremo, mas que

EMPATIA E COMPAIXÃO 59

não deveria ser tão incompreensível para nós. Até mesmo algumas pessoas que são boas em determinadas ocasiões afastam-se, algumas vezes, quando confrontadas com descrições de dor e sofrimento em terras distantes, ou quando se deparam com desabrigados em uma rua da cidade.

Em outros casos, sentimos o sofrimento de outra pessoa — a empatia está a pleno vapor —, mas, em vez da compaixão, isso desperta um sentimento para o qual não existe nenhuma palavra em inglês, mas uma em alemão, que parece perfeita: *schadenfreude*. Apreciamos o sofrimento dos outros e queremos que ele continue ou que se torne pior. O sadismo é um exemplo extremo disso, mas algum grau de *schadenfreude* é normal. Eu poderia me deliciar pensando que meu rival está recebendo seu merecido castigo, apreciar a experiência de imaginar o que ele está sentindo.

Até aqui, expus as diferenças entre a empatia e a compaixão; está claro, também, que a compaixão não é a mesma coisa que a *moralidade*. Imagine um criminoso implorando que um policial o liberte. O policial pode sentir compaixão, mas não deveria ceder, pois há outros princípios morais que devem ser honrados. Em um exemplo menos dramático, um aluno com notas baixas poderia me implorar para que eu aumentasse sua nota. Eu poderia sentir compaixão por ele, mas não seria justo com o restante da classe se eu concordasse.

Podemos observar o eventual conflito entre a compaixão e a moralidade em laboratório. Experimentos realizados pelo psicólogo C. Daniel Batson e seus colegas descobriram que ser solicitado a adotar a perspectiva de alguém torna os participantes mais propensos a favorecer esta pessoa em detrimento de outras. Eles ficam mais inclinados, por exemplo, a passar uma menina que esteja sofrendo à frente de todos os nomes de uma lista de espera por um procedimento emergencial. Esse é um gesto compassivo, mas não é moral, uma vez que este tipo de decisão deve estar baseado em procedimentos objetivos e equitativos, e não naquele que inspira a reação emocional mais intensa. Uma parte do que significa ser uma boa pessoa, então, envolve ignorar a própria compaixão, em vez de cultivá-la.

AO MESMO TEMPO que a compaixão não é idêntica à moralidade e, por vezes, entra em conflito com ela, ainda assim, trata-se de algo necessário. Não haveria moralidade se não nos importássemos com os outros.

Desde os primeiros minutos de vida, nos relacionamos com outras pessoas. Nenhum bebê é uma ilha. Até mesmo os recém-nascidos reagem a expressões de outras pessoas: se um pesquisador mostrar a língua para um bebê, o bebê tenderá a retribuir, fazendo o mesmo. Considerando-se que o bebê nunca olhou no espelho, ele tem que saber, instintivamente, que a língua do adulto corresponde àquela coisa em sua própria boca que ele nunca viu. Este mimetismo pode existir para criar um vínculo entre o bebê e os adultos ao seu redor, de modo que seus sentimentos se entrelacem. Na verdade, os pais e os bebês frequentemente espelham suas próprias expressões, muitas vezes inconscientemente.

Os bebês também reagem ao sofrimento dos outros. Lembre-se de como o jovem William Darwin demonstrou "solidariedade" aos 6 meses de idade, expressando um "rosto melancólico" quando sua ama fingia chorar. Mesmo poucos dias após o nascimento, o som do choro é desagradável

EMPATIA E COMPAIXÃO

para os bebês; tende a fazer com que eles acabem chorando também. Esta não é uma reação absurda diante do ruído. Os bebês choram mais ao ouvir o som do choro de outro bebê do que o seu próprio choro, e não choram tanto assim quando ouvem um barulho gerado por computador com o mesmo volume, ou quando ouvem o choro de um filhote de chimpanzé. Outros animais também consideram desagradável quando membros de sua espécie estão em perigo. Macacos rhesus famintos evitam puxar uma alavanca para obter comida, se isso significar dar um choque elétrico doloroso em outro macaco. Ratos vão pressionar uma barra para abaixar outro rato que esteja suspenso no ar ou para libertar um rato que esteja preso em um tanque cheio d'água, e, assim como os macacos, deixarão de pressionar uma barra que ofereça comida caso esta ação provoque um choque em outro rato.

Tais comportamentos podem revelar compaixão. Mas uma explicação mais cínica é que os macacos e os ratos — e, talvez, os seres humanos também — evoluíram para se sentirem incomodados com a angústia dos outros, mas sem sentir qualquer preocupação verdadeira pelos indivíduos que estão sofrendo. Talvez eles experimentem empatia, mas não compaixão.

Ainda assim, quando prestamos atenção no modo como os bebês e as crianças pequenas agem, observamos algo a mais. Eles, simplesmente, não se afastam da pessoa que sofre. Eles tentam fazer com que ela se sinta melhor. Os psicólogos do desenvolvimento observaram, há muito tempo, que crianças de 1 ano de idade costumam dar tapinhas e passar a mão nas costas de outras que parecem estar angustiadas. A psicóloga Carolyn Zahn-Waxler e seus colegas descobriram que, quando crianças pequenas veem alguém ao seu redor agindo como se estivesse sentindo alguma dor (a mãe da criança batendo nos próprios joelhos, ou um pesquisador prendendo o dedo em uma prancheta), a reação delas costuma ser a de tentar tranquilizá-lo. As meninas são mais propensas a reconfortar do que os meninos, o que é compatível com um corpo mais amplo de pesquisas sugerindo uma maior empatia e compaixão, em média, entre as fêmeas. E é possível observar um comportamento semelhante em outros primatas; de acordo com o primatologista Frans de Waal, um chimpanzé — mas não um macaco — passará um de seus braços em torno das costas da vítima de um ataque, e a acariciará ou cuidará dela.

Mesmo assim, as tentativas dos bebês e das crianças pequenas de tranquilizar estão longe da perfeição. Elas não são tão frequentes como poderiam ser — as crianças pequenas reconfortam menos do que as crianças mais velhas, que reconfortam menos do que os adultos. E as crianças pequenas, algumas vezes, reagem ao sofrimento dos outros ficando chateadas e tranquilizando *a si mesmas*, e não o indivíduo que está sentindo dor. O sofrimento empático é desagradável, e, algumas vezes, este desconforto é perturbador. Isso também é verdade no caso dos ratos. Em um estudo em que ratos tiveram a chance de pressionar uma barra para impedir que outro rato continuasse levando choques elétricos dolorosos, muitos deles não pressionaram a barra, mas "se recolheram para o canto de suas caixas, o mais distante possível do indivíduo vítima dos choques, guinchando e agitando-se, mas permanecendo agachados ali, imóveis".

EMPATIA E COMPAIXÃO 63

Às vezes, as crianças pequenas também reagem de forma egocêntrica à dor dos outros, significando que o seu comportamento revela como elas mesmas gostariam de ser tratadas. O psicólogo Martin Hoffman oferece um exemplo, descrevendo um bebê de 14 meses que conduziu um amigo que estava chorando até a sua própria mãe, e não até a mãe do amigo. Hoffman defende que essa confusão surge porque as crianças não desenvolveram a sofisticação cognitiva necessária para assumir a perspectiva do outro. Mas, na verdade, pessoas de todas as idades podem ser egocêntricas ao reagir às aflições de outras pessoas. Certo dia, sentado ao lado de minha esposa em um restaurante, ela mencionou que estava com muita sede. Educadamente, ofereci-lhe minha cerveja. Ela olhou para mim. Depois de um momento, percebi o que aconteceu. Ela odeia cerveja. *Eu* gosto de cerveja.

UMA MANIFESTAÇÃO diferente de compaixão que aparece em crianças pequenas é a ajuda. Ao longo das últimas décadas, houve muitos relatos e estudos demonstrando a ajuda espontânea. Em 1942, um pesquisador fez a seguinte observação sobre seu filho: "Muito pensativo nos últimos tempos. Quando cheguei em casa esta manhã, ele disse: 'Papai quer chinelos' e saiu correndo para pegá-los." Em 1966, um psicólogo escreveu sobre uma criança de 18 meses de idade que "trabalha ao meu lado no jardim, consegue remexer a terra ou utilizar uma espátula muito bem. (...) Dentro de casa, ela ajuda a empurrar o aspirador ou o esfregão (...) [e] antecipa as necessidades de seu pai na hora de se vestir ou acender o fogo na lareira". E outra psicóloga, que conduziu um estudo no início da década de 1980, narra ter transformado seu

64 O QUE NOS FAZ BONS OU MAUS

laboratório em uma casa bagunçada, com uma mesa que precisava ser arrumada, uma cama desfeita, livros e fichas espalhados pelo chão, roupa lavada que precisava ser dobrada, e assim por diante. A maioria das crianças (entre 18 e 30 meses de idade) que ela levou até o laboratório ajudava-a a limpar o ambiente com entusiasmo, dizendo coisas como: "Eu ajudo você, seguro aquela lampadazinha."

Mais recentemente, conforme mencionado no capítulo anterior, os psicólogos descobriram que as crianças pequenas ajudam os adultos que se esforçam para pegar um objeto que esteja fora de seu alcance ou para abrir uma porta quando estão com os braços ocupados. As crianças pequenas fazem isso sem qualquer indução dos adultos, sem mesmo um contato visual. Tal comportamento é impressionante, porque ajudar — assim como tranquilizar — apresenta certos desafios. A criança tem que descobrir que algo está errado, saber o que fazer para melhorar a situação e se sentir motivada a fazer um verdadeiro esforço para ajudar.

Um cético, porém, destacaria que não sabemos *por que* essa ajuda ocorre. Afinal, muitas vezes, os adultos ajudam sem estar motivados pela compaixão. Alguém se depara com uma porta fechada, os braços cheios de livros, e nós nos apressamos a abrir a porta antes que a pessoa diga alguma coisa. Talvez isso seja motivado não tanto pela gentileza em si, mas pelo hábito, como dizer automaticamente "saúde" quando alguém espirra. Ou, talvez, as crianças pequenas apenas apreciem o ato de ajudar, sem se preocupar com a pessoa que está sendo ajudada. Se um adulto estiver tentando pegar algo que está fora de seu alcance, e a criança entregar isso a ele, a motivação poderia ser a gratificação ao ver um

EMPATIA E COMPAIXÃO

problema resolvido. Ou, talvez, seus atos de ajuda sejam praticados não em função da felicidade dos adultos, mas, sim, para receber sua aprovação. Quando as crianças tentam ajudar, nós as consideramos adoráveis. Talvez seja este o ponto — talvez a ajuda delas seja um comportamento adaptativo, concebido para que se tornem queridas por aqueles que cuidam delas, e comparável aos seus encantos físicos, como olhos grandes e bochechas fofas.

Mas os pesquisadores têm evidências que sugerem que o ato de ajudar — pelo menos, nas crianças mais velhas — é, de fato, motivado por uma verdadeira preocupação com os outros. Minhas colegas Alia Martin e Kristina Olson conduziram um experimento em que um adulto brincava com uma criança de 3 anos, e pedia que ela lhe entregasse alguns objetos, para poder realizar determinadas tarefas. O adulto tinha, por exemplo, um jarro de água ao seu lado e pedia à criança: "Você pode me passar o copo para que eu possa me servir de água?" Quando o objeto solicitado era adequado — um copo intacto, por exemplo —, as crianças, de modo geral, entregavam o que era pedido. Mas, algumas vezes, o objeto solicitado não era adequado à tarefa, como um copo rachado. Martin e Olson descobriram que, nesse caso, as crianças geralmente ignoravam o item solicitado e escolhiam um mais adequado, como um copo intacto, localizado em outra parte da sala. Assim, as crianças não estavam apenas agindo ingenuamente em conformidade com o adulto, pois elas queriam ajudá-los, efetivamente, a concluir a tarefa.

Além disso, se as crianças realmente ajudam tendo em conta os interesses da outra pessoa, então elas deveriam ser seletivas em relação a quem ajudar. A psicóloga Amrisha Vaish e seus colegas descobriram que crianças de 3 anos eram mais propensas a ajudar alguém que havia auxiliado outra pessoa anteriormente, e menos propensas a ajudar quem havia sido cruel com outra pessoa. As psicólogas Kristen Dunfield e Valerie Kuhlmeier obtiveram resultados semelhantes quando realizaram um estudo com crianças de 21 meses. As crianças se sentavam diante de dois pesquisadores, cada um dos quais segurando um brinquedo, aparentemente dispostos a entregá-los às crianças. No entanto, nenhum dos dois brinquedos chegava às suas mãos, pois um dos pesquisadores tinha a função de provocar, e se recusava a soltar o brinquedo, enquanto o outro pesquisador tentava oferecê-lo à criança, mas o deixava cair. Mais tarde, quando as crianças recebiam o seu próprio brinquedo e tinham que entregá-lo a um pesquisador, elas tendiam a oferecê-lo para aquele que havia se esforçado, e não para aquele que as havia provocado.

COMPARTILHAR É uma manifestação adicional da compaixão e do altruísmo. As crianças começam a compartilhar espontaneamente na segunda metade de seu primeiro ano de vida, e o grau de compartilhamento se acelera no ano seguinte. Elas compartilham com a família e os amigos, mas quase nunca com desconhecidos.

Alguns cientistas e alguns pais se preocupam quando as crianças não compartilham o suficiente, perguntando-se se isso revelaria alguma imaturidade moral. Mas talvez isso seja uma injustiça. Quando uma criança de 2 anos de idade se sente desconfortável ao entregar seus brinquedos para outra

EMPATIA E COMPAIXÃO

que acaba de conhecer em um laboratório de um psicólogo, qual é a grande diferença disso para a relutância de um adulto em entregar as chaves de seu carro a um desconhecido?

Portanto, não surpreende que os experimentos que investigam o compartilhamento em crianças pequenas cheguem a resultados tão fracos. A psicóloga Celia Brownell e seus colegas adaptaram um método experimental originalmente concebido para investigar o altruísmo em chimpanzés. Os pesquisadores colocaram a criança entre duas alavancas e deram-lhe a opção de puxar uma delas. Uma das alavancas liberava um presentinho para a criança e outro para um pesquisador sentado do lado oposto. A segunda alavanca liberava um presentinho para a criança, mas não dava nada para a pessoa que estava do outro lado.

Quando o destinatário do outro lado ficava em silêncio, tanto as crianças de 18 meses quanto as de 25 meses puxavam as alavancas aleatoriamente, sem fazer nenhuma tentativa de presentear ao adulto. Quando o pesquisador dizia: "Eu gosto de biscoitos. Eu quero um biscoito", as crianças de 25 meses ajudavam, embora as crianças mais novas continuassem com o mesmo comportamento.

Em seu artigo, os pesquisadores se concentraram no lado positivo: as crianças de 2 anos "compartilham, voluntariamente, recursos valiosos com indivíduos desconhecidos, desde que não haja nenhum custo envolvido nisso". Trata-se de algo realmente impressionante, mas o que me intriga é que nenhum grupo de crianças compartilharia algo sem ser estimulado, mesmo em uma situação em que elas não tivessem nada a perder. Meu palpite é que isso aconteceu porque elas estavam lidando com um adulto desconhecido do lado oposto da mesa. Se fossem os seus pais ou os seus avós, por exemplo, as crianças seriam muito mais gentis.

É importante ressaltar este último ponto, e vamos voltar a ele várias vezes — um pouco antes de completar 4 anos, as crianças mostram pouca gentileza espontânea diante de adultos desconhecidos. Porém, alguns dos estudos que acabamos de mencionar encontraram, sim, comportamentos gentis — como o oferecimento de ajuda — diante de adultos que não são amigos nem fazem parte da família, mas é preciso ter em mente que os adultos desses estudos não eram, na verdade, *totalmente* desconhecidos. Normalmente, antes do estudo propriamente dito começar, a criança (juntamente com a mãe ou o pai) interage com o pesquisador, como parte de uma sessão de "aquecimento", em que eles se envolvem em atividades recíprocas amigáveis, como jogar uma bola de um para o outro. Isso faz diferença. Os psicólogos Rodolfo Cortez Barragan e Carol Dweck acreditam que, se não houver esse tipo de interação recíproca — apenas uma saudação amigável pelo adulto e agradecimentos calorosos pela anuência em participar —, a ajuda posteriormente oferecida pelas crianças cairá, aproximadamente, pela metade. Minha aposta é que, se não houvesse nenhuma interação positiva prévia — se o adulto fosse um verdadeiro desconhecido no momento em que precisasse de ajuda —, então haveria pouquíssima ou nenhuma gentileza espontânea por parte das crianças.

ATÉ O MOMENTO, analisamos as respostas das pessoas e suas ações em relação a outras pessoas. Mas os seres morais também julgam a si mesmos. Sentimos orgulho por nossas boas ações e culpa por nossas más ações; e tais sentimentos morais nos ajudam a decidir o que devemos e o que não devemos fazer no futuro. Pelo menos no caso dos adultos, os psicólogos descobriram uma conexão íntima entre julgar os outros e julgar a si mesmos. Se tendemos a sentir empatia por uma pessoa, também é provável que nos sintamos culpados por prejudicá-la. Se você for o tipo de pessoa que apresenta alta dose de empatia, provavelmente também estará propenso a sentir culpa.

É complicado estudar a autoavaliação em bebês, e sabemos pouco a respeito do seu desenvolvimento. É muito fácil construir uma situação em que mostramos aos bebês um mocinho e um bandido e investigarmos como eles reagem a tais personagens. Mas é mais difícil (embora, talvez, não impossível) construir uma situação em que façamos os próprios bebês se comportarem de formas diferentes e detectarmos como eles reagem às suas próprias bondade ou maldade.

Ainda assim, pode-se observar sinais de autoavaliação desde muito cedo. Muitas vezes, os bebês e as crianças pequenas mostram sinais de orgulho, como na vez em que William ficou satisfeito em oferecer seu biscoito de gengibre para a irmã mais nova. E existe a culpa. No primeiro ano de vida, os bebês mostram-se angustiados quando prejudicam os outros, e isso se torna mais frequente à medida que envelhecem.

Em 1935, a psicóloga Charlotte Buhler relatou um inteligente experimento sobre a manifestação da culpa em crianças. Um adulto e uma criança eram colocados juntos em uma sala, e o adulto proibia a criança de tocar em um brinquedo que estava ao seu alcance. Em seguida, ele se afastava e saía da sala por um momento. Os pesquisadores descobriram que todas as crianças de 1 e 2 anos de idade "compreendiam que a proibição estava suspensa no momento que o contato com o adulto se rompia, e brincavam com o brinquedo". Mas, quando o adulto retornava de repente, 60% das crianças de 16 meses e 100% das de 18 meses "demonstravam grande constrangimento, ruborizavam-se e voltavam-se para o adulto com uma expressão assustada". As crianças de 21 meses "tentavam corrigir o que acontecera, recolocando rapidamente o brinquedo em seu lugar". O medo demonstrado pelas crianças poderia estar destituído de conteúdo moral, mas o constrangimento — os rostos ruborizados! — demonstrava que alguma outra coisa também estava acontecendo. Tais demonstrações involuntárias de culpa eram substituídas por atos explícitos de autojustificação moral à medida que as crianças ficavam mais velhas: no estudo, as crianças de 2 anos tentavam, "por exemplo, incentivar a desobediência, alegando que o brinquedo era seu".

Como vimos, os bebês são sensíveis às boas e às más ações de outras pessoas, muito antes de serem capazes de fazer qualquer coisa boa ou má por si mesmos. Parece provável, portanto, que o "senso moral" seja, primeiramente, direcionado para os outros e, em seguida, em algum momento posterior do desenvolvimento, ele se interiorize. Neste ponto, as crianças passam a se perceber como agentes morais, e este reconhecimento se manifesta através da culpa, da vergonha e do orgulho.

CONSTATAMOS CERTAS limitações na empatia e na compaixão das crianças, mas isso não nos deveria fazer esquecer o quanto é impressionante encontrar tais comportamentos e sentimentos morais em criaturas tão pequenas. Samuel

EMPATIA E COMPAIXÃO 71

Johnson resumiu isso da melhor maneira possível (em um contexto bastante diferente): "É como se um cão andasse sobre suas patas traseiras. O movimento não é bem executado; mas não há como não se surpreender ao vê-lo realizado."

Mas nossa compaixão natural não teria sido nenhuma surpresa para Darwin, ou para muitos dos cientistas, filósofos e teólogos que o precederam. Trata-se de uma conclusão notavelmente expressa por um dos heróis deste livro. Adam Smith é mais conhecido por sua obra de 1776, *A riqueza das nações*, em que sustenta a tese de que a prosperidade pode emergir de interações entre agentes egoístas. Mas ele nunca acreditou que as pessoas eram seres inteiramente egoístas; ele era estranhamente sensível à força psicológica da compaixão. Em *A teoria dos sentimentos morais*, ele começa com três frases que defendem esse argumento com eloquência e vigor:

> *Por mais egoísta que se creia ser o homem, existem, evidentemente, alguns princípios em sua natureza que o fazem se interessar pela bem-aventurança dos outros, e tornam a felicidade dos outros necessária para ele, embora ele não obtenha nada com isso, exceto o prazer de observá-la. Dentre esses princípios, estão a piedade ou a compaixão, a emoção que sentimos pela desgraça alheia, seja quando a testemunhamos, seja quando somos levados a imaginá-la de uma forma muito intensa. O fato de que, muitas vezes, ficamos tristes com a tristeza de outros é, sem dúvida, muito óbvio para exigir qualquer prova cabal; pois este sentimento, como todas as outras paixões originais da natureza humana, não está, de forma alguma, confinado ao virtuoso e ao humano, embora, talvez, eles possam percebê-los com a mais requintada sensibilidade.*

3

EQUIDADE, STATUS E PUNIÇÃO

O comediante Louis C. K. tem um número no qual relata como sua filha compreende a ideia de equidade. Começa assim: "No outro dia, um dos brinquedos da minha filha de 5 anos quebrou, e ela exigiu que eu quebrasse o brinquedo de sua irmã para que se fizesse justiça." Isso *equipararia* as irmãs, mas o motivo da graça é que alguma coisa aqui não parece correta: "E eu quebrei. Quase fui às lágrimas. E olhei para ela. Tinha um sorriso sinistro no rosto."

Outras percepções sobre a equidade são mais simples do que essa. Imagine que você tem dois brinquedos e dois filhos, e você dá os dois brinquedos para um dos filhos. Se o outro filho tiver idade suficiente para falar, ele vai reclamar. Ele poderia dizer: "Isso não é justo!", e com razão. Uma divisão equitativa maximizaria a felicidade geral dos filhos — dê a cada um dos filhos um brinquedo e ambos ficarão felizes; distribua-os de forma desigual, e o filho que não receber nada ficará triste, e sua tristeza será maior do que o prazer do filho que receber os dois brinquedos. Ou, sendo mais preciso, é simplesmente errado estabelecer uma desigualdade quando não se faz necessário.

Em um piscar de olhos, as coisas ficam mais complexas. No mundo real, as dúvidas sobre igualdade e equidade estão entre as questões morais mais urgentes. Quase todos nós concordamos, por exemplo, que uma sociedade justa é a que promove a igualdade entre os seus cidadãos, mas muito se discute sobre que tipo de igualdade é moralmente preferível: a igualdade de oportunidades ou a igualdade de resultados. É justo que as pessoas mais produtivas possuam mais do que todas as outras, desde que tenham tido oportunidades iguais no início? É justo que um governo tire dinheiro dos ricos para dar aos pobres — e a resposta mudaria se a meta de tal redistribuição não fosse ajudar os pobres em um sentido tangível, mas apenas tornar as pessoas mais equiparáveis, como na história de Louis C. K., ao quebrar o brinquedo de sua outra filha?

Em uma série de influentes estudos realizados na década de 1970, o psicólogo William Damon utilizou entrevistas para investigar o que as crianças pensam sobre a equidade. Ele descobriu que elas focam na igualdade de resultados e ignoram as outras considerações. A título de ilustração, considere o seguinte trecho de um de seus estudos (as crianças estavam sendo questionadas a respeito de uma divisão desigual de alguns centavos):

Pesquisador: Você acha que alguém deveria receber mais do que os outros?
Anita (de 7 anos e 4 meses): Não, porque não é justo. Uma pessoa recebeu 35 centavos e a outra ficou com um centavo. Isso não é justo.

EQUIDADE, STATUS E PUNIÇÃO 75

Pesquisador: Clara disse que ela fez mais coisas do que todo mundo, e que deve receber mais dinheiro.

Anita: Não. Ela não deve receber mais, porque não é justo que ela receba mais dinheiro, ficar com um dólar, enquanto os outros ficam apenas com um centavo.

Pesquisador: Deveriam ficar com um pouco mais?

Anita: Não. As pessoas deveriam receber a mesma quantidade de dinheiro, porque não é justo.

Pode-se observar a mesma propensão à igualdade em crianças mais novas. As psicólogas Kristina Olson e Elizabeth Spelke pediram a crianças de 3 anos que ajudassem uma boneca a distribuir alguns produtos (como adesivos e barras de chocolate) entre duas personagens que estavam relacionadas à boneca de maneiras diferentes: às vezes, era um irmão e uma amiga da boneca; em outros momentos, um irmão e um desconhecido, ou uma amiga e um desconhecido. Olson e Spelke descobriram que, quando as crianças de 3 anos recebiam um número par de produtos para distribuir, elas quase sempre queriam que a boneca oferecesse a mesma quantidade para as duas personagens, independentemente de quem elas fossem.

A propensão à igualdade tem a sua força. Olson e outro pesquisador, Alex Shaw, contaram a crianças com idades entre 6 e 8 anos uma história sobre "Mark" e "Dan", que haviam arrumado o seu quarto e, como recompensa, receberiam borrachas: "Não sei quantas borrachas devo dar a eles; você pode me ajudar? Ótimo. Você decide com quantas borrachas Mark e Dan vão ficar. Temos estas cinco borrachas. Temos uma para Mark, uma para Dan, uma para Mark, e uma para Dan. Hmm! Sobrou uma."

Quando os pesquisadores perguntaram: "Devo oferecer [a borracha que está sobrando] para Dan ou devo jogá-la fora?", as crianças, quase sempre, queriam jogá-la fora. Chegou-se à mesma constatação quando os pesquisadores enfatizaram que nem Mark nem Dan ficariam sabendo sobre a borracha extra, então não poderia haver motivo nem para comemoração nem para inveja. Até mesmo neste caso, as crianças queriam tanto a igualdade que, a fim de alcançá-la, preferiam destruir algo.

Eu me pergunto se os adultos fariam o mesmo. Imagine que você receba cinco notas de cem dólares, que devem ser colocadas em dois envelopes, e que cada envelope deve ser enviado a uma pessoa diferente. Não há nenhuma maneira de equiparar as coisas, mas, ainda assim, você realmente colocaria a quinta nota em um triturador de papéis? As crianças dos estudos de Shaw e Olson parecem se preocupar com a igualdade de uma forma um tanto excessiva, e é possível que este foco específico se deva às suas experiências fora de casa. Afinal, as pré-escolas e as creches onde os psicólogos norte-americanos recrutam a maioria dos participantes de seus estudos são, normalmente, instituições em que as regras de igualdade são constantemente reforçadas nas mentes das crianças; são comunidades em que todas as crianças recebem prêmios e em que todos estão acima da média.

Esse tipo de experiência, provavelmente, causa alguma influência. Mas uma série de estudos recentes mostra que a propensão à igualdade surge muito antes de as escolas e creches terem a oportunidade de moldar as preferências das crianças.

EQUIDADE, STATUS E PUNIÇÃO 77

Em um desses estudos, os psicólogos Alessandra Geraci e Luca Surian apresentaram a bebês de 10 e 16 meses teatros de fantoches em que um leão e um urso distribuíam dois discos multicoloridos para um burro e uma vaca. Em uma situação, o leão oferecia um disco a cada um dos animais, e o urso oferecia os dois discos a um dos animais e nada ao outro. Em outro momento, o leão e o urso invertiam os papéis. As crianças eram colocadas diante do leão e do urso e tinham de responder: "Qual deles é o bonzinho? Por favor, me mostre qual é o bonzinho." Os bebês de 10 meses escolheram aleatoriamente, mas os de 16 meses preferiram aquele que havia distribuído os discos equitativamente.

Os psicólogos Marco Schmidt e Jessica Sommerville realizaram um estudo semelhante com bebês de 15 meses, usando pessoas reais, em vez de animais de brinquedo, mas, mais uma vez, mostrando uma divisão equitativa e uma divisão não equitativa. Eles descobriram que os bebês de 15 meses passavam mais tempo observando a divisão não equitativa, sugerindo que eles a achavam surpreendente (um estudo controlado descartou a possibilidade de que as crianças pequenas simplesmente olhem por mais tempo para demonstrações assimétricas).

Outra pesquisa sugere que, por vezes, as crianças podem desprezar o foco na igualdade. Em um experimento conduzido pelos psicólogos Stephanie Sloane, Renee Baillargeon e David Premack, bebês de 19 meses observaram dois indivíduos que estavam brincando com alguns brinquedos e eram informados, por uma terceira pessoa, de que deveriam começar a arrumar as coisas. Quando os dois indivíduos terminavam de arrumar, os bebês esperavam que a pesquisadora os recompensasse equitativamente, olhando por mais tempo quando ela não procedia dessa forma. Mas quando um dos indivíduos fazia todo o trabalho de arrumação e o outro era preguiçoso e continuava brincando, os bebês olhavam por mais tempo quando a pesquisadora recompensava ambos os indivíduos, presumivelmente porque eles não esperavam uma recompensa igual para um esforço desigual.

Além disso, ao receber um número ímpar de produtos para distribuir, as crianças se mostraram inteligentes quanto ao que fazer com os produtos extras. Como mencionado acima, crianças de 6 a 8 anos preferiram jogar fora uma quinta borracha a fazer uma divisão desigual entre dois indivíduos que haviam arrumado um quarto. Mas, se apenas uma frase fosse acrescentada — "Dan trabalhou mais do que Mark" —, quase todas as crianças mudavam suas reações. Em vez de jogar a borracha fora, elas queriam entregá-la a Dan. Recordemos, também, do experimento no qual as crianças tinham que distribuir os produtos por meio de uma boneca; na existência de um número par de produtos, elas tendiam a distribuí-los de forma equitativa. Os mesmos pesquisadores descobriram que, se houvesse um número ímpar de produtos e as crianças de 3 anos não tivessem a opção de jogar um deles fora, elas fariam com que a boneca os distribuísse, preferencialmente, para os irmãos e os amigos do que para os desconhecidos; distribuísse mais para alguém que houvesse oferecido algo à boneca do que alguém que não houvesse oferecido, e distribuísse mais para alguém que tivesse sido generoso com uma terceira pessoa do que alguém que não tivesse sido.

As crianças pequenas não sabem tudo. Alguns experimentos que realizei com as psicólogas Koleen McCrink e

EQUIDADE, STATUS E PUNIÇÃO 79

Laurie Santos constataram que as crianças mais velhas e os adultos pensam na generosidade relativa em termos de proporção — um indivíduo com três itens que distribui dois é "mais legal" do que alguém com dez itens que distribui três —, enquanto as crianças pequenas se concentram apenas em valores absolutos. E outros estudos descobriram que nossa compreensão dos fatores que possam justificar a desigualdade — como a sorte, o esforço e a habilidade — se desenvolve, até mesmo, ao longo da adolescência.

O que realmente observamos em todas as idades, porém, é uma tendência geral à igualdade. As crianças têm a expectativa da igualdade, preferem aqueles que dividem os bens equitativamente e estão, elas mesmas, fortemente inclinadas a dividir os bens equitativamente. Isso se encaixa perfeitamente a uma certa imagem da natureza humana, que assegura que nascemos com alguma espécie de instinto de justiça: somos igualitários inatos. Como afirma o primatologista Frans de Waal: "Robin Hood tinha razão. O desejo mais profundo da humanidade é repartir a riqueza."

Realmente, parece que desejamos repartir a riqueza quando se trata de outros indivíduos. Mas não acredito que a teoria de Robin Hood esteja certa quando nós mesmos estamos envolvidos. Ao contrário, buscamos uma relativa vantagem; nos sentimos motivados não por um desejo de igualdade, mas por interesses egoístas quanto à nossa própria riqueza e status. Isso pode ser observado no estilo de vida das sociedades de pequena escala, em estudos de laboratório com adultos ocidentais e, acima de tudo, nas escolhas feitas por crianças pequenas quando elas mesmas têm algo a perder.

80 O QUE NOS FAZ BONS OU MAUS

Em primeiro lugar, analisemos as sociedades. Praticamente desde que se tem registro, temos vivido em condições de profunda desigualdade. Aleksandr Solzhenitsyn conta uma história inquietante sobre o que é uma sociedade verdadeiramente não igualitária, na Rússia do século passado:

> *Uma conferência regional do partido estava em andamento na província de Moscou. Ela estava sendo presidida por um novo secretário do Comitê Distrital do Partido, em substituição a um outro secretário recentemente preso. Ao término da conferência, foi convocada uma homenagem ao camarada Stalin. Evidentemente, todos se levantaram (assim como todos haviam pulado da cadeira durante a conferência, a cada menção de seu nome). A pequena sala ecoava com "aplausos efusivos, chegando quase a uma ovação".*
>
> *Os "aplausos efusivos, chegando quase a uma ovação" continuaram durante três, quatro, cinco minutos. Mas as palmas das mãos estavam ficando feridas e os braços levantadas já estavam doendo. E os mais idosos estavam ofegando de exaustão. A situação estava se tornando insuportavelmente absurda, até mesmo para aqueles que realmente adoravam Stalin. (...)*
>
> *Então, depois de 11 minutos, o diretor da fábrica de papéis assumiu uma expressão de homem de negócios e voltou a ocupar o seu assento. E, oh, um milagre aconteceu! Onde foi parar o entusiasmo universal, desinibido e indescritível? Por causa de um homem, todos interromperam o que estavam fazendo e se sentaram. Eles tinham sido salvos! O esquilo foi inteligente o bastante para saltar da roda giratória.*
>
> *Foi desse jeito, porém, que eles descobriram as pessoas independentes. E foi assim que decidiram eliminá-las.*

EQUIDADE, STATUS E PUNIÇÃO

Naquela mesma noite, o diretor da fábrica foi preso. Rapidamente, eles o condenaram a dez anos de prisão, sob um pretexto completamente diferente. Mas depois de assinar o Formulário 206, o documento final do interrogatório, seu inquisidor lhe lembrou:

"Nunca seja o primeiro a parar de aplaudir!"

Um exemplo mais moderno vem da Coreia do Norte, onde, em 2011, cidadãos foram presos depois do funeral de Kim Jong-il por não vestirem o luto de forma suficientemente convincente.

Grande parte dos registros históricos contém relatos de sociedades lideradas por Stalins, o que pode revelar algo acerca da natureza de nossa psicologia. Talvez o *Homo sapiens* seja uma espécie hierárquica, assim como alguns dos grandes primatas que estudamos. Estamos programados para a dominação e a submissão — evolutivamente preparados para viver em grupos, sob o comando de um líder forte (um "macho alfa" ou um "Grande Homem"), com todos os outros indivíduos abaixo dele. Se assim for, então poderíamos esperar identificar essas estruturas sociais em sociedades de pequena escala contemporâneas, já que, em aspectos significativos, elas vivem como todos nós vivíamos cerca de 10 mil anos atrás, antes da agricultura, da domesticação dos animais e da tecnologia moderna.

Em 1999, o antropólogo Christopher Boehm abordou esse assunto em *Hierarchy in the Forest* [Hierarquia na floresta], analisando o estilo de vida de dezenas de grupos humanos de pequena escala. Talvez seja surpreendente, mas ele descobriu que tais grupos eram igualitários. A desigualdade

82   O QUE NOS FAZ BONS OU MAUS

material era reduzida ao mínimo; os bens eram distribuídos por todos. Os velhos e os doentes eram amparados. Havia líderes, mas seu poder era controlado; e a estrutura social era flexível e não hierárquica. Eles pareciam menos com a Rússia de Stalin e mais com o Occupy Wall Street.

Não pretendo romantizar o estilo de vida do caçador-coletor — eu não gostaria de viver em um mundo sem romances e antibióticos. E, de qualquer forma, eles não são assim *tão* bons uns para os outros. Eles são igualitários quando se trata de relações entre homens adultos, mas hierárquicos em outros aspectos: os pais dominam seus filhos e os maridos controlam suas esposas. Além disso, ser *igualitário* não significa ser *pacifista*. As sociedades de caçadores-coletores são hiperviolentas — há violência contra mulheres, violência entre homens que competem por parceiras e violência contra grupos rivais. Por essas razões, a maioria das pessoas que está lendo este livro encontra-se em melhor situação do que um membro de uma tribo de caçadores-coletores contemporânea. Ainda assim, uma pessoa com status muito baixo em uma sociedade moderna — um homem idoso desabrigado que vive, digamos, nas ruas de Manhattan, ou uma adolescente que se prostitui em São Paulo — poderia estar em uma situação bem melhor se fizesse parte de uma dessas tribos, onde, pelo menos, haveria uma comunidade, alimentos e respeito.

Até aqui, parece que as evidências antropológicas sustentam a teoria de Robin Hood, de que os seres humanos são naturalmente imbuídos de alguma preferência profundamente enraizada pela equidade, e de que isso leva à igualdade em nossas estruturas sociais "naturais". Mas, na verdade, Boehm

EQUIDADE, STATUS E PUNIÇÃO

argumenta o contrário. Ele observa que os estilos de vida igualitários dos caçadores-coletores existem porque os indivíduos se preocupam muito com o status. Os indivíduos que fazem parte dessas sociedades acabam sendo mais ou menos iguais, porque todos lutam para garantir que ninguém acumule muito poder. Este é um igualitarismo da mão invisível. Pense em três crianças e uma torta. Uma das maneiras de garantir partes equivalentes para todas é se preocupar com a igualdade e concordar que todas elas devam receber um pedaço idêntico. Mas a outra forma de obter uma divisão igualitária — a maneira mais humana, acredito — é que cada criança esteja vigilante para não receber menos do que ninguém.

No exemplo da torta e do mundo real, essa estratégia somente poderá funcionar se os indivíduos forem capazes de defender seus direitos e proteger seu status. Nas sociedades que Boehm descreve, os membros das tribos usam as críticas e a ridicularização para derrubar aqueles que, segundo eles, se acham os reis da cocada preta. Como afirmou Natalie Angier: "Entre os bosquímanos kung, do Kalahari, na África, um caçador bem-sucedido que pareça presunçoso é controlado por seus pares através de um jogo ritualizado chamado de 'insultando a carne'. Você nos chamou até aqui para ajudar a carregar esta mísera carcaça? O que é isso, algum tipo de coelho?"

Há, também, intrigas dissimuladas e escárnio declarado. Boehm cita um estudioso que escreve: "Entre os hadza, (...) quando um candidato a 'chefe' tentava persuadir outros hadza a trabalhar para ele, os indivíduos deixavam bem claro que os seus esforços eram divertidos" (era assim que os alunos de pós-graduação me tratavam quando comecei a lecionar como professor assistente). E há penalidades mais severas. Pretensos Stalins podem ser abandonados por seu grupo, um destino que equivale a uma sentença de morte. Ou podem ser instantaneamente espancados. Quando um homem baruya tenta roubar o gado de seus vizinhos e ter relações sexuais com suas esposas, ele é assassinado. Quando um líder se torna 'muito briguento e forte na magia', os membros de sua tribo reagem entregando-o a um 'ritual de vingança' de outra tribo.

O estilo de vida igualitário dos caçadores-coletores surge, portanto, de membros disputando posições, cuidando de si mesmos e daqueles que amam, e dispondo-se a trabalhar em conjunto para evitar serem dominados. Como diz Boehm: "Indivíduos que, de outra forma, seriam subordinados são inteligentes o suficiente para formar uma grande e forte aliança política. (...) Pelo fato de os subordinados reunidos estarem, constantemente, derrubando os tipos alfa mais assertivos em seu meio, o igualitarismo é, na verdade, uma variedade bizarra de hierarquia política: os fracos somam forças para dominar os fortes."

Infelizmente, o tipo de igualitarismo descrito por Boehm já não existe mais para a maioria de nós. As populações cresceram, surgiu a agricultura, os animais foram domesticados e novas tecnologias foram inventadas. Devido a isso, as sanções previstas pelos fracos se tornaram menos eficazes, e as contramedidas dos poderosos se tornaram mais letais. Se vivemos em uma pequena sociedade de caçadores-coletores, e um macho alfa estiver exercendo o seu controle, então podemos rir dele ou ignorá-lo. Podemos organizar reuniões, e

EQUIDADE, STATUS E PUNIÇÃO 85

se muitos de nós estivermos descontentes, podemos vencê-lo ou matá-lo. Mas nada disso funciona em sociedades em que as interações não são mais presenciais, e os indivíduos ou pequenos grupos de elites conseguem acumular, a olhos vistos, recursos desproporcionais, tanto materiais quanto sociais. Um ambicioso caçador-coletor pode formar uma turma de amigos com pedras e lanças; Stalin tinha um exército e uma polícia secreta, gulags, rifles e medidas restritivas. No mundo moderno, um líder ambicioso e cruel, impulsionado pelo desejo de status, pode formar um grupo capaz de dominar uma população mil vezes maior. Já não é tão fácil os fracos conspirarem para dominar os fortes (embora alguns venham argumentado que a Internet — sendo descentralizada e, de alguma forma, anônima — tem ajudado a equilibrar o placar).

Passemos, agora, aos adultos de nossa própria sociedade. Ao longo das últimas décadas, pesquisadores da área de economia comportamental inventaram jogos fáceis e inteligentes para investigar em que medida somos realmente amáveis, justos e igualitários.

O primeiro deles é conhecido como o jogo do ultimato. A ideia é simples. O participante entra no laboratório e é escolhido aleatoriamente para ser o "líder" ou o "receptor". Se ele for escolhido como líder, recebe determinada quantia em dinheiro, digamos, US$ 10,00, tendo a opção de oferecer qualquer fração deste dinheiro ao receptor. O receptor, por sua vez, tem apenas duas opções — aceitar a oferta ou recusá-la. O importante é que, se a oferta for recusada, ninguém fica com o dinheiro; o líder está ciente dessa regra antes de fazer a sua oferta. Normalmente, o experimento é realizado de forma anônima, em uma só rodada — o líder e o receptor ficam em salas diferentes, não sabem quem é o outro e nunca mais se encontrarão novamente.

Supondo-se que ambos os participantes sejam agentes perfeitamente racionais e que estejam preocupados unicamente com o dinheiro, o líder deveria oferecer o mínimo possível. E o receptor deveria aceitar essa oferta, porque US$ 1,00 é melhor do que nada, e recusá-la não poderia levar a uma melhor oferta no futuro, uma vez que o jogo só tem uma única rodada. Mas isso raramente acontece. Normalmente, o líder oferece metade ou um pouco menos da metade do montante total.

Seria concebível que o jogo pudesse revelar um impulso de Robin Hood por parte do líder: uma crença de que uma divisão equitativa é a coisa certa a fazer. Mas uma alternativa óbvia é que os líderes agem por interesse próprio, já que acreditam que as ofertas irrisórias serão rejeitadas. E eles estão certos ao acreditar nisso: no laboratório, os receptores, de fato, rejeitam as ofertas baixas, abrindo mão de um lucro para que um líder mesquinho também não ganhe nada.

Embora recusar ofertas baixas seja, em certo sentido, um erro (o receptor irá embora sem nada), o jogo do ultimato acaba por ser uma daquelas situações paradoxais em que vale a pena ser irracional, ou, pelo menos, ser considerado irracional pelos outros. Se eu fosse um indivíduo egoísta e soubesse que estava participando da única partida do jogo do ultimato com um robô desprovido de emoção, então, como líder, eu ofereceria o mínimo, porque eu saberia que a oferta seria aceita. Mas se eu estivesse lidando com uma pessoa normal, me preocuparia em fazer uma oferta baixa e vê-la ser recusada por puro despeito. E, assim, eu ofereceria mais dinheiro.

(De acordo com o economista comportamental Dan Ariely, quando alunos de economia são colocados na posição de líder, geralmente eles oferecem o mínimo, e isso funciona muito bem no caso deles, pois estão jogando com outros estudantes de economia, que aceitam aquele mínimo. Somente quando esses líderes racionais jogam com participantes que não são economistas é que eles têm uma surpresa desagradável.)

A recusa de uma oferta baixa por parte do receptor também faz sentido quando levamos em conta que nossas mentes não foram adaptadas para interações únicas e anônimas. Evoluímos em um mundo no qual estivemos envolvidos em interações repetidas, com um número relativamente pequeno de outros indivíduos. Assim, estamos programados para responder à oferta irrisória como se fosse a primeira de muitas, mesmo que saibamos, de forma consciente, que ela não é. A recusa, então, é uma ação corretiva do tipo "que se dane, amigo", e ela faria todo o sentido se fôssemos jogar com a mesma pessoa várias vezes. E o estado psicológico que motiva essa rejeição é a indignação com a pessoa que faz a oferta. É possível observar isso no rosto dos receptores, que se contorcem em expressões de desprezo ou aversão, e em seus cérebros, onde as áreas associadas à raiva tornam-se mais ativas. Em um estudo onde se permitiu que os receptores enviassem mensagens anônimas aos líderes que os subestimaram, as mensagens típicas incluíam: "Você não deveria ter sido ganancioso. Então está bem, você não vai ficar com nada"; "Cara, isso é meio ganancioso"; "Obrigado por nada" e "Você não presta".

O que precisamente nos irrita tanto quando somos subestimados? O filósofo Shaun Nichols explica claramente a lógica: "Se Jim é solicitado a dividir um bem com Bill, e decide desafiar [a regra da divisão equitativa] oferecendo a Bill um décimo do bem, qual é a justificativa de Jim? Uma vez que o bem constituía uma receita inesperada, dificilmente Jim pode alegar que merecia a maior parte. Considerando-se a existência de uma regra de divisão equitativa, será natural pensar que Jim está tratando Bill como inferior." Mas, sabendo disso, Jim pode abster-se de fazer uma oferta baixa, exercitando a empatia — ele pode recuar ao se imaginar na pele de Bill, sendo insultado desta forma, e isso pode motivá-lo a propor uma divisão justa. Mas Jim também pode abster-se por uma razão mais egoísta: se Bill ficar minimamente irritado, ele pode se vingar e deixar Jim sem nada.

O comportamento dos indivíduos no jogo do ultimato, então, não oferece nenhuma sustentação à teoria de Robin Hood. Porém, considere agora o jogo do ditador. Elaborado pelo psicólogo Daniel Kahneman e seus colegas, ele é exatamente igual ao jogo do ultimato, exceto por remover a etapa em que os receptores têm que fazer uma escolha. Os participantes recebem somas de dinheiro e podem oferecer o quanto quiserem para desconhecidos anônimos. E isso é tudo — eles ficam com o que escolherem ficar.

Claramente, um agente egoísta não ofereceria nada. Mas não é isso o que as pessoas fazem. Mais de uma centena de estudos sobre jogos de ditador foram publicados, tendo-se verificado que a maior parte das pessoas realmente oferece

EQUIDADE, STATUS E PUNIÇÃO 89

algo, e que a oferta média está entre 20% e 30%. Alguns estudos apontam uma generosidade ainda maior, relatando que muitas pessoas oferecem a metade ou um pouco menos da metade.

Ao contrário do jogo do ultimato, essa generosidade não pode ser explicada devido ao medo de retaliação. Assim, uma das interpretações desses resultados reside na análise de Robin Hood — o ditador distribui o dinheiro em função de um senso de justiça. Ou seja, a pessoa que deve fazer a escolha conseguiu se distanciar de sua posição particular no mundo e está avaliando a melhor solução para o caso, sob o ponto de vista de um mero espectador. Como não há nenhuma razão para que o ditador obtenha mais do que a outra pessoa, ele se sente motivado a dividir igualmente aquele dinheiro inesperado (embora, em função da fraqueza humana, ele possa ficar com um pouco mais para si mesmo).

No entanto, não sou o primeiro a assinalar que há algo estranho nessa interpretação. Embora seja verdade que algumas pessoas acreditem no princípio igualitário de que um mundo melhor seria aquele em que os recursos fossem divididos equitativamente, como regra geral nós não nos sentimos compelidos a doar metade de nosso dinheiro para a pessoa que está ao nosso lado. Muitas vezes, somos generosos, mas não dessa forma indiscriminada. Isso é verdade até mesmo quando o dinheiro aparece de forma imprevista. Suponha que você encontre vinte dólares na calçada. Você entregaria, imediatamente, dez dólares para a próxima pessoa que passasse, sob a lógica de que foi apenas a sorte que fez você encontrar a nota, e não ela? Provavelmente, não.

Então, por que as pessoas são tão gentis nesses experimentos de laboratório? Outra explicação possível seria a pressão social. Os participantes sabem que estão tomando parte em um estudo destinado a investigar a gentileza e a equidade. Trata-se de uma situação tipicamente estruturada, de modo que a pessoa possa agir de acordo com um *continuum* de generosidade, sendo que a pior coisa é não oferecer nada. A constatação de que a maioria das pessoas oferece algo pode ser explicada, em grande parte, pelo fato de que ninguém quer ser considerado burro.

Para observar os efeitos causados por uma plateia, basta imaginar, como sugeriu um pesquisador, uma partida do jogo do ditador em rede nacional de televisão, com toda a sua família e amigos assistindo. Será que isso não deixaria você mais generoso? Não é de surpreender que estudos de laboratório tenham descoberto que quanto mais pessoas estiverem observando a escolha, mais a pessoa oferecerá. Até mesmo imagens de olhos na parede ou na tela do computador deixam as pessoas mais gentis, presumivelmente porque lhes fazem pensar que estão sendo observados. Essa ideia foi muito bem expressa por Tom Lehrer, em sua canção sobre os escoteiros: "Tenha cuidado para não praticar / Suas boas ações quando não houver ninguém olhando."

Apesar de a situação típica do jogo do ditador ser, supostamente, anônima, ainda assim os participantes podem não acreditar nas garantias oferecidas pelos pesquisadores. E eles *têm razão* de ficar desconfiados; algumas vezes, eles são enganados. Além disso, a motivação para causar uma boa impressão sobre os outros pode estar em atividade até mesmo quando se acredita, conscientemente, que não existe plateia alguma.

EQUIDADE, STATUS E PUNIÇÃO 91

Tudo isso pode parecer um excesso de detalhes. Se as pessoas fazem doações generosamente, que diferença faz se esta generosidade é motivada por preocupações sobre o modo como os outros vão avaliá-las? Acontece, porém, que um impulso igualitário puro é uma coisa, e o desejo de causar uma boa impressão é outra. Dois inteligentes conjuntos de experimentos levantaram essa questão.

No primeiro, o psicólogo Jason Dana e seus colegas aperfeiçoaram o jogo do ditador padrão. Eles começaram o jogo básico com US$ 10,00, mas, agora, alguns participantes podiam escolher entre participar normalmente do jogo ou pegar US$ 9,00 e abandoná-lo. Eles foram informados de que, se escolhessem esta segunda opção, o receptor nunca saberia que estivera participando de um jogo do ditador.

Um indivíduo egoísta, que estivesse participando apenas pelo dinheiro, concordaria em jogar e ficar com os US$ 10,00, de modo a obter o lucro máximo. Um indivíduo generoso, por outro lado, concordaria em jogar e oferecer uma parte dos US$ 10,00. Nenhum dos dois optaria por abandonar o jogo e receber US$ 9,00, porque esta opção renderia ao jogador menos de US$ 10,00 (o que não faria sentido sob um ponto de vista egoísta) e não renderia nada para a outra pessoa (o que não faria sentido sob um ponto de vista generoso).

Ainda assim, mais de um terço dos participantes optou por ficar com os US$ 9,00. Provavelmente, isso aconteceu porque eles queriam o dinheiro, mas não queriam ser colocados em uma posição onde se sentissem pressionados a entregar uma parcela substancial do que tinham. A analogia, aqui, é estar caminhando por uma rua onde existe um mendigo à espera. Se você fosse insensível, passaria por ele e não faria nada; se fosse generoso, lhe ofereceria algum dinheiro. Mas se não quisesse se sentir obrigado a doar, poderia optar por uma terceira alternativa: atravessar a rua e evitá-lo completamente.

O segundo conjunto de experimentos foi realizado pelo economista John List. Ele começava com um jogo em que o ditador recebia US$ 10,00 e o receptor US$ 5,00. Como de costume, o ditador poderia oferecer a quantia que bem entendesse do seu dinheiro para a outra pessoa. Nesta situação simples, a oferta média foi de US$ 1,33, um montante razoavelmente generoso.

Um segundo grupo de participantes foi informado de que poderia oferecer o quanto quisesse — mas eles também poderiam retirar US$ 1,00 da outra pessoa. Neste caso, a oferta média caía para US$ 0,33. E um terceiro grupo foi informado de que poderia oferecer o quanto quisesse, mas também poderia retirar o quanto quisesse, até um total de US$ 5,00. Nesta situação, eles *retiraram*, em média, US$ 2,48, e muito poucos ofereceram alguma coisa.

Devemos fazer uma pausa e nos admirar com a estranheza desses dados. Se a explicação mais comum para a oferta no jogo do ditador estiver correta — a de que tal gesto revela um impulso de compartilhar a riqueza —, acrescentar a opção de retirar o dinheiro da outra pessoa não deveria ter nenhuma importância. Mas suponha, agora, que a oferta é motivada, ao menos em parte, por um desejo de causar uma boa impressão. Neste caso, a opção de retirar o dinheiro faz diferença, porque a pior opção possível deixa de ser não oferecer nada, mas, sim, retirar todo o dinheiro da outra pessoa. O participante pode pensar: só um idiota completo

EQUIDADE, STATUS E PUNIÇÃO

deixaria esta pessoa sem nada. Eu não quero parecer um idiota — vou retirar apenas um pouquinho. Considerados em conjunto, tais estudos sugerem que o comportamento no jogo do ditador é influenciado por fatores que têm muito pouco a ver com motivações altruístas e igualitárias, estando muito mais relacionados a *parecer* altruísta e igualitário.

O ECONOMISTA Ernst Fehr e seus colegas estiveram entre os primeiros a investigar a forma como as crianças se comportam quando confrontadas com jogos econômicos. Eles estudaram crianças suíças de 3 a 8 anos de idade, mas, em vez de dinheiro, usaram balas. Nos experimentos que discutirei aqui, as crianças foram informadas de que suas decisões afetariam crianças que elas não conheciam, mas que frequentavam a mesma creche, jardim de infância ou escola.

Um dos jogos era uma variante do jogo do ditador: cada criança recebia dois doces e tinha a opção de ficar com um e oferecer o outro, ou ficar com os dois. Nesta condição, as crianças de 7 e 8 anos foram generosas — cerca de metade delas ofereceu um doce. Mas as mais novas foram gananciosas — apenas cerca de 20% das crianças de 5 e 6 anos ofereceram um doce, e apenas cerca de 10% das de 3 e 4 anos fizeram o mesmo. Este egoísmo por parte das crianças pequenas é compatível com pesquisas mais recentes sobre o jogo do ditador em diferentes países — incluindo Estados Unidos, Europa, China, Peru, Brasil e Fiji —, que descobriram que as crianças pequenas são muito menos propensas a oferecer o que possuem a um desconhecido do que as crianças mais velhas ou os adultos.

Poderíamos concluir que as crianças não se importam nem um pouco com a igualdade quando elas mesmas estão envolvidas. Mas, talvez, isso seja injusto. É possível que as crianças mais novas tenham o mesmo impulso de equidade/gentileza/justiça que as mais velhas, mas elas têm menos autocontrole e, assim, ao contrário das crianças mais velhas, não conseguem dominar o próprio egoísmo. O apetite delas supera o altruísmo.

Para testar essa teoria, Fehr e seus colegas desenvolveram um outro jogo — o jogo pró-social —, que contorna este conflito entre altruísmo e autocontrole. Aqui, sob qualquer condição a criança recebe um doce; a escolha é oferecer ou não uma bala a outro indivíduo. Isso permite que as crianças sejam altruístas (e justas e igualitárias), sem nenhum custo para si mesmas.

As crianças de 7 e 8 anos fizeram aquilo que se esperava: cerca de 80% ofereceram uma bala. Entre as crianças mais novas, no entanto, apenas cerca da metade fez o mesmo. Ou seja, cerca da metade das crianças mais novas optou por não oferecer um doce a um desconhecido — mesmo que isso não lhes custasse *nada*.

Outros estudos analisam as reações emocionais das crianças a distribuições equitativas e não equitativas em que elas mesmas são afetadas. A psicóloga Vanessa LoBue e seus colegas testaram crianças de 3, 4 e 5 anos de idade em fase pré-escolar, e fizeram isso de forma intensa e pessoal — diferentemente dos estudos até então realizados, este não pedia que as crianças lidassem com desconhecidos anônimos. Ao contrário, os pesquisadores formavam pares de crianças que eram da mesma classe. As crianças brincavam juntas com

EQUIDADE, STATUS E PUNIÇÃO

alguns objetos em uma sala silenciosa por cinco minutos e, em seguida, os objetos eram afastados. Um adulto aparecia para dizer-lhes que, como elas haviam ajudado a arrumar a sala, elas ganhariam adesivos. Sob o olhar atento de ambas as crianças (digamos, Mary e Sally), o pesquisador entregava os adesivos um de cada vez, fazendo uma contagem em voz alta: "Um adesivo para Mary, um adesivo para Sally. Dois adesivos para Mary, dois adesivos para Sally. Três adesivos para Mary. Quatro adesivos para Mary." Dessa forma, Sally terminava com dois adesivos e Mary com quatro. O pesquisador, então, fazia uma pausa de sete segundos, ficava imóvel e evitava o contato visual com as crianças, enquanto as reações espontâneas delas eram filmadas por uma câmera. Em seguida, perguntava-se às crianças se a distribuição havia sido justa.

De modo geral, as crianças na posição de Sally diziam que aquilo não era justo, pareciam tristes, e, muitas vezes, pediam mais adesivos. Caso alguém perguntasse, as crianças na posição de Mary tendiam a concordar que era injusto, mas não reagiam a esta injustiça da mesma forma — elas não ficavam incomodadas com isso. A melhor reação observada de uma criança favorecida diante das reclamações da que ficou em desvantagem foi a entrega de um adesivo — mas menos de uma em cada dez fez isso. E recordemos que essas crianças não estavam lidando com desconhecidos anônimos; elas estavam sentadas ao lado de seus colegas de classe, muitas vezes seus amigos.

As crianças, então, são sensíveis à desigualdade, mas isso parece aborrecê-las apenas quando elas próprias recebem menos. Nesse aspecto, elas são semelhantes aos macacos, chimpanzés e cães, que mostram sinais de incômodo ao conseguir uma recompensa menor do que os outros. Os pesquisadores realizaram estudos, por exemplo, com duplas de cães, em que cada cachorro executava uma habilidade. Um dos cachorros era, então, recompensado com um agradinho, enquanto o outro recebia um agrado inferior. Os pesquisadores descobriram que o cachorro a quem havia sido oferecido o agrado inferior ficava, por vezes, zangado e se recusava a comer.

As crianças também podem ser maldosas ao manifestar suas preferências. Os psicólogos Peter Blake e Katherine McAuliffe formaram duplas de crianças de 4 a 8 anos de idade que nunca haviam se encontrado antes, colocando-as diante de um dispositivo especial, criado para distribuir duas bandejas de balas. Uma das crianças tinha acesso a uma alavanca que lhe permitia escolher inclinar as bandejas em direção a si mesma e à outra criança (de modo que cada criança ficasse com a quantidade de balas que estivesse na bandeja mais próxima de si) ou derrubar as duas bandejas (de modo que ninguém ficasse com nenhuma bala).

Quando havia uma quantidade equivalente de balas em ambas as bandejas, as crianças quase nunca as derrubavam. Elas também quase nunca as derrubavam quando a distribuição as favorecia — digamos, quatro balas em sua bandeja, e uma bala na bandeja da outra criança —, embora algumas das crianças de 8 anos tenham rejeitado esta escolha. Mas quando a distribuição favorecia a outra criança, em geral as crianças, não importa a faixa etária, escolhiam derrubar as duas bandejas: elas preferiam não receber nada a ver a outra criança, uma desconhecida, recebendo mais do que elas.

EQUIDADE, STATUS E PUNIÇÃO

Uma sucessão de experimentos que acabei de concluir, em colaboração com Karen Wynn e o estudante de pós-graduação de Yale Mark Sheskin, mostram mais evidências da natureza maldosa das crianças. Propusemos a crianças entre 5 e 10 anos de idade uma série de escolhas sobre como dividir fichas (que, mais tarde, poderiam ser trocadas por brinquedos) com outra criança com quem elas nunca se encontrariam. Elas teriam que escolher, por exemplo, entre uma distribuição em que cada criança receberia uma ficha e outra em que cada uma receberia duas fichas. Quando lhes oferecíamos esta escolha, elas tendiam a ficar com a última opção, o que é compreensível já que elas receberiam mais, assim como a outra pessoa.

Mas descobrimos, também, que a comparação social era importante. Considere uma opção em que a criança selecionadora e a outra criança recebem, cada uma, uma ficha, em oposição à opção em que a criança selecionadora recebe duas fichas e a outra criança recebe três. Talvez pudéssemos pensar que a última opção é a melhor escolha, porque ambas as crianças ficariam com mais; trata-se de uma opção mais gananciosa e mais generosa. Mas escolher uma divisão de 2/3 em detrimento de uma divisão de 1/1 significa que a criança selecionadora terminaria recebendo relativamente menos do que a outra. Isso desagradou as crianças que testamos, e, muitas vezes, elas escolheram 1/1, abrindo mão de uma ficha extra para que não terminassem em uma desvantagem relativa.

Ou considere uma opção em que cada uma recebe duas fichas, em vez de a criança selecionadora receber uma ficha e a outra criança não receber nada. A opção de 2/2 é melhor para todos os envolvidos em termos absolutos, mas a vantagem da opção de 1/0 é que a criança selecionadora recebe relativamente mais do que a outra criança. As crianças mais velhas preferiram a divisão de 2/2, mas as crianças de 5 e 6 anos preferiram a opção de 1/0; elas preferiram ter uma vantagem relativa, mesmo que isso representasse um custo para si mesmas. Tais respostas fazem lembrar uma lenda judaica medieval sobre um homem invejoso que foi abordado por um anjo, que lhe disse que ele poderia pedir o que quisesse — mas seu vizinho receberia a mesma coisa em dobro. Ele refletiu por um momento e pediu, então, que o anjo lhe arrancasse um de seus olhos.

A EQUIDADE vai além da mera decisão a respeito da melhor forma de distribuir o que tem valor positivo. Nós também temos que determinar como alocar o que é negativo. Isso nos leva à punição e à vingança, o lado mais sombrio da moralidade.

Se fôssemos sempre gentis uns com os outros, a questão da punição nunca surgiria. Mas, como assinalou, certa vez, o antropólogo Robert Ardrey: "Nascemos de macacos bípedes, e não de anjos caídos." Alguns se sentem tentados a enganar, a matar e a sucumbir a impulsos egoístas, e para que possamos sobreviver na presença destes indivíduos, precisamos fazer com que este mau comportamento custe caro. De fato, alguns estudiosos, como o filósofo Jesse Prinz, consideram a indignação uma característica mais importante para a moralidade do que a empatia e a compaixão, aqueles sentimentos mais brandos que discutimos no capítulo anterior.

EQUIDADE, STATUS E PUNIÇÃO 99

Vamos começar com a vingança — a forma pessoal de punição, dirigida contra aqueles que agiram de forma errada conosco, ou que tenham prejudicado a nossa família ou os nossos amigos. A vingança tem certas características específicas. Adam Smith descreve nossos sentimentos em relação a um homem responsável pela morte de alguém que amamos: "O ressentimento nos levaria a desejar não apenas que ele fosse punido, mas que fosse punido pelos nossos próprios meios, e em razão daquele dano particular que nos causou. O ressentimento não pode ser totalmente satisfeito, a menos que o criminoso comece ele mesmo a sofrer, e a sofrer por aquele mesmo mal que praticou e que nos fez sofrer."

Inigo Montoya, personagem de *A princesa prometida* que procura vingar a morte de seu pai, reitera esse sentimento. Montoya conta ao homem de preto o seu plano, que consiste em abordar o assassino e dizer: "Olá. Meu nome é Inigo Montoya. Você matou o meu pai. Prepare-se para morrer!" O assassino deve saber, com exatidão, por que está sendo punido e por quem. Então, e somente então, Montoya poderá matá-lo (e quando o faz, isso é profundamente satisfatório).

Esses requisitos fazem sentido quando analisamos o vínculo entre a vingança e o status. Como diz a filósofa Pamela Hieronymi: "Um erro passado cometido contra nós, ocupando um espaço em nossa história, sem um pedido de desculpas, uma expiação, uma retribuição, uma punição, uma reparação, uma condenação, ou qualquer outra coisa que possa reconhecê-lo como um *erro*, é uma espécie de alegação. Ele atesta, com efeito, que podemos ser tratados desta forma, e que tal tratamento é aceitável." Este é um dos objetivos do pedido de desculpas — restabelecer o status da vítima. Se você me derrubar e não disser nada, você estará afrontando a minha dignidade. Um simples "me desculpe" pode fazer maravilhas, porque você mostrará respeito pela minha pessoa; você estará admitindo para mim, e, possivelmente, para os outros, que é inaceitável me prejudicar sem justa causa. Se você não disser nada, estará enviando uma mensagem bem diferente. Sem um pedido de desculpas, eu poderia me sentir tentado a recuperar o meu status através da retaliação. Se você me derrubar e eu, então, reagir derrubando-o, eu lhe mostrarei que sou um homem que não deve ser subestimado, o que tornará menos provável que você venha a me prejudicar no futuro. Mas isso só funciona se você souber quem o está derrubando e por quê (se você achar que outra pessoa é a responsável, ou que eu fiz isso por engano, então eu terei falhado).

Em nossas sociedades ocidentais modernas, a vingança feita com as próprias mãos desempenha um papel menos ilustre do que nas chamadas culturas da honra — entre os beduínos, em subculturas criminosas como a máfia e na cultura do caubói do oeste norte-americano, por exemplo. Indivíduos que vivem em tais culturas não podem invocar uma autoridade externa para fazer justiça; por isso, cabe a cada um se defender e defender aqueles com quem se preocupa. Nessas sociedades, uma reputação de violência é importante; é o que desencoraja os outros de atacar ou abusar de seus membros. Em consonância com esta teoria, os psicólogos acreditam que os indivíduos pertencentes a tais sociedades tendem a desaprovar os atos de desrespeito e a perdoar os atos de retaliação.

EQUIDADE, STATUS E PUNIÇÃO 101

O psicólogo Steven Pinker argumenta que uma das razões para a redução da violência ao longo da história é o declínio desse tipo de cultura. Conseguimos, em muitas partes do mundo, controlar nosso apetite pela retaliação pessoal. A vingança direta foi amplamente substituída pela punição indireta, aplicada pelo governo. Quando, há alguns meses, a janela do meu carro foi arrombada e os meus pertences foram roubados, senti um lampejo de raiva, mas, na verdade, o problema foi melhor encaminhado através de um boletim de ocorrência e de uma prestativa companhia de seguros. Se Inigo Montoya estivesse entre nós agora, ele não teria necessidade de invadir o castelo para levar à justiça o assassino de seu pai; a polícia faria isso por ele, e menos pessoas precisariam morrer.

Ainda assim, algum desejo de vingança existe dentro da maioria de nós. Há uma série de interações com as quais a lei não consegue lidar — para citar algumas, as intrigas maldosas ou os e-mails sarcásticos —, nas quais podemos aproveitar nossa tendência para a desforra, algum impulso para fazer com que aqueles que nos desrespeitam sofram até o grau que consideramos adequado. E, mesmo que não tenhamos estômago para decretar nossa própria e violenta vingança, desfrutamos do prazer de experimentá-la na imaginação. O tema da desforra é muito recorrente na ficção, seja em obras clássicas, como *Hamlet* e *A Ilíada*, até em filmes ruins, como *Olho por olho* e *Desejo de matar*, e em séries de televisão, como a apropriadamente denominada *Revenge* [Vingança].

A PUNIÇÃO de terceiros que não tenham nos feito mal pessoalmente não é a mesma coisa que a vingança, e não tem

102   O QUE NOS FAZ BONS OU MAUS

uma explicação tão simples. Certamente, temos um apetite pela punição de terceiros. Um exemplo é o recente surgimento, na China, do *renrou sousuo yinqing*, ou "buscadores de carne humana" — um fenômeno em que as pessoas usam a Internet para contribuir com informações sobre transgressores: adúlteros, cidadãos apátridas, atores pornográficos amadores, e assim por diante. Esses autodenominados vingadores tentam motivar agressões físicas e sociais contra tais indivíduos e, muitas vezes, são bem-sucedidos, fazendo com que eles tenham de sair da cidade ou percam seus empregos. Recordemos, ainda, dos casos que discutimos anteriormente, como a reação do público contra Mary Bale depois que ela colocou um gato dentro de uma lixeira, ou contra David Cash Jr., que assistiu ao assassinato de uma criança e não fez nada — ambos foram perseguidos e ameaçados por desconhecidos, moralmente indignados.

Podemos investigar esse impulso punitivo através de um outro jogo, elaborado por economistas comportamentais — o jogo de bens públicos, que analisa até que ponto as pessoas estarão dispostas a se sacrificar por um bem maior. Existem diversas versões deste jogo, mas eis aqui um exemplo: são quatro jogadores, todos desconhecidos entre si (normalmente, eles jogam em computadores separados), cada um recebendo US$ 20,00 no início do jogo. Há uma série de rodadas, e, no início de cada uma, os jogadores decidem se colocam ou não o dinheiro no centro da mesa. Este dinheiro é dobrado e redistribuído uniformemente para os jogadores. Em seguida, cada jogador recebe um relatório sobre quanto dinheiro possui naquele momento e como cada um dos outros jogadores procedeu.

EQUIDADE, STATUS E PUNIÇÃO

Imagine que você esteja jogando esse jogo. Aqui estão algumas coisas que podem acontecer:

1. **Ninguém coloca dinheiro na mesa:** Todos ficam com os seus US$ 20,00.
2. **Todos colocam o dinheiro todo:** os US$ 80,00 na mesa são multiplicados por dois, e, depois, redistribuídos para os quatro, de modo que todos recebem US$ 40,00 de volta.
3. **Você se abstém, e os outros três colocam dinheiro:** seus três parceiros do jogo colocam US$ 20,00 cada. Agora, há US$ 60,00 na mesa. O valor dobra: US$ 120,00.
   Em seguida, ele é dividido por quatro, e todos, incluindo você, recebem US$ 30,00 de volta. Considerando-se que você não contribuiu, você tem, agora, US$ 50,00.
4. **Você coloca dinheiro, e os outros se abstêm:** Seus US$ 20,00 dobram para US$ 40,00, e são divididos por quatro, para que todos recebam US$ 10,00 de volta. Os outros não colocaram nada, e, então, cada um deles fica com os seus US$ 20,00 originais, mais US$ 10,00, perfazendo um total de US$ 30,00. Você fica apenas com US$ 10,00.

A melhor solução para todos é que os três coloquem o dinheiro. Se todos os indivíduos contribuírem, todos dobrarão seu dinheiro a cada rodada. Mas, ao mesmo tempo, qualquer um deles lucraria mais se não colocasse nada. Se todos os outros colocarem dinheiro, por exemplo, o indivíduo se sairá melhor optando pela abstenção — US$ 50,00 contra US$ 40,00. E se ninguém mais colocar dinheiro, o indivíduo continuará se saindo melhor se optar pela abstenção — US$ 20,00 contra US$ 10,00.

Esse cálculo se encaixa perfeitamente às situações da vida cotidiana em que engajar-se em uma atividade desagradável ou que consuma tempo gera uma melhoria para todos; os indivíduos egoístas, porém, podem se abster e colher os benefícios sem se responsabilizar pelos custos. Eu desejo um mundo, por exemplo, em que as pessoas paguem impostos — eu me beneficiaria de estradas, do corpo de bombeiros, da polícia, e assim por diante —, mas, de um ponto de vista egoísta, o mundo ideal para mim seria aquele em que todos pagassem impostos, menos eu. O mesmo vale para a reciclagem, as eleições, a organização de nosso partido local, o serviço militar — ou a situação dos meus colegas de quarto na faculdade, onde enfrentávamos as seguintes alternativas na hora de limpar a casa:

1. **Ninguém fazia nada:** O apartamento ficava imundo, mas ninguém precisava trabalhar. Ficávamos, todos, um pouco insatisfeitos.
2. **Todos limpavam:** O apartamento ficava limpo, e todos nós trabalhávamos um pouco. Esta era a melhor situação para todos.
3. **Eu não fazia nada; todos os outros limpavam:** Esta era a melhor solução para mim. Eu ficava com um apartamento limpo sem fazer o menor esforço.

EQUIDADE, STATUS E PUNIÇÃO   105

4. **Eu limpava; os outros não faziam nada:**
Eu ficava com um apartamento limpo, mas
trabalhava muito mais do que todos os outros, e
me sentia péssimo.

Nos jogos de bens públicos realizados em laboratório,
as pessoas tendem a começar a jogar bem, mas, inevitavelmente, alguns participantes sucumbem à tentação e optam
por se abster, a fim de ganhar um dinheiro extra. Os outros
observam isso, e, em seguida, também optam por desertar.
À medida que as pessoas vão desertando, aquele que per-
manece se sente, cada vez mais, um otário. E, assim, embora
alguns leais contribuintes possam permanecer, a situação
gradualmente se deteriora. Foi o que aconteceu na situação
com os meus colegas de quarto: ela se reduziu a uma batalha
hobbesiana de todos contra todos, e nós vivíamos, infelizmente, na imundície.

Isso parece um tanto preocupante. Mas, no decorrer da
história, os seres humanos se mostraram, de alguma forma,
capazes de superar as tentações da deserção e do oportunismo — caso contrário, práticas como a guerra, a caça
desportiva e o cuidado compartilhado de crianças jamais
poderiam ter existido.

E isso nos leva de volta à punição. Se o governo parasse
de punir os fraudadores fiscais, mais pessoas sonegariam
seus impostos; se escapar às ordens de pagamento não fosse
ilegal, mais pessoas escapariam às ordens de pagamento. A
ameaça das multas e da prisão ajuda a dissuadir os oportunistas. Porém, apelar para as sanções patrocinadas pelo
estado tem pouca serventia sob um ponto de vista evolutivo,

106   O QUE NOS FAZ BONS OU MAUS

já que formávamos grupos cooperativados muito antes de existirem os governos e a polícia. Mas isso indica que há uma solução para o problema dos oportunistas: os *indivíduos* se sentem motivados a punir uns aos outros; tal punição e o medo de ser punido estimulam um comportamento melhor.

Ernst Fehr e o economista Simon Gächter investiram nessa ideia, usando uma outra versão do jogo de bens públicos. Da mesma forma que no jogo usual, os participantes eram informados sobre o procedimento de todos os outros (mais uma vez, apenas em termos numéricos; pois eles não sabiam, na verdade, quem eram os outros jogadores). Mas, dessa vez, um participante poderia gastar o seu dinheiro para retirar dinheiro de outra pessoa. Especificamente, uma pessoa que percebesse que alguém não havia contribuído na última rodada poderia, então, despender o seu próprio dinheiro para reduzir a quantia a que o infrator chegara na presente rodada — uma forma de punição indireta.

Fundamentalmente, essa punição era *altruísta*: um participante que escolhesse punir sabia que estava abrindo mão de algo para promover um bom resultado (talvez, um comportamento melhor do oportunista no futuro, ou, talvez, a simples execução da justiça). O dinheiro retirado de quem era punido desaparecia; ele não ia para nenhum dos participantes, e aquele que punia não continuava jogando com o punido, então se essa medida realmente melhorasse o comportamento do punido, não serviria muito para o punidor.

Mesmo assim, 80% dos participantes puniram, pelo menos, uma vez. E essa punição, que tendia a ser dirigida a todos aqueles que contribuíam menos do que a média,

EQUIDADE, STATUS E PUNIÇÃO

resolveu o problema da deserção. Em pouco tempo, quase todos estavam contribuindo. Tal punição tornava a cooperação possível.

MAS O APETITE pela punição altruísta seria, realmente, um instinto evoluído? Um problema desta proposição é que se torna difícil explicar como tal comportamento poderia ter evoluído através da seleção natural. Mesmo que nossa sociedade funcione melhor quando os oportunistas passam a se comportar dentro de certos padrões por meio da punição, ainda assim, alguém tem que ser o responsável pela punição, e se isso for oneroso, como é nos jogos de laboratório, então o problema do oportunismo se repetirá indefinidamente. O que faz com que um indivíduo se abstenha quando ele constata que alguém está cometendo uma infração e se beneficiando da punição altruísta dos outros — em outras palavras, que ele seja um oportunista quando se trata de punir os oportunistas? Ora, podemos nos sentir motivados a punir aqueles que se esquivam de punir os oportunistas — mas, nesse caso, nos sentiríamos igualmente motivados a punir aqueles que se esquivam de punir os que se esquivam de punir os oportunistas?

Talvez a punição altruísta tenha evoluído por meio de algum tipo de seleção de grupo (grupos com pessoas responsáveis por estas punições se saem melhor do que os sem), ou, talvez, os responsáveis pelas punições se destaquem porque os outros indivíduos gostam deles e preferem interagir com eles. Mas uma alternativa é que não existe, em primeiro lugar, nenhuma propensão à punição altruísta fruto da evolução.

Em apoio a essa ideia, o filósofo Francesco Guala descobriu, em uma recente revisão da literatura da sociologia e antropologia, que a punição altruísta é algo raro — ou, até mesmo, inexistente — nas sociedades de pequena escala do mundo real. No entanto, como vimos anteriormente, há inúmeras maneiras diretas e indiretas de fazer com que os malfeitores, incluindo os oportunistas, sofram. Mas tais punições do mundo real tendem a ser aplicadas de uma forma não muito onerosa para o responsável pela punição, seja por não envolver confrontação (por exemplo, no caso de intrigas), seja porque o grupo como um todo é quem assume este confronto, de modo que nenhum indivíduo precise assumir a responsabilidade sozinho.

Além disso, embora os seres humanos, em todas as partes do mundo, tenham mecanismos efetivos para punir os oportunistas, verifica-se que pessoas de diferentes sociedades reagem a essa punição de formas diferentes. Quando oportunistas de países como a Suíça, os Estados Unidos e a Austrália são punidos, eles se reestruturam e melhoram. Mas em algumas outras sociedades, como a Grécia e a Arábia Saudita, as pessoas que foram punidas por oportunismo não se sentem envergonhadas; elas ficam com raiva e tentam se vingar. Elas passam a procurar seus prováveis carrascos e os punem de volta, um fenômeno chamado de "punição antissocial". Esta reação, como seria de se esperar, torna as coisas piores, e a situação acaba ficando caótica (não surpreendentemente, a punição antissocial tende a ocorrer, conforme afirmaram os autores do estudo intercultural, em países com "normas frágeis de cooperação

EQUIDADE, STATUS E PUNIÇÃO

cívica"). Isso sugere que a punição indireta talvez não tenha evoluído como solução para o problema do oportunismo.

No meu ponto de vista, a psicologia da punição indireta nada mais é do que a psicologia da vingança em larga escala. Ou seja, ao longo da evolução, aperfeiçoamos uma tendência a retaliar aqueles que nos prejudicam e prejudicam as pessoas que amamos, porque, ao fazer isso, impedimos que eles tenham um comportamento semelhante no futuro. Quando esses sentimentos são estendidos aos casos nos quais não estamos diretamente envolvidos, isso acontece através do exercício da empatia. Nós nos colocamos no lugar da vítima, e reagimos como se nós mesmos estivéssemos sendo prejudicados. A punição indireta, então, se resume à vingança acrescida da empatia.

É um ponto de vista próximo à visão de Adam Smith: "Quando vemos um homem ser oprimido ou ofendido por outro, a compaixão que sentimos pelo seu sofrimento parece servir, unicamente, para estimular nosso sentimento de solidariedade com seu ressentimento contra o ofensor. Nós nos alegramos ao vê-lo atacar seu adversário, ficamos ávidos e prontos para ajudá-lo." Mas considero que Smith estava ligeiramente equivocado ao afirmar que o ressentimento que identificamos na vítima signifique um forte impulso à punição. Afinal de contas, acredito que alguém que tortura gatinhos deva ser punido, mas não porque eu ache que os próprios gatinhos desejariam se vingar. A questão relevante não é "o que a vítima deseja?". É "o que *eu* desejaria se a vítima fosse eu ou alguém com quem eu me importasse?".

Seguindo essa ideia de que nosso apetite pela punição indireta está atrelado à empatia, ele varia em função da nossa relação com a vítima e com a pessoa que prejudica a vítima. Nós nos sentimos tentados a punir aqueles que prejudicam os indivíduos que naturalmente nos inspiram empatia, como os gatinhos; aqueles com quem nos preocupamos; e aqueles que fazem parte do nosso grupo, tribo ou coalizão. Nós nos sentimos menos motivados a punir quando nossa ligação empatica é com o agressor. Poucos norte-americanos, ao saber que os SEALs da Marinha haviam matado Osama bin Laden, desejaram que esses homens fossem punidos.

Até mesmo as crianças pequenas fazem alguma apreciação quanto à lógica da punição indireta, como demonstraram os psicólogos David Pietraszewski e Tamsin German. Em seu estudo, os pesquisadores contaram a crianças de 4 anos a história de uma criança que havia empurrado outra e roubado seu brinquedo; depois, elas tinham que dizer quem deveria ficar com raiva da que agrediu. As crianças entenderam que a vítima era suscetível de ficar com raiva, mas também avaliaram que um amigo da vítima tinha mais probabilidade de ficar com raiva do que um colega de classe.

Essa explicação para a punição indireta — a de que ela é decorrente de nosso desejo de vingança — também explica algumas das características mais singulares dos nossos sentimentos punitivos. Em especial, as pessoas se mostram incrivelmente indiferentes às consequências concretas da punição. Um estudo investigou a opinião das pessoas sobre como penalizar uma hipotética empresa pelos danos causados por vacinas e pílulas anticoncepcionais defeituosas. Algumas pessoas foram informadas de que uma multa maior faria com que as empresas se esforçassem para tornar os produtos mais seguros — uma punição que melhoraria o bem-estar

EQUIDADE, STATUS E PUNIÇÃO 111

futuro. Outras foram informadas de que, provavelmente, uma multa maior faria com que a empresa parasse de fabricar os produtos, e, considerando-se que não havia alternativas no mercado, a punição seria pior para todos. A maioria das pessoas não se preocupou com as consequências negativas da segunda situação; elas queriam que a empresa fosse multada em ambos os casos. Em outras palavras, as pessoas ficam mais preocupadas em garantir que a punição sirva para afetar o infrator do que em fazer o que melhor seria melhor para todos. O que está em operação, aqui, é a psicologia da vingança: nas palavras de Smith: "O ofensor deve ser levado a se arrepender e a se desculpar por esta ação específica."

Essa insensibilidade a consequências é típica dos desejos, que, geralmente, são cegos às forças que explicam a sua existência. O desejo sexual existe porque propicia o nascimento de bebês, mas a psicologia do desejo sexual está desvinculada de qualquer interesse por bebês. A fome existe porque comer nos mantém vivos, mas não é por este motivo que, normalmente, queremos comer. Da mesma forma, desejamos punir, mas não pensamos na finalidade da punição, um argumento muito bem defendido, sim, por Adam Smith: "Todos os homens, até mesmo os mais estúpidos e levianos, abominam a fraude, a perfídia e a injustiça, e gostam de vê-las punidas. Mas poucos refletiram sobre a necessidade da justiça para a existência da sociedade, por mais óbvia que esta necessidade pareça."

A MAIORIA das crianças pequenas não vive em uma cultura da honra. De modo geral, existe um Leviatã que se encarregará de resolver os conflitos e punir os malfeitores — seja um pai, uma babá ou um professor. No meio da infância, as coisas mudam, e, com frequência, as crianças se descobrem em sociedades onde as delações são desencorajadas e espera-se que a própria pessoa trave suas próprias batalhas. Muitas escolas de Ensino Médio e colégios são bastante parecidos com o Velho Oeste. Mas as crianças de 2 anos de idade estão autorizadas a chorar, a fugir ou a procurar um adulto quando alguém as agride; não se espera que elas retaliem.

Isso não significa que as crianças sejam inocentes quanto aos desejos retributivos. Afinal, dificilmente elas são pacifistas. As crianças pequenas são altamente agressivas; na verdade, se medirmos a taxa de violência física ao longo do ciclo de vida, seu maior pico será em torno dos 2 anos de idade. As famílias sobrevivem aos Terríveis Dois Anos porque as crianças pequenas não são fortes o suficiente para matar com as próprias mãos nem capazes de manusear armas letais. Uma criança de 2 anos com as capacidades físicas de um adulto seria apavorante.

Algumas vezes, os impulsos moralizantes das crianças são revelados por meio da violência, mas eles também podem ser expressos de uma maneira mais sutil. As crianças costumam delatar. Quando elas presenciam uma transgressão, tendem a se queixar para uma figura de autoridade, sem precisar ser induzidas a isso. Em um estudo, um novo jogo com um fantoche foi ensinado a crianças de 2 e 3 anos de idade; quando o fantoche começou a burlar as regras, as crianças se queixaram espontaneamente aos adultos. Em estudos realizados com irmãos, com idades variando entre 2 e 6 anos, os pesquisadores descobriram que a maior parte do que as crianças contavam aos seus pais sobre seus irmãos

EQUIDADE, STATUS E PUNIÇÃO

ou irmãs poderia ser considerada delação. E seus relatos tendiam a ser precisos. Elas estavam denunciando seus irmãos, mas não estavam inventando nada.

E não são apenas os irmãos que gostam de dedurar uns aos outros. Os psicólogos Gordon Ingram e Jesse Bering investigaram a delação praticada por crianças de uma escola do centro da cidade de Belfast, e concluíram: "Grande parte do que as crianças conversam a respeito do comportamento de seus colegas assume a forma de descrições de violações da norma." Eles observaram que as crianças raramente comentavam com seus professores sobre alguma coisa boa que alguém tivesse feito. Do mesmo modo que no estudo com os irmãos, a maioria dos relatos das crianças sobre seus colegas era verdadeira. As crianças que mentiram não vinham a ser as delatoras, mas as delatadas, que, muitas vezes, negavam ser responsáveis por seus atos. Elas também não denunciam coisas insignificantes: um estudo descobriu que as crianças de 3 anos delatam quando alguém destrói uma obra de arte feita por outra pessoa, mas não quando o indivíduo destrói uma obra de arte com a qual ninguém se importa.

Certamente, parte da satisfação com a delação provém de mostrar-se, perante os adultos, como um bom agente moral, um ser responsável que é sensível ao certo e errado. Mas eu apostaria que as crianças delatariam mesmo que pudessem fazer isso apenas anonimamente. Assim como os desconhecidos participam de sites para denegrir a imagem de um infrator, elas o fariam somente para que a justiça fosse feita. O amor pela delação revela um apetite pela desforra, um prazer em ver os malfeitores (particularmente aqueles que prejudicaram a criança, ou um amigo da criança) sendo punidos. A delação é uma forma de se ver livre dos custos potenciais da vingança.

É difícil dizer se os bebês também têm um desejo de justiça. Eis aqui o experimento que eu gostaria de realizar para descobrir isso: mostrar a um bebê uma personagem boa e uma personagem má, usando nossos métodos usuais (como o da situação em que uma personagem ajuda alguém que está subindo uma ladeira e outra atrapalha o seu trajeto). Em seguida, uma de cada vez, colocaríamos a personagem boa e a personagem má sozinhas em um palco, de frente para o bebê. Junto à mão do bebê ficaria um grande botão vermelho, e o bebê receberia, gentilmente, instruções sobre como pressioná-lo. Quando o botão fosse acionado, a personagem agiria como se estivesse levando um choque elétrico — ela gritaria e se contorceria de dor. Como é que os bebês reagiriam? Será que eles recolheriam suas mãos quando o cara bonzinho gritasse? Será que eles continuariam pressionando o botão no caso do malvado? E se o botão fosse difícil de pressionar — os bebês o empurrariam com força para baixo, com seus rostinhos vermelhos de esforço, de modo a decretar uma punição justa?

Duvido que algum dia possamos realizar esse estudo. Os meus colegas, mais escrupulosos do que eu, têm preocupações éticas.

Mas realizamos outros estudos que oferecem pistas para as motivações punitivas dos bebês. Em um estudo conduzido com Kiley Hamlin, Karen Wynn e Neha Mahajan, fizemos uma variação dos experimentos de mocinho/bandido descritos no primeiro capítulo. Em uma das situações, um fantoche

EQUIDADE, STATUS E PUNIÇÃO   115

se esforçava para abrir uma caixa, um fantoche ajudava a levantar a tampa e outro fechava a tampa bruscamente. Em outra situação, um fantoche jogava uma bola para outro, que a devolvia, e para um terceiro, que pegava a bola e saía correndo. Em vez de perguntar às crianças de 21 meses se elas preferiam interagir com o fantoche bom ou com o mau, pedimos que escolhessem qual dos dois recompensar, dando-lhe um presentinho, ou qual dos dois punir, retirando o presentinho. Conforme previsto, descobrimos que, quando eram solicitadas a oferecer um presentinho, as crianças escolhiam a personagem boa; e quando eram solicitadas a retirar o presentinho, elas escolheriam a má.

Um dos problemas desse estudo, porém, é que ele foi elaborado de modo que as crianças eram praticamente forçadas a escolher um fantoche a quem recompensar e um fantoche a quem punir. Não sabemos, assim, se as crianças pequenas têm, realmente, um desejo de recompensar e um desejo de punir, e muito menos se elas sentem que recompensar e punir são as coisas certas a fazer. Além disso, considerando-se as exigências físicas dos atos de recompensar e punir, nesse estudo tivemos que usar crianças pequenas em vez de bebês, e elas podem muito bem ter aprendido alguns dos comportamentos de recompensa e punição a partir da observação de outras pessoas.

Para investigar o que os bebês pensam sobre a recompensa e a punição em uma idade mais precoce, decidimos analisar o que os bebês de 5 e 8 meses pensavam sobre outros indivíduos que recompensavam e puniam. Será que eles prefeririam alguém que recompensasse o cara bonzinho a alguém que o punisse? Será que eles prefeririam alguém

116   O QUE NOS FAZ BONS OU MAUS

que punisse o cara malvado a alguém que o recompensasse? Pelo menos à luz dos adultos, em cada uma dessas opções contrastantes, um dos indivíduos está agindo com justiça, e o outro não.

Testamos os bebês mostrando-lhes, primeiramente, as situações com a caixa — um fantoche ajudaria a abrir a caixa; o outro a fecharia bruscamente. Em seguida, usamos tanto o cara bonzinho quanto o malvado como as personagens principais de uma situação completamente nova. Desta vez, o fantoche jogava a bola para dois novos indivíduos, um de cada vez: um deles devolvia a bola (bom) e o outro saía correndo com a bola (mau). Queríamos descobrir qual destas duas novas personagens os bebês preferiam — a que era boa com o cara bonzinho ou a que era má com o cara bonzinho; a que era boa com o cara malvado ou a que era má com o cara malvado.

Quando as duas personagens estavam interagindo com o cara bonzinho (aquele que havia ajudado a abrir a caixa), os bebês preferiram se aproximar da personagem que havia sido boa com ele, em oposição à que havia sido má — provavelmente porque, de forma geral, os bebês tendem a preferir os fantoches mais agradáveis. De fato, os bebês de 5 meses também preferiram se aproximar da personagem que havia sido boa com o cara malvado. Ou estes bebês menores não estavam acompanhando toda a sequência de eventos, ou eles, simplesmente, preferiram os fantoches mais agradáveis, independentemente do indivíduo com quem estes haviam interagindo.

Mas as crianças de 8 meses foram mais sofisticadas: elas preferiram o fantoche que havia sido mau com o cara malvado àquele que havia sido bom. Portanto, em algum

EQUIDADE, STATUS E PUNIÇÃO 117

momento depois dos 5 meses, os bebês começam a preferir os responsáveis pelas punições — desde que a punição seja justa.

ATÉ O MOMENTO, falamos sobre certas capacidades de apreciação e sentimento. Embora, possivelmente, não estejam presentes nos primeiros meses de vida, essas capacidades são naturais, no sentido de que são um legado da nossa história evolutiva, e não invenções culturais.

Descrevi tais capacidades como inteiramente *morais*. Isso porque elas compartilham propriedades significativas com o que os adultos entendem por moral — elas são estimuladas por ações que afetam o bem-estar dos outros; elas se relacionam com noções como a equidade; elas se conectam a sentimentos como a empatia e a raiva; e elas estão associadas à recompensa e à punição. Além disso, uma vez que as crianças pequenas aprendem minimamente a língua e começam a verbalizar suas opiniões, elas usam termos que, para os adultos, são completamente morais, como *bom*, *mau*, *justo* e *injusto*. Aquilo que primeiro é constatado em um bebê, por meio do tempo do olhar e do alcance preferencial dos braços, surgirá mais tarde em uma criança pequena, como o tema do discurso moral.

Ainda assim, a vida moral dos bebês é profundamente limitada em relação à nossa. Isso foi levado em consideração pelo psicólogo Lawrence Kohlberg, que, cerca de cinquenta anos atrás, propôs uma influente teoria do desenvolvimento moral. Ele alegava que as crianças pequenas começavam a pensar na moralidade levando em conta noções mais simples, como o egoísmo (o que é bom é o que me traz prazer) e, em seguida, considerando a autoridade parental (o que é bom é o que os meus pais dizem que é bom). Essas noções ficam mais sofisticadas à medida que as crianças amadurecem, até que, finalmente, a moralidade é entendida em termos de regras e princípios abstratos, semelhante aos sistemas desenvolvidos pelos filósofos morais. O resultado é uma teoria consistente e ampla sobre o certo e o errado.

Mas poucos psicólogos contemporâneos endossariam a proposta de Kohlberg. As pesquisas que já discutimos mostram que ele subestimou a sofisticação moral das crianças. Ele também superestimou a sofisticação moral dos adultos. Poucos adultos são kantianos, ou utilitaristas, ou especialistas em virtudes éticas; normalmente, nós não pensamos na moralidade como os filósofos fazem. Ao contrário, possuímos o que o psicólogo David Pizarro apelidou de "miscelânea de moralidade" — "uma reunião bastante frouxa de percepções, regras gerais e reações emocionais".

Mas Kohlberg tem razão quanto ao fato de que a moralidade adulta é influenciada pela deliberação racional. Isto é o que separa os humanos dos chimpanzés, e é o que separa os adultos dos bebês. Essas outras criaturas possuem apenas sentimentos; nós temos sentimentos *e* razão. Isso não seria tão importante se nossos sentimentos evolutivos estivessem perfeitamente sintonizados com o certo e o errado. Se nossos corações fossem puros, não precisaríamos de nossas cabeças. Infelizmente, nosso sistema evoluído pode ser intolerante e bairrista, e, algumas vezes, violentamente irracional, e é isso que vamos analisar a seguir.

4

Os outros

Algumas pessoas são o mundo para nós, já outras não têm praticamente nenhuma importância. Como escreveu Emily Dickinson: "A alma escolhe sua companhia / E fecha a porta, depois." Veremos que é parte de nossa natureza fazer tais distinções; até mesmo os bebês fazem isso.

Mas também podemos nos rebelar contra nossas inclinações bairristas. Considere a famosa história do Bom Samaritano, que começa com um doutor da lei perguntando a Cristo o que ele deveria fazer para herdar a vida eterna. Cristo lhe pergunta o que está escrito na lei, e o doutor responde dizendo que devemos amar a Deus e que devemos amar "ao teu próximo como a ti mesmo". Cristo diz que isso estava correto, e, então, o doutor da lei prossegue, perguntando: "E quem é o meu próximo?" Cristo responde com esta parábola:

Um certo homem descia de Jerusalém para Jericó e caiu nas mãos de salteadores que, depois de o despirem e espancarem, se retiraram, deixando-o praticamente morto. Por uma coincidência, descia por aquele caminho um sacerdote; quando o viu, passou de largo. Do mesmo modo, também um levita, chegando ao lugar e vendo-o, passou de largo. Um samaritano, porém, que ia de viagem, aproximou-se do homem e, vendo-o, teve compaixão dele. Chegando-se, atou-lhe as feridas, deitando nelas azeite e vinho, e pondo-o sobre o seu animal, levou-o para uma hospedaria e tratou-o.

Cristo pergunta ao doutor da lei qual dos três homens era o próximo da vítima, e o doutor responde: "O que usou de misericórdia para com ele." E Cristo, em seguida, diz: "Vai-te, e faze tu o mesmo."

Não é difícil depreender a moral da história. Os samaritanos eram desprezados pelos judeus, e talvez tenha sido por isso que o doutor da lei não respondeu, simplesmente, "o samaritano" — ele não suportaria nem sequer pronunciar esta palavra. Então, o que temos aqui, nitidamente, é uma exortação a ignorar as fronteiras étnicas tradicionais. Como o filósofo e jurista Jeremy Waldron coloca: "Não importa a etnia, a comunidade ou as categorias tradicionais de proximidade" — a moral da história é que a mera presença do desconhecido o torna próximo e, portanto, digno de amor.

Essa é uma posição radical. Durante grande parte da história humana, e em muitas sociedades de hoje em dia, nossas obrigações morais têm-se estendido apenas aos próximos que já conhecemos. O geógrafo e autor Jared Diamond observa que, nas pequenas sociedades de Papua-Nova Guiné, "aventurar-se fora de seu território para encontrar [outros] seres humanos, mesmo que eles vivessem a apenas alguns quilômetros de distância, era equivalente ao suicídio". A antropóloga Margaret Mead nutria uma opinião notoriamente romântica em relação aos estilos de vida das sociedades de pequena escala, e, em muitos aspectos, as considerava como moralmente superiores às sociedades modernas — mas era contundente quanto aos seus sentimentos em relação a desconhecidos: "A maioria das tribos primitivas acredita que, ao encontrar com um destes sub-humanos de um grupo rival na floresta, a coisa mais apropriada a fazer é atacá-lo até a morte."

Talvez uma parte disso seja apenas uma bravata. Independentemente dos próprios sentimentos, tentar matar alguém é um ato arriscado. Você pode fracassar e ser morto, ou você pode ter sucesso e, em seguida, ter que lidar com o desejo de vingança dos parentes e da tribo da vítima. Porém, mesmo que a violência pura e simples seja uma reação extremada, a reação natural ao encontrar um desconhecido não é a compaixão. Os desconhecidos inspiram medo, aversão e ódio.

Nesse sentido, somos iguais aos outros primatas. Em *The Chimpanzees of Gombe* [Os chimpanzés de Gombe], Jane Goodall descreve o que acontece quando um grupo de chimpanzés machos se depara com um grupo menor de outra tribo. Se houver um bebê no grupo, eles podem matá-lo e comê-lo. Se houver uma fêmea, eles tentarão acasalar-se com ela. Se houver um macho, muitas vezes, eles o atacarão, cortarão a sua carne em pedaços, arrancarão seus dedos dos pés e seus testículos com os dentes, e o deixarão morrer.

E, no entanto, as coisas mudaram. Costumo viajar para cidades que não conheço, mas dificilmente esperaria que desconhecidos pulassem sobre mim no aeroporto e tentassem morder meus dedos dos pés e meus testículos. De fato,

122   O QUE NOS FAZ BONS OU MAUS

até mesmo nas culturas em que as viagens e os viajantes são raros, muitas vezes existem códigos elaborados para a hospitalidade e o tratamento adequado destinado aos visitantes. Qualquer teoria satisfatória da psicologia moral tem que explicar não só a nossa antipatia em relação aos desconhecidos, mas como, por vezes, conseguimos superá-la.

Os BEBÊS fazem distinções entre pessoas conhecidas e desconhecidas quase que imediatamente. Os recém-nascidos preferem olhar para o rosto de suas mães a olhar para o de uma desconhecida; eles preferem o cheiro de suas mães; e preferem a voz delas. Esta última descoberta foi constatada através da utilização de um inspirado método experimental. Os pesquisadores colocaram os bebês em berços, munidos de fones de ouvido e de uma chupeta, e calcularam o tempo médio em que cada bebê usava a chupeta, medindo o intervalo entre o fim de um período de sucção e o início do período seguinte. Em seguida, os bebês ouviam a leitura de um livro do Dr. Seuss por sua mãe ou por uma mulher desconhecida. Os bebês poderiam usar seu comportamento de sucção para controlar qual a voz que ouviriam — para metade dos bebês, a voz da mãe seria ouvida caso a distância entre as sucções fosse menor do que a média; para a outra metade, caso esta distância fosse maior. Os bebês com menos de 3 dias de idade conseguiram descobrir isso, e usaram o tempo de sucção para ouvir o que eles desejavam — naturalmente, o som da voz das mães.

Considerando-se que os bebês não conseguem saber de antemão qual é a aparência, o cheiro e a voz das mães, tais preferências devem estar relacionadas à aprendizagem: os

OS OUTROS

bebês veem, cheiram e ouvem esta mulher que cuida deles, e esta é a mulher que eles preferem.

Os bebês não gostam apenas das pessoas conhecidas; eles também gostam dos tipos familiares de pessoas. Podemos investigar isso usando os métodos de tempo do olhar. No início, mencionei que, da mesma forma que os adultos, os bebês passam mais tempo olhando o que consideram surpreendente. Os bebês também compartilham com os adultos uma tendência a olhar mais para aquilo que gostam, e isso pode ser usado para analisar suas preferências. Descobriu-se que os bebês que são criados por uma mulher passam mais tempo olhando as mulheres; aqueles criados por um homem passam mais tempo olhando os homens. Os bebês caucasianos preferem olhar para rostos caucasianos, e não para rostos africanos ou chineses; os bebês etíopes preferem olhar para rostos etíopes, em vez de rostos caucasianos; os bebês chineses preferem olhar para rostos chineses, em vez de rostos caucasianos ou africanos.

Se observássemos essas tendências em adultos, poderíamos supor que elas estariam revelando uma preferência por outros indivíduos da própria raça. Mas, provavelmente, isso não é verdade no caso dos bebês. Eles não costumam se olhar no espelho, e não entenderiam o que estariam vendo caso o fizessem. Ao contrário, os bebês desenvolvem uma preferência com base nas pessoas que veem ao seu redor. Bebês criados em ambientes etnicamente diversos — como os bebês etíopes que vivem em Israel — não demonstram preferência com base na raça, o que faz sentido.

Essas descobertas dão sustentação à uma teoria simples a respeito da origem desenvolvimentista do racismo: os bebês têm uma propensão adaptativa para preferir o que é conhecido, e, assim, eles desenvolvem, rapidamente, uma preferência por aqueles que se parecem com os que estão ao seu redor e uma desconfiança daqueles que não se parecem. Considerando-se que, de modo geral, os bebês são criados pelos que se parecem com eles, bebês brancos tendem a preferir as pessoas brancas; bebês negros, as pessoas negras; e assim por diante. As opiniões racistas vão sendo elaboradas ao longo do desenvolvimento; as crianças aprendem fatos sobre grupos específicos; elas obtêm explicações científicas, religiosas ou populares sobre por que e como os grupos humanos são diferentes; e acabam absorvendo lições culturais sobre quem temer, quem respeitar, quem invejar, e assim por diante. Mas as sementes do racismo estão lá desde o início, em uma simples preferência pelo conhecido.

Eu costumava acreditar nisso, mas não acredito mais. Considero que há evidências convincentes para uma teoria melhor sobre a origem do preconceito racial, amparada em pesquisas com adultos e crianças.

Vamos analisar, primeiramente, os adultos. Estudos de laboratório descobriram que os adultos codificam automaticamente três conjuntos de informações quando conhecem uma pessoa nova: idade, sexo e raça. Isso condiz com a nossa experiência diária. Depois de conhecer alguém, podemos nos esquecer rapidamente de todos os detalhes, mas é provável que nos lembremos se estivemos conversando com uma criança pequena ou um adulto, um homem ou uma mulher, e se era alguém da mesma raça ou não.

Em um influente artigo, os psicólogos Robert Kurzban, John Tooby e Leda Cosmides apontaram que há algo fora do comum nessa tríade. O foco no sexo e na idade faz sentido — nossos antepassados teriam tido necessidade de apreciar a diferença entre um homem e uma mulher, ou entre uma criança de 3 anos de idade e um adulto de 27, a fim de promover qualquer tipo de interação social, desde a procriação, até cuidar de crianças e declarar guerra. Mas a raça é o elemento estranho neste ninho. Os sinais físicos que correspondem ao que hoje entendemos como raças são determinados pela origem dos ancestrais das pessoas, e, considerando-se que nossos ancestrais viajavam principalmente a pé, uma pessoa típica jamais teria conhecido alguém que pertencesse ao que atualmente chamaríamos de "uma raça diferente".

Kurzban e seus colegas concluíram que o interesse pela raça, por si só, não poderia ter evoluído por meio da seleção natural. Eles argumentam, ao contrário, que a raça tem importância apenas na medida em que está apoiada em *coalizões*. Como muitos outros primatas, os seres humanos vivem em grupos que entram em conflito entre si, algumas vezes violentamente. Seria útil, então, estarmos predispostos a compreender tais coalizões, dividindo o mundo em Nós contra Eles. A raça torna-se importante porque, em algumas sociedades, as pessoas aprendem que a cor da pele e certas características físicas indicam a qual dos muitos grupos em conflito um indivíduo pertence. Isso é bem parecido com a forma pela qual tomamos conhecimento de que diferentes equipes esportivas têm uniformes de cores diferentes; não há nada de intrinsecamente interessante a respeito da cor dos uniformes — elas são importantes em função do que

126 O QUE NOS FAZ BONS OU MAUS

indicam. A intolerância racial se desenvolve, então, de modo idêntico a uma criança criada em Boston, que passará a associar um uniforme do Red Sox a Nós, e um uniforme dos Yankees a Eles.

No entanto, pode haver outras razões pelas quais a raça se sobressaia. Por um lado, nossos ancestrais hominídeos podem ter se encontrado, regularmente, com outras espécies de hominídeos. Se assim for, podemos, perfeitamente, ter desenvolvido mecanismos cognitivos para refletir a respeito destas espécies, e é possível, então, que tenhamos aplicado esse modo de raciocínio a outros grupos humanos dentro de nossa própria espécie. Isso explicaria nossa tendência a *biologizar* a raça, pensando, às vezes incorretamente, em grupos humanos distintos, como se fossem espécies diferentes, em vez de coalizões. Ou, então, nosso interesse pela raça pode ter sido estimulado como subproduto de uma tendência perceptiva geral para favorecer o conhecido — o que, algumas vezes, é descrito como efeito de "mera exposição". Esse fenômeno se aplica a todos os tipos de coisas: temos mais chance de apreciarmos rabiscos aleatórios, por exemplo, se já os tivermos visto antes. Já sabemos que os bebês preferem olhar para pessoas conhecidas e para tipos familiares de pessoas; talvez esta seja a origem de uma preferência pela mesma raça, que perdura ao longo de todo o desenvolvimento.

Finalmente, um foco na raça poderia ser um subproduto do interesse evolutivo em quem é e quem não é conhecido. O parentesco sempre teve a sua importância; favorecer alguém que se parece conosco tem um perfeito sentido darwiniano, porque aquele indivíduo tem mais probabilidades de com-

OS OUTROS

partilhar um número maior de nossos genes. Assim, em vez de atuar em nome das coalizões, a raça pode ser vista como uma representante do parentesco.

Entretanto, ainda que esses outros fatores possam desempenhar um papel preponderante, existem evidências contundentes para a teoria da raça-como-indicador-de-coalizão. Para testar sua hipótese, Kurzban e seus colegas usaram um método conhecido como protocolo de confusão de memória. Os pesquisadores mostraram às pessoas uma série de fotos de rostos humanos, cada uma delas com uma declaração atribuída àquela pessoa. Mais tarde, os pesquisadores pediram aos participantes que se lembrassem de quem havia dito o quê. Depois de um certo número de combinações de foto/declaração, os participantes, inevitavelmente, cometiam erros, e estes erros revelavam quais as características que, naturalmente, codificamos como significativas. Se alguém ouve uma declaração de uma jovem mulher asiática e depois se esquece da fonte exata, é mais provável que, mais tarde, esta declaração seja atribuída a uma jovem mulher asiática (ou a outra pessoa jovem, ou a outra mulher, ou a outra asiática) do que a um homem idoso hispânico. Os cinéfilos estão mais propensos a confundir Laurence Fishburne com Samuel Jackson do que com Lindsay Lohan.

O estudo de confusão de memória de Kurzban e seus colegas utilizou fotos e declarações de negros e brancos, mas os pesquisadores tiveram a perspicácia de acrescentar uma variação: as pessoas foram separadas em dois grupos (com números iguais de brancos e negros em cada grupo) e estavam vestidas com camisetas de basquete de cores bem diferentes. Eles descobriram que os participantes continuavam

128   O QUE NOS FAZ BONS OU MAUS

cometendo erros em relação à raça, atribuindo declarações como "preciso me alongar" ou "só quero sair para jogar" às pessoas erradas; nessa situação, porém, quando as pessoas erravam, elas estavam mais propensas a se equivocar com base na cor da camiseta, e não na cor da pele. Contextualizando isso no mundo real, um torcedor — pelo menos, quando está acompanhando os esportes — se preocupa mais em pertencer àquela equipe do que na cor da pele de cada um dos jogadores.

Essa forma de compreender a raça enquadra-se perfeitamente ao trabalho dos psicólogos Felicia Pratto e Jim Sidanius, que argumentam que as sociedades formam hierarquias com base em três fatores: idade, sexo e uma terceira categoria variável que, às vezes, é a raça, mas que também pode ser a religião, a etnia, o clã, ou qualquer outro fator social.

A TEORIA da coalizão também se adapta bem a alguns estudos recentes com crianças pequenas. Se a coalizão é o mais importante, não deveríamos esperar que as crianças se concentrassem na cor da pele ou em qualquer outra característica física. Ao contrário, elas deveriam prestar atenção em algo que fosse exclusivamente humano — a linguagem. Pelo fato de a fala mudar muito mais rapidamente do que as características físicas — se os grupos fossem separados por certo período de tempo, eles começariam a falar de forma diferente —, a linguagem é um indicador mais potente da coalizão e do pertencimento ao grupo.

Essa ligação entre a linguagem e a coalizão é explicitada no Antigo Testamento. Embora a palavra *xibolete* possa ser usada hoje em dia de forma mais abrangente, para designar um costume ou uma crença que identifica uma classe ou um grupo de pessoas, ela se originou, especificamente, como um teste linguístico, para saber se um indivíduo era um de Nós ou um Deles. A história diz que a tribo gileadita tomara os vaus do rio Jordão que conduziam ao Efraim, onde seus rivais recém-derrotados viviam. Para assegurar que nenhum fugitivo efraimita conseguisse atravessar o posto de controle, os gileaditas obrigavam todos os que por lá tentassem passar a pronunciar a palavra *xibolete*. Os efraimitas não tinham um fonema de "x" em seu dialeto, e, por isso, se o fugitivo pronunciasse *sibolete*, os gileaditas sabiam que podiam executá-lo. Os norte-americanos usaram um artifício semelhante na região do Pacífico durante a Segunda Guerra Mundial. Os sentinelas nos postos de controle norte-americanos gritavam para soldados desconhecidos que se aproximavam, dizendo-lhes para repetir a palavra *lollapalooza*. Muitos japoneses têm dificuldade de pronunciar o som de "l", e, por isso, se eles respondessem com uma versão distorcida da palavra, o sentinela abria fogo.

Os bebês conseguem reconhecer a língua à qual foram expostos, e preferem-na a outras línguas, mesmo que falada por um desconhecido. Experimentos que usam metodologias nas quais os bebês usam uma chupeta para indicar suas preferências descobriram que bebês russos preferem ouvir russo, bebês franceses preferem ouvir francês, bebês norte-americanos preferem ouvir inglês, e assim por diante. Esse efeito é evidenciado poucos minutos após o nascimento, o que sugere que os bebês vinham se familiarizando com aqueles sons abafados que ouviam no útero.

130   O QUE NOS FAZ BONS OU MAUS

A psicóloga Katherine Kinzler e seus colegas analisaram as consequências das preferências linguísticas para determinar como os bebês passam a transitar em seus mundos sociais. Em um experimento, eles testaram bebês de 10 meses de idade, em Boston e Paris. Os bebês ouviam tanto um falante de inglês quanto um de francês, e, em seguida, cada um deles lhes oferecia um brinquedo. Os bostonianos tendiam a aceitar a oferta do falante de inglês; os parisienses preferiam aceitar o brinquedo oferecido pelo falante de francês. Outros estudos descobriram que bebês de 12 meses preferiam aceitar alimentos de um desconhecido que falasse a sua língua do que de alguém que falasse uma língua diferente; crianças de 2 anos preferem dar um presente a um falante de sua língua; e as de 5 anos preferem ter como amiga uma criança que fala a mesma língua.

Tais escolhas fazem sentido. É mais fácil, afinal, fazer amizade com alguém que fala a mesma língua, e, mantendo-se inalteradas todas as outras variáveis, alguém que fala a mesma língua está mais propenso a compartilhar as preferências por brinquedos e alimentos. O que é mais interessante, porém, é que observamos o mesmo efeito com os *sotaques*. Os bebês preferem olhar para um falante sem sotaque, mesmo que o falante com sotaque seja perfeitamente compreensível. Ao escolher os amigos, as crianças norte-americanas de 5 anos estão mais propensas a escolher crianças que falam inglês norte-americano, em oposição ao inglês com sotaque francês, e, ao aprender a função de um novo objeto, crianças de 4 e 5 anos confiam mais em um falante nativo do que em um falante com sotaque. Isso sugere que as preferências das crianças são orientadas por algum grau de identificação cultural, transmitida através da língua, tal como previsto pela teoria de coalizão.

COMO SE PODE imaginar, há muitas possibilidades de investigação do desenvolvimento do preconceito racial em crianças. O primeiro procedimento experimental foi desenvolvido na década de 1930. Um adulto mostrou às crianças pares de bonecas — uma boneca branca e uma boneca negra ou marrom —, e fez perguntas como: "Com quem você gostaria de brincar?", "Qual delas parece má?" e "Qual delas tem a cor mais agradável?". Na década de 1970, uma versão ampliada foi desenvolvida. Os pesquisadores mostraram às crianças uma foto de um menino branco e de um menino negro e testaram-nas com perguntas como: "Aqui estão dois garotos. Um deles é um garoto bonzinho. Uma vez, ele viu um gatinho caindo em um lago e pegou o gatinho para salvá-lo de morrer afogado. Qual é o garoto bonzinho?".

Talvez não seja tão surpreendente que as crianças brancas tenham se sentido atraídas pela criança branca no que diz respeito às coisas boas, e pela criança negra no tocante às coisas más. Mas o que chocou muitas pessoas foi que, nos primeiros estudos, realizados pelos psicólogos Kenneth e Mamie Clark, descobriu-se que as crianças negras também tendiam a favorecer a criança branca. Esse estudo, citado no caso *Brown contra o Conselho de Educação*, que pôs um fim à segregação nas escolas dos Estados Unidos, poderia, perfeitamente, ser a mais importante descoberta da psicologia do desenvolvimento da história dos Estados Unidos.

Tais estudos têm seus opositores. A psicóloga Frances Aboud aponta que há algo absurdo nas demandas feitas aos

132   O QUE NOS FAZ BONS OU MAUS

participantes. As crianças são forçadas a escolher, e há apenas uma dimensão de diferença — a raça. As únicas opções são favorecer o próprio grupo (o que seria racista) ou favorecer o outro grupo (o que também seria uma forma de racismo, além de não fazer muito sentido). As crianças não têm a chance de se abster e dizer que a raça não tem importância.

Entretanto, métodos experimentais mais bem elaborados confirmam que os preconceitos raciais são estabelecidos em torno dos 6 anos. Considere a pesquisa das psicólogas Heidi McGlothlin e Melanie Killen, que apresentaram a crianças brancas, com idade entre 6 e 9 anos, imagens de situações ambíguas, como uma foto de uma criança em um parque, sentada em frente a um balanço, com uma expressão de dor, e outra criança em pé, ao seu lado. Algumas vezes, a criança em pé era negra e a criança sentada era branca; em outras, era o contrário. Outras cenas envolviam ações que poderiam ser interpretadas como traições e furtos. As crianças foram solicitadas a descrever as cenas e a responder perguntas sobre elas. Nesses estudos, ao contrário dos anteriores, elas não foram forçadas a levar a raça em consideração. Mas foi o que fizeram: as crianças brancas mostraram-se mais propensas a descrever tais situações ambíguas como correspondentes a más ações quando a criança branca poderia ser considerada como vítima e a criança negra como malfeitora. É importante ressaltar, no entanto, que isso aconteceu apenas entre as crianças que estudavam em escolas exclusivas para brancos. As crianças brancas pertencentes a escolas racialmente heterogêneas não foram influenciadas pela raça das personagens.

Outros estudos constataram que, muitas vezes, as crianças favorecem os companheiros da mesma raça e acreditam

OS OUTROS

que eles são pessoas melhores — mas, novamente, isso é válido, principalmente, para escolas racialmente homogêneas. Quando os estudos são executados em escolas heterogêneas, as crianças não se importam com a raça. Esses resultados fornecem alguma sustentação para o que os psicólogos sociais chamam de "hipótese de contato" — a noção de que, sob as circunstâncias adequadas, o contato social diminui o preconceito. Aparentemente, as escolas que incluem várias raças fornecem as circunstâncias adequadas.

E quanto às crianças mais novas? Estudos com crianças de 3 anos de idade descobriram que, quando elas têm de escolher de quem aceitarão um objeto ou com quem se envolverão em uma atividade, o gênero é importante — os meninos tendem a escolher os homens; as meninas tendem a escolher as mulheres —, e a idade é importante, pois as crianças mostram-se mais propensas a escolher uma criança em vez de um adulto. E, como acabamos de discutir, a língua também tem importância: as crianças tendem a escolher indivíduos que falem a mesma língua e não tenham sotaque estrangeiro. Mas, para as crianças de 3 anos, a raça não é importante: as crianças brancas, por exemplo, não preferem as brancas às negras. Só mais tarde é que os preconceitos raciais começam a aparecer, e apenas em crianças criadas em determinados ambientes. Podemos ter inclinações naturais para favorecer alguns grupos em detrimento de outros, mas, aparentemente, não somos racistas inatos.

E, mesmo nas crianças mais velhas, que, de fato, levam a raça em consideração, ela não é tão importante quanto a língua. Quando crianças brancas de 5 anos foram convi-

134 O QUE NOS FAZ BONS OU MAUS

dadas, por exemplo, a escolher entre uma criança branca e uma criança negra como amiga, elas tendiam a preferir a criança branca. Mas quando solicitadas a escolher entre uma criança branca com sotaque e uma criança negra sem sotaque, elas escolhiam a criança negra.

Nem a raça nem a língua são essenciais para separar as pessoas em coalizões. Há um grande número de pesquisas mostrando que é preciso muito pouco para formar a coalizão que realmente importa: o estabelecimento da fidelidade ao grupo, atiçando as pessoas umas contra as outras.

Os estudos mais famosos nessa área foram desenvolvidos independentemente por dois psicólogos sociais europeus. Muzafer Sherif nasceu em 1906, na Turquia, e, quando era jovem, quase foi assassinado pelo exército grego; mais tarde, ele passou um tempo na prisão, na década de 1940, por se opor aos nazistas. Henri Tajfel, nascido em 1919, na Polônia, foi um judeu que lutou ao lado dos franceses contra os nazistas, e passou cinco anos como prisioneiro de guerra. Portanto, para dizer o mínimo, os dois homens tinham experiência pessoal com coalizões.

Tanto Sherif quanto Tajfel estavam interessados em saber o que é preciso para formar um Nós que entre em confronto com um Eles. Ora, uma maneira possível de investigar esta questão teria sido observar os conflitos mundiais, mas eles trazem consigo histórias longas e complexas — um israelense pode ter muitas queixas legítimas a respeito de um palestino e vice-versa —, e Sherif e Tajfel queriam determinar o *mínimo* necessário para ensejar uma divisão entre as pessoas. Assim, em vez de analisar os conflitos com vastos registros

OS OUTROS

históricos, cada um deles realizou experimentos destinados a criar divisões sociais onde elas não existiam.

Em 1954, Sherif convidou 22 alunos da quinta série — meninos brancos de classe média, provenientes do que ele descreveu como "famílias ajustadas" — para participar de um acampamento de verão no parque estadual de Robbers Cave, em Oklahoma. Os meninos foram divididos em dois grupos, cada um alojado em uma cabana separada; nenhum dos dois grupos sabia da existência do outro. Durante a primeira semana no acampamento, cada um dos grupos explorou a área, participou de alguns jogos e se divertiu o quanto pôde. E cada grupo inventou um nome para si mesmo: "Cascavéis" e "Águias".

Em seguida, os pesquisadores promoveram um primeiro contato. Sherif, que se fez passar por zelador do acampamento para observar as interações, reparou que um dos meninos, ao ficar sabendo da existência do outro grupo, sem nem mesmo chegar a vê-lo, chamou seus integrantes de "os escoteiros pretos". Os pesquisadores organizaram torneios entre os grupos, e, lentamente, as relações passaram de uma cautelosa animosidade para algo consideravelmente pior. Estas pequenas sociedades começaram a enfatizar as diferenças entre os seus costumes: os Cascavéis falavam palavrões; os Águias tinham orgulho de não falar palavrões. Eles criaram bandeiras. Eles se recusaram a comer juntos no refeitório. Eles continuaram a usar qualificativos raciais, embora todos fossem brancos — parece que estes termos eram usados como expressões multiuso para os "outros". Em testes escritos, os meninos de ambos os grupos afirmavam que os membros de sua própria tribo eram mais fortes e mais rápidos do que seus adversários.

Os Cascavéis ganharam algumas competições; depois disso, os Águias roubaram a bandeira deles, atearam fogo nela e exibiram seus restos carbonizados. Os Cascavéis retaliaram e destruíram a cabana de seus rivais durante a hora do jantar dos Águias. Os Águias venceram um torneio e os Cascavéis roubaram seu cobiçado troféu — facas, que haviam sido dadas pelos psicólogos.

Sherif, então, passou para a próxima fase do experimento, que consistia em descobrir como unir os grupos — em outras palavras, buscar a paz mundial em um tubo de ensaio. Muitas tentativas, como refeições e filmes compartilhados, fracassaram, mas os pesquisadores finalmente foram bem-sucedidos, apresentando um problema que ameaçava a existência de ambos os grupos: um cano d'água que se rompera misteriosamente. As facções se uniram por uma causa comum, talvez um inimigo comum.

O experimento de Robbers Cave demonstrou que é possível incitar comunidades à guerra em poucas semanas. Ainda assim, a situação, de fato, encorajara os indivíduos a se identificarem com o seu grupo: os psicólogos não apenas facilitaram a competição entre os grupos, mas cada menino havia passado uma semana com seu próprio grupo antes mesmo de saber da existência do outro, e parece razoável que um menino confie mais em seus amigos do que em desconhecidos. Poderiam surgir coalizões sem todo esse apoio social?

Essa foi a pergunta de Tajfel. Ele elaborou um experimento simples no qual pedia que adultos classificassem uma série de pinturas abstratas. Então, aleatoriamente, ele informou a metade dos adultos que eles haviam demonstrado uma preferência pelas obras de Paul Klee, e disse a outra metade que eles haviam preferido as obras de Wassily Kandinsky. Isso foi o suficiente para despertar nas pessoas um senso de pertencimento ao grupo. Quando, mais tarde, esses adultos foram solicitados a distribuir dinheiro para outros amantes de Klee e outros amantes de Kandinsky, os participantes deram mais dinheiro ao grupo ao qual eles pertenciam — mesmo que eles próprios não tivessem nenhum lucro com isso. Esses resultados foram replicados inúmeras vezes; alguns estudos descobriram que é possível dividir as pessoas usando o ideal platônico de aleatoriedade — o "cara ou coroa" ao arremessar uma moeda.

Estudos de "grupos minimais" também foram realizados com crianças. A psicóloga Rebecca Bigler e seus colegas fizeram uma série de experimentos em que as crianças que participavam de programas de férias de verão foram divididas aleatoriamente — algumas receberam camisetas azuis, e outras, camisetas vermelhas. Eles descobriram que, se os professores mencionassem essas distinções e as utilizassem para dividir as crianças em equipes concorrentes, surgiriam fortes preferências pelo próprio grupo — as crianças prefeririam as de sua própria cor (isto é, a cor da camiseta) e alocariam mais recursos para o seu grupo. Outros pesquisadores descobriram que orientações explícitas de um professor nem sequer eram necessárias; eles poderiam criar preferências grupais apenas oferecendo às crianças camisetas com cores diferentes, ou categorizando-as entre as que tiravam cara e as que tiravam coroa. Nesses experimentos, as crianças deram mais dinheiro ao seu próprio grupo, disseram que o seu próprio grupo se comportaria melhor, e

138 O QUE NOS FAZ BONS OU MAUS

estavam mais propensas a lembrar as más ações cometidas por um membro de fora do grupo.

No entanto, as pessoas não se apegarão a *qualquer* distinção. Se alguém estiver sentado em um dos lados de uma mesa lotada, é possível dividir o grupo entre aqueles que estão sentados do mesmo lado e aqueles que estão sentados do outro lado, ou entre aqueles que estão à sua direita e aqueles que estão à sua esquerda — mas nenhuma dessas divisões seria a base para grupos psicologicamente naturais. Isso seria mínimo *demais*. Crianças e adultos se deterão, ao contrário, em diferenças que sejam significativas para as outras pessoas ao seu redor. Somos criaturas sociais, e, portanto, distinções tão aleatórias quanto cara ou coroa, camisetas vermelhas ou camisetas azuis e amantes de Klee ou amantes de Kandinsky podem ser importantes para nós, mas somente se percebermos que os outros também as levam em conta. Assim, não é muito correto afirmar que formamos grupos unicamente com base em algo tão aleatório quanto lançar uma moeda. Não se trata do lançamento da moeda em si, mas do fato de que tirar cara ou coroa está inserido em uma situação social em que o resultado, claramente, tem importância para outras pessoas.

Como outro exemplo da natureza social das categorias, recordemos que até mesmo os bebês são capazes de distinguir as pessoas segundo a cor da pele. Mas as crianças não apresentam nenhuma inclinação prematura para escolher os amigos com base na cor da pele: as que frequentam a pré-escola não se importam com a raça, e as crianças mais velhas em certas escolas mistas também não. Se a cor da pele for socialmente relevante — se as crianças negras se

OS OUTROS 139

sentarem em uma mesa e as brancas em outra —, as crianças vão se basear nisso. Se não, isso não acontecerá. Desde cedo estamos preparados para fazer distinções, mas é o nosso ambiente que nos dirá exatamente como fazê-las.

MUITAS DAS GENERALIZAÇÕES que fazemos sobre os grupos sociais se baseiam de alguma forma na realidade. O divulgador científico David Berreby começa seu livro *Us and Them* [Nós e eles] observando que nas ruas de seu bairro, em Nova York, ele costuma ver pessoas, quase sempre mulheres, empurrando crianças em carrinhos de bebê; quando vê um adulto branco com uma criança não branca, ele supõe que o adulto é o pai, mas quando vê um adulto não branco com uma criança branca, supõe que o adulto é um cuidador.

Berreby pergunta, retoricamente, se há algum problema nele por pensar assim. A resposta poderia ser afirmativa, se ele achasse que tal padrão não tivesse exceções — se a ideia de um adulto não branco ser o pai de uma criança branca fosse *impossível*. Mas Berreby sabe muito bem que se trata de uma generalização, e não de uma regra absoluta. Como um exemplo diferente, pode-se observar que há uma grande quantidade de professores universitários judeus. Os judeus constituem entre 1% e 2% do total da população norte-americana, e 4% da população de New Haven, Connecticut, a cidade onde moro e leciono. Não consultei nenhuma estatística, mas posso assegurar que a proporção de meus colegas de origem judaica é muito maior do que 4%.

As origens dessas generalizações são mais bem compreendidas pela história e pela sociologia do que pela psicologia, neurociência ou biologia evolutiva. Seria absurdo explicar

140 O QUE NOS FAZ BONS OU MAUS

as grandes disparidades entre brancos e negros nos Estados Unidos, por exemplo, sem referência ao legado da escravidão e de Jim Crow.

É preciso também ter em mente que, no mundo, assim como no laboratório, as distinções que começam arbitrárias podem se tornar reais, caso um número suficiente de pessoas acredite que elas o são. É por isso que é tão demorado erradicar as diferenças sociais: elas se autoperpetuam. Berreby descreve a época em que frequentava a escola primária na Califórnia, onde metade dos alunos era branca e a outra metade era negra. Para fins administrativos, os professores dividiam as crianças em grupos usando como critério o signo astrológico, e as categorias assumiam um significado social — como ele mesmo diz, "nós, taurinos, logo passávamos a sentir que éramos indissociáveis", e logo os taurinos tendiam a agir da mesma forma, o que convencia alguns dos professores da veracidade da astrologia. Ou considere a crença alimentada por alguns asiáticos de que as crianças nascidas no Ano do Dragão são melhores. Um estudo com imigrantes asiáticos nos Estados Unidos mostrou que as crianças nascidas em 1976, que foi um Ano do Dragão, são, de fato, mais instruídas do que as crianças nascidas em outros anos. Isso, é claro, não se dá porque o ano em si realmente faça alguma diferença; mas, sim, porque as pessoas acreditam que ele faça. A pesquisa constatou que as mães de bebês asiáticos nascidos no Ano do Dragão são, elas mesmas, mais instruídas, mais ricas e um pouco mais velhas do que outras mães asiáticas — e, portanto, mais capazes de adaptar suas estratégias de parto para dar à luz em Anos do Dragão.

OS OUTROS

Embora a origem das diferenças de grupo nos leva além das ciências da mente, a questão sobre como assimilamos estas diferenças é o cotidiano da psicologia, e a resposta é simples: os seres humanos (e outras criaturas) são estatísticos natos. A única maneira de lidar com o presente é fazer generalizações com base no passado. Aprendemos, pela experiência, que podemos sentar sobre cadeiras, que cães latem e que maçãs podem ser consumidas. Evidentemente, há exceções — cadeiras frágeis, cães mudos e maçãs venenosas —, e vale a pena estar atento a tais anomalias. Mas a vida seria impossível se não nos baseássemos constantemente nas probabilidades; caso contrário, não saberíamos o que fazer com uma cadeira, um cão ou uma maçã novos.

Também usamos estatísticas em relação às pessoas. Como afirmou o psicólogo social Gordon Allport, em seu clássico livro *On the Nature of Prejudice* [A natureza do preconceito], "devemos pensar com o auxílio de categorias. (...) Talvez seja impossível evitar este processo". Se estou andando na rua e preciso pedir informações, não vou pedir a uma criança pequena, porque segundo meu estereótipo de crianças pequenas elas não são boas para fornecer orientações espaciais, e não vou pedir a alguém que esteja berrando pelos ares, porque tal pessoa se encaixa em meu estereótipo de louco, e os loucos não tendem a ser nem confiáveis nem úteis. Se eu ouvir falar sobre um assassino ou um estuprador foragido, poderia resolver ficar bem atento a ele — sim, *ele*, porque embora possa ser uma mulher, minhas percepções são orientadas pelas estatísticas. E, de fato, vários estudos descobriram que quando as pessoas são questionadas sobre façanhas atléticas, criminalidade,

142 O QUE NOS FAZ BONS OU MAUS

renda, e assim por diante, seus estereótipos de grupos raciais e étnicos tendem a ser precisos.

Então, por que não deveríamos gostar disso? Bem, uma das preocupações é moral. Mesmo que os estereótipos sejam precisos, às vezes pode ser errado utilizá-los. As questões, aqui, são sutis: não nos sentimos moralmente incomodados com *algumas* generalizações sobre as pessoas. Não vemos problema, por exemplo, nas leis e nas políticas públicas que fazem discriminações com base na idade. Isso porque somos forçados a fazê-lo (não podemos deixar que todos dirijam); os estereótipos são claramente baseados em fatos (as crianças de 4 anos são, realmente, muito jovens para dirigir); e tais políticas se aplicam a uma parte da expectativa de vida de cada um de nós, e não a um subconjunto da população, o que as faz parecer mais justas. Cedo ou tarde, todos terão a sua oportunidade. Outro exemplo são as empresas de seguro de vida, que estão autorizadas a fazer generalizações tomando por base o fato de uma pessoa fumar e o quanto ela pesa.

Mas o uso de estereótipos de gênero, raça ou etnia é mais preocupante. Isto, em parte, porque pode provocar sofrimento — mesmo que sejam estereótipos considerados corretos, é bem possível que os custos que recaem sobre os que são discriminados suplantem a maior eficácia dos que discriminam —, e, em parte, porque pode transgredir certas noções de equidade. Uma camiseta criada pela revista satírica *The Onion* diz: "Os estereótipos são um verdadeiro poupa-tempo" — mas há casos em que é simplesmente errado tratar um indivíduo tomando como parâmetro o grupo ao qual ele pertence; é melhor perder aquele tempo a mais.

OS OUTROS

Outro problema é que os estereótipos são influenciados pela tendência às coalizões, e não apenas pelos dados empíricos. Somos poderosos aprendizes de estatísticas relativas a cadeiras, cães e maçãs, mas quando se trata de pessoas, nossos preconceitos podem distorcer nossas conclusões. No momento em que os grupos são formados, não existe uma verdadeira distinção entre os amantes de Klee e os amantes de Kandinsky, nem entre as crianças com camisetas vermelhas e as com camisetas azuis, mas os participantes passarão a pensar que existem verdadeiras diferenças, e acreditarão que seus próprios grupos são superiores. Isso também pode ser constatado fora do laboratório. Após o início da Segunda Guerra Mundial, os norte-americanos mudaram as suas atitudes em relação aos chineses e aos japoneses. Os japoneses, que até então haviam sido considerados progressistas e artísticos, se tornaram astuciosos e desleais; os chineses passaram de astuciosos e desleais a reservados e corteses. Do mesmo modo, os russos eram corajosos e trabalhadores quando estavam lutando contra Hitler ao lado dos norte-americanos em 1942, e cruéis e vaidosos em 1948, quando a Guerra Fria começou.

Na verdade, o simples fato de pensar em alguém como um membro de fora do grupo influencia nossos sentimentos acerca deste indivíduo. Vimos que os bebês e as crianças preferem interagir com pessoas que tenham um sotaque conhecido; assim como os adultos tendem a avaliar indivíduos com certos sotaques não nativos como menos competentes, inteligentes, educados e atraentes. Outros estudos constataram que tendemos a acreditar que os membros de grupos completamente desconhecidos careçam de emoções

144 O QUE NOS FAZ BONS OU MAUS

consideradas exclusivamente humanas, como a inveja e o arrependimento. Nós os percebemos como selvagens, ou, na melhor das hipóteses, como crianças.

OS PARTICIPANTES típicos dos experimentos de psicologia são universitários ou estudantes de ensino superior da América do Norte ou da Europa, e podem, perfeitamente, ser as pessoas menos racistas do mundo. Mesmo quando testadas no mais anônimo dos contextos, elas tendem a fazer um grande esforço para não serem racistas. Na verdade, a raça é um tabu para esta população. Para se constituir em um tabu, ela atende a dois critérios: é a matéria-prima da obscenidade (as expressões raciais são os principais qualificativos) e é a matéria-prima do humor (há comediantes que ganham a vida com conteúdos do tipo "pessoas brancas fazem *isso* e pessoas negras fazem *aquilo*"). Em ambos os aspectos, a raça cai na mesma categoria dos dejetos humanos e das relações sexuais, dois temas que abordaremos no próximo capítulo.

As crianças não veem a raça como um tabu desde sempre. Em um estudo inspirado em um jogo outrora muito popular, denominado "Adivinha Quem?", os pesquisadores mostraram uma série de fotos de quarenta indivíduos, dispostas em quatro fileiras de dez, a um grupo de crianças majoritariamente brancas, com idades entre 8 e 11 anos. Em seguida, os pesquisadores apontavam para uma das fotos e pediam a elas que se concentrassem exclusivamente naquela imagem, fazendo o menor número possível de perguntas, que tivesse como respostas "sim" ou "não" (como, por exemplo, "a pessoa é uma mulher?"). Quando todas as fotos eram de pessoas brancas, as crianças de 10 e 11 anos se saíam melhor do que as crianças de 8 e 9 anos, o que não chegava a surpreender. Mas quando algumas fotos mostravam pessoas brancas e outras mostravam pessoas negras, as crianças mais velhas se saíam pior, porque evitavam fazer perguntas como "a sua pessoa é branca?". Elas haviam chegado ao estágio do desenvolvimento em que há um custo psíquico até mesmo para se mencionar a raça. Na verdade, os psicólogos sociais descobriram que muitos dos participantes brancos de suas pesquisas, que não são preconceituosos, experimentam uma ansiedade opressora para não parecerem racistas ao interagir com pessoas negras.

Assim, uma das descobertas mais interessantes da psicologia é que até mesmo as pessoas menos racistas do mundo têm preconceitos raciais inconscientes. Um rosto negro, que apareça em uma tela de computador de forma rápida demais para ser percebido conscientemente, tende a levar os indivíduos brancos a pensar em agressão; eles se mostram mais propensos a completar a lacuna na palavra "RA__A" como "RAIVA". Os rostos negros masculinos também tendem a despertar respostas mais intensas em uma área do cérebro chamada de amígdala, que está associada ao medo, à raiva e à ameaça, entre outras coisas. No Teste de Associação Implícita, ou IAT (na sigla em inglês), a maioria dos indivíduos tem mais agilidade para associar os rostos brancos a palavras positivas, como *alegria*, e os rostos negros a palavras negativas, como *horrível*, do que ao contrário.

Esses estudos recebem grande atenção por parte dos meios de comunicação populares, onde, por vezes, são retratados como uma maneira de nos livrarmos de racistas dissimulados. O pior exemplo que já presenciei foi durante

146 O QUE NOS FAZ BONS OU MAUS

um episódio da série de televisão *Lie to Me*, em que uma excelente equipe de psicólogos e investigadores usava uma obscura versão do IAT para determinar qual grupo de bombeiros cometera um crime motivado pelo ódio racial. Eles descobriam que um dos bombeiros demorava mais tempo do que os outros para associar palavras positivas, como *escrupuloso*, a rostos negros, tais como o de Barack Obama, e isso encerrava o assunto. "Eu não sou racista", protestava ele, em seguida. Seu inquisidor devolvia: "Você acha que não é." Esse tipo de representação por parte dos meios de comunicação faz estremecer os psicólogos sociais. Mesmo que os bombeiros fossem testados com o verdadeiro IAT, não ajudaria em nada desmascarar o racista. Esses métodos foram desenvolvidos para coletar dados agregados sobre os preconceitos inconscientes das pessoas. Eles não são detectores de racistas.

No outro extremo, alguns críticos argumentam que tais descobertas pouco nos dizem sobre os estereótipos e os preconceitos do mundo. Quem se preocupa com medidas sutis como tempo de reação, condutância da pele ou ativação da amígdala? Mas, na realidade, estas medidas se correlacionam com as considerações que realmente importam, como o quanto uma pessoa fica incomodada ao interagir com alguém de outra raça. Além disso, os mesmos preconceitos implícitos aparecem quando as pessoas tomam decisões, como a possibilidade de contratar alguém para um emprego ou auxiliar alguém que esteja implorando por ajuda.

Essas pesquisas ilustram o quanto podemos estar em guerra conosco mesmos. Parte de nós pode acreditar que a raça não desempenha nenhum papel em decisões de contra-

OS OUTROS 147

tação (ou, até mesmo, que as minorias raciais devam obter alguma vantagem), enquanto a outra parte nos orienta contra a escolha de uma pessoa negra. Essa tensão pode revelar uma luta moral; nossa visão explícita sobre o que é certo entra em choque com nossos instintos.

MINHA APOSTA é que, daqui a cem anos, é provável que ainda estejamos raciocinando em termos de grupos humanos; vamos preservar algumas de nossas inclinações e nos aferrar a alguns de nossos preconceitos.

Isso, em parte, porque as diferenças de grupo realmente existem. Por exemplo, os norte-americanos, muitas vezes, constroem estereótipos sobre estudantes de alguns países asiáticos como sendo academicamente mais bem-sucedidos do que a média, e, de fato, os candidatos asiáticos às universidades apresentam uma pontuação no teste SAT mais elevada do que a média. No entanto, essa discussão pode se transformar em um tabu, ou em um tabu para qualquer outra pessoa que não seja asiática, mas, afora a lavagem cerebral ou a hipnose coletiva, não é possível reprogramar o cérebro das pessoas para fazer o seu conhecimento desaparecer.

E algumas dessas generalizações tendem a perdurar. Os grupos que classificamos como raças e etnias compartilham semelhanças por algumas das mesmas razões que os grupos que enxergamos como famílias. Os membros de uma família imediata compartilham genes que os tornam mais propensos a ter certas características distintivas, e o mesmo acontece com os membros de grupos humanos maiores, que são coleções de famílias. Acima de tudo, as pessoas que vivem juntas — famílias ou coleções de famílias — aprenderão a

148   O QUE NOS FAZ BONS OU MAUS

compartilhar certos hábitos ao longo do tempo: elas passarão a comer alimentos específicos, a participar de determinadas atividades, a falar de formas peculiares e a cultivar certos valores. A diferenciação cultural ocorre rapidamente, conforme podemos observar em casos em que as nações se dividem, como a Alemanha Oriental e a Ocidental e a Coreia do Norte e a do Sul.

Outra razão pela qual nossas inclinações tendem a se eternizar tem a ver com a predisposição de nossa natureza ao estabelecimento de coalizões. Favorecemos nossos próprios grupos. Isto fica evidente nos experimentos de grupos minimais, e é obvio no mundo real, onde nos sentimos atraídos pelos vínculos com nosso país, com os que nos são próximos e com nossos parentes. Os vínculos mais fortes são os de parentesco. Houve uma série de tentativas de dissolver os laços especiais da família, de modo a substituí-los por outros grupos, como o estado ou a igreja. Todas fracassaram. De fato, a raça e a etnia compartilham algo com o parentesco: quando classificamos as pessoas como membros de uma categoria ou de outra, até mesmo as pessoas mais liberais e decididamente antirracistas entendem que isso equivale a afirmar quem são os nossos parentes biológicos. Como salienta o psicólogo Francisco Gil-White, quando alguém diz que é metade irlandês, um quarto de italiano e um quarto de mexicano, esta não é uma declaração a respeito de suas atitudes ou afiliações; é uma declaração sobre as etnias de seus antepassados.

Vista pelo lado positivo, nossa tendência a separar nós mesmos e os outros em grupos nos proporciona prazeres reais. As pessoas não *querem* que suas culturas e suas línguas

OS OUTROS

sejam extintas; ficamos contentes por pertencer a uma comunidade específica. E, embora muitos desaprovem aqueles que pensam mal de outros grupos, normalmente não é considerado errado se orgulhar e se preocupar com o seu próprio grupo. Passei a minha infância em Quebec, onde fui criado, e os judeus da minha comunidade estavam bastante empenhados em ajudar os judeus da Rússia — desconhecidos, vivendo em um país no outro extremo do globo, mas que tinham importância porque faziam parte do nosso povo. Os cidadãos da França ficam indignados se um governo estrangeiro prende injustamente um cidadão francês; os italianos ficam orgulhosos das realizações de outros italianos que jamais conhecerão. Enquanto escrevia este capítulo, recebi um convite de um colega para comparecer a um evento político em apoio a um candidato que, se eleito, "seria o primeiro senador sino-americano no território continental dos Estados Unidos". Você ficaria surpreso em saber que a pessoa que enviou o convite é, ela mesma, uma sino-americana?

Até mesmo aqueles que são ferozmente contrários à religião e ao nacionalismo vão procurar os prazeres da comunidade de outras maneiras, por meio de sua família imediata, do seu círculo de amigos ou de sua comunidade profissional. Porém, identificar-se como integrante da comunidade de professores de psicologia, para dar um exemplo qualquer, pode ser diferente de identificar-se como católico, seja grego ou norte-americano. Mas, ainda assim, vivenciam-se os mesmos sentimentos de entusiasmo, orgulho e pertencimento. Berreby chega ao ponto de afirmar que nosso foco em grupos humanos é "uma das fontes naturais da imaginação e do prazer criativo humanos".

150   O QUE NOS FAZ BONS OU MAUS

Pode-se argumentar que os benefícios de nossa natureza bairrista nunca consigam superar os seus custos. Para
cada membro do grupo há alguém que não faz parte do
grupo, e é aí que reside o problema. Não teríamos o Holocausto sem os judeus e os alemães; nenhum massacre em
Ruanda sem os tutsis e hutus. Ainda assim, não está claro
se existe alguma alternativa para a divisão da humanidade
em grupos. Ninguém sabe se uma ética verdadeiramente
universalista é humanamente possível, se podemos ser
de fato indiferentes aos laços da cultura, do país ou do
sangue, e continuarmos sendo pessoas boas e decentes. O
filósofo Kwame Anthony Appiah observa que até mesmo o
envolvimento com desconhecidos distantes "sempre será
o envolvimento com desconhecidos específicos; e o entusiasmo que brota da identidade compartilhada será, quase
sempre, viável". Os cristãos norte-americanos enviarão
dinheiro para seus companheiros cristãos residentes no
Sudão; os escritores farão campanhas pela liberdade de
escritores em todo o mundo; as mulheres da Suécia traba-
lharão pelos direitos das mulheres na Ásia Meridional, e
assim por diante. Appiah cita Cícero quanto a esse ponto:
"A sociedade e o companheirismo humano se beneficiarão
se oferecermos o máximo de amabilidade àqueles com
quem estamos mais intimamente associados."

Além disso, podemos usar nossa inteligência para dominar nossa tendência à coalizão quando sentirmos que ela
começa a sair de controle. Criamos tratados e organizações
internacionais voltados à proteção dos direitos humanos
universais. Empregamos procedimentos, como os testes e os
ensaios cegos, concebidos para impedir que os avaliadores

OS OUTROS 151

sejam preconceituosos, consciente ou inconscientemente, em relação à raça de um candidato — ou qualquer outro item que não seja aquilo que estiver sendo avaliado. Estabelecemos o sistema de cotas e requisitos de diversidade para garantir a representação adequada de grupos minoritários, removendo a decisão das mãos de indivíduos que têm suas próprias preferências e questões.

Não estou afirmando que as soluções listadas acima sejam as mais corretas. Na verdade, não é possível que todas estejam corretas, pois elas entram em conflito umas com as outras (os processos de admissão à universidade cegos à raça ignoram a raça; as cotas e os requisitos de diversidade levam, explicitamente, a raça em conta). A questão aqui, ao contrário, é que, com o auxílio dos costumes e da lei, podemos elaborar determinadas situações com a finalidade de erradicar algumas inclinações, onde acreditarmos que estas inclinações estejam erradas. De modo mais genérico, é assim que o progresso moral acontece. Normalmente, não nos tornamos melhores apenas pelas boas intenções e pela força de vontade, assim como não costumamos perder peso ou parar de fumar apenas pela vontade e por nos esforçar ao máximo. Mas somos criaturas inteligentes, e podemos usar nossa inteligência para gerenciar nossas informações e restringir nossas opções, permitindo que o que há de melhor em nós suplante aqueles instintos e desejos sem os quais acreditamos que renderíamos mais.

Essa é a forma como devemos lidar com a nossa propensão natural a favorecer nosso próprio grupo em detrimento de outros. Contudo, há aspectos ainda mais repugnantes de nossa natureza que precisamos superar.

5

Os corpos

A aversão é uma poderosa força para a prática do mal. Se você pretende exterminar ou marginalizar um grupo, esta é a emoção que deve ser eliciada. O químico e escritor Primo Levi conta como os nazistas negavam aos prisioneiros judeus o acesso aos toaletes, e o efeito que isso provocou: "Os SS da escolta não escondiam seu divertimento ao ver homens e mulheres agacharem-se onde podiam, nas plataformas, no meio dos trilhos; e os passageiros alemães exprimiam abertamente a sua aversão: gente como essa merece o seu destino, basta ver como se comportam. Não são *menschen*, seres humanos, mas animais; é evidente como a luz do sol."

Ora, não seria *realmente* necessário tornar os outros aversivos para provocar tal reação; o método mais comum é usar o poder da imaginação. Pode-se contar histórias sobre o quanto certas pessoas são imundas e o quanto elas cheiram mal. A respeito dos judeus, Voltaire afirmou: "Essas pessoas eram tão negligentes com a higiene e com as decências da vida que seus legisladores foram obrigados a criar uma lei

O QUE NOS FAZ BONS OU MAUS

para obrigá-las, até mesmo, a lavar as mãos." Pode-se usar metáforas, como quando os nazistas descreveram "o judeu" como "um ser repugnante, mole e esponjoso, receptáculo de fluidos e pegajoso, feminilizado em suas exsudações lodosas, um imundo parasita incorporado ao organismo puro do homem alemão". Muitas vezes, compara-se o grupo que é vítima de ódio a criaturas repugnantes, como ratos e baratas. Essa é a retórica usada em todos os movimentos genocidas, contra os armênios, os tutsis, e assim por diante.

Os grupos que despertam aversão não precisam ser etnias ou raças. George Orwell é eloquente quanto ao papel da aversão nas divisões de classe.

E aqui chegamos ao verdadeiro segredo das distinções de classe no Ocidente. (...) Resume-se em quatro palavras terríveis, que hoje as pessoas têm escrúpulos de dizer, mas que eram ditas com muita liberdade em minha infância. As palavras eram: as classes baixas fedem.

Isso foi o que nos ensinaram — as classes baixas fedem. E aqui, obviamente, estamos diante de uma barreira intransponível. Pois quando se trata de gostar ou não gostar, nenhum sentimento é tão fundamental quanto uma sensação física. O ódio racial, o ódio religioso, as diferenças de educação, temperamento, intelecto, e, até mesmo, as diferenças de código moral, tudo isso pode ser superado; mas não a repulsa física. Pode-se ter afeição por um assassino ou um sodomita, mas não se pode ter afeição por um homem com hálito pestilento — isto é, um homem que habitualmente tem mau cheiro. Por mais que você lhe queira bem, por mais que você admire o seu intelecto e o seu caráter, se ele tiver mau hálito, ele será horrível e, lá no fundo do seu coração, você vai odiá-lo.

OS CORPOS 155

No início do livro, investigamos o papel desempenhado pela empatia na estimulação do comportamento moral. A empatia nos deixa mais propensos a cuidar do outro: ela encoraja a compaixão e o altruísmo. A aversão tem o efeito contrário: ela nos torna indiferentes ao sofrimento dos outros e tem o poder de incitar a crueldade e a desumanização.

É FÁCIL evocar o sentimento de aversão. Imagine abrir um recipiente, respirar profundamente e descobrir que o cheiro é de hambúrguer estragado. A maioria das pessoas sentiria alguma coisa próxima à náusea. Esta sensação é acompanhada por uma expressão facial específica (um rosto de "eca" — o nariz comprimido, a boca fechada, a língua para fora) e uma motivação singular: afaste isso de mim. Você não quer sentir aquele cheiro, não quer tocar naquilo, e, certamente, não deseja comer aquilo.

Certos objetos, substâncias e experiências despertam, seguramente, essa reação. Paul Rozin, o excelente pesquisador do tema da aversão, desenvolveu uma escala para medir a "sensibilidade à aversão" nas pessoas. Eis aqui alguns itens que Rozin e seus colegas pedem que os sujeitos avaliem. Em que medida você considera estas experiências aversivas?

- Você entra em um banheiro público e se depara com um vaso sanitário no qual não deram descarga.
- O gato de estimação do seu amigo morreu, e você precisa pegar o cadáver com as suas mãos.
- Você vê um homem com as vísceras expostas após um acidente.
- Ao passar por um túnel sob uma via férrea, você sente o cheiro de urina.

156   O QUE NOS FAZ BONS OU MAUS

Nossas reações podem variar. Quando leio esses itens em voz alta em aulas e palestras, algumas pessoas se perguntam qual o motivo do espanto; outras vomitam. Uma estudante, em uma turma de Introdução à Psicologia repleta de alunos, saiu correndo da sala de aula quando exibi essas frases em um slide do PowerPoint. Rozin e seus colegas descobriram que os índices da sensibilidade à aversão indicam o quanto as pessoas estão dispostas a realmente se envolver em atividades repugnantes, tais como pegar uma barata ou tocar na cabeça de um porco que acabou de ser morto.

Através de pesquisas experimentais e da observação intercultural, sabemos que, no mundo inteiro, as pessoas se sentem mal à vista de sangue, ferimentos, vômito, fezes, urina e carne podre — estes itens evocam o que Rozin chama de "núcleo da aversão". Infelizmente para nós, essas substâncias também são coisas que fazem parte da vida. Como diz o título de um famoso livro infantil, "Todo mundo faz cocô". Inúmeras substâncias jorram, pingam e escorrem de nossos corpos e dos corpos daqueles que amamos. Elas variam quanto ao seu grau de repulsividade. As fezes, a urina e o pus são mesmo repulsivos, mas há pessoas que ingerem voluntariamente o sêmen e a saliva de outras; o suor não é tão ruim quanto o catarro; e, pelo menos nas histórias de vampiros, o consumo de sangue pode ser erótico, sem ser nojento. Curiosamente, há uma substância corporal que dificilmente pode ser classificada como aversiva — as lágrimas. Rozin sugere que as lágrimas são imunes à aversão porque pensamos nelas como exclusivamente humanas, mas, para mim, a explicação de William Ian Miller é a mais plausível: as lágrimas não possuem as propriedades físicas das subs-

OS CORPOS 157

tâncias aversivas por causa de "sua clareza, sua liquidez, sua natureza não aderente, sua falta de odor e seu sabor neutro".

Algumas pessoas precisam lidar com substâncias como essas no emprego, incluindo aqueles que trabalham com os feridos, os doentes e os mortos; outras se envolvem propositadamente em atividades aversivas para mostrar o quanto são corajosas ou espiritualizadas, ou fazem isso para entreter terceiros, como no programa de televisão *Fear Factor*. No entanto, de modo geral nos esforçamos para nos manter afastados dos itens da lista do núcleo de aversão de Rozin.

Contudo, não nascemos assim; os bebês não experimentam essa aversão. Como explica Freud em *O mal-estar na civilização*, "os excrementos não despertam neles aversão. Parecem-lhes valiosos, pois são uma parte que se desprendeu de seu próprio corpo". Se forem deixadas sozinhas, as crianças pequenas vão tocar e, até mesmo, levar à boca todos os tipos de coisas aversivas. Em um dos mais interessantes estudos na área de psicologia do desenvolvimento, Rozin e seus colegas conduziram um experimento no qual ofereceram a crianças com menos de dois anos de idade algo que foi descrito como fezes de cachorro ("feito realisticamente, a partir de manteiga de amendoim e queijo aromatizado"). A maioria das crianças comeu. A maioria também comeu até o fim um pequeno peixe seco, e cerca de um terço comeu um gafanhoto.

E então, em algum momento na primeira infância, ocorre uma mudança e as crianças tornam-se iguais aos adultos e passam a sentir aversão, em muitas partes do mundo. Os psicólogos têm se perguntado com frequência o que motiva essa mudança, e muitos optam por seguir a teoria freudiana,

158   O QUE NOS FAZ BONS OU MAUS

culpando o trauma do treinamento esfincteriano. Quando meus filhos eram pequenos, li um dos excelentes livros de Penelope Leach sobre criação de filhos, que aconselhava:

Não tente obrigar a criança a compartilhar sua aversão adulta pelas fezes. Ela acabou de descobrir que as fezes saem dela. Ela as considera um produto interessante e que lhe pertence. Se você se apressar a esvaziar o penico; trocá-lo com a ponta dos dedos, torcendo o nariz; e ficar com raiva quando ela examinar ou espalhar o conteúdo do penico, você a magoará. Você não precisa fingir que compartilha seu interesse prazeroso — descobrir que os adultos não brincam com as fezes faz parte do crescimento —, mas não tente convencê-la de que as fezes são sujas e aversivas. Se ela entender que você considera as fezes dela repugnantes, ela também vai achar que você a considera repugnante.

Ainda que Leach possa ter razão ao afirmar que a aversão declarada de um pai é desrespeitosa para com a criança, todo o restante desse trecho está equivocado. Não é que a criança descubra que "os adultos não brincam com as fezes", como se isso fosse alguma prática cultural arbitrária, semelhante a "adultos não usam pijamas com estampas de pezinhos". Ao contrário, são as próprias crianças que vão acabar achando as fezes nojentas. E essa percepção não depende da observação da reação de um adulto. Afinal de contas, muita gente leu o livro de Leach e seguiu o conselho, e ainda estamos aqui, mais de vinte anos após a sua publicação, e as pessoas continuam sentindo nojo de cocô.

A teoria do treinamento esfincteriano é insatisfatória também por outros motivos. Outras sociedades possuem

OS CORPOS 159

práticas muito diferentes quando se trata da micção e da defecação (e algumas nem sequer têm toaletes) — e, ainda assim, a aversão é universal. O sangue, o vômito e a carne podre são aversivos, mas eles não têm nenhuma relação com o treinamento esfincteriano. E mesmo que fosse verdade que as crianças considerem seus produtos corporais nojentos somente porque os adultos também os consideram, isso só adiaria a pergunta: por que os *adultos* reagem desta maneira?

Uma teoria mais plausível é que o núcleo da aversão serve a um propósito adaptativo. De acordo com esta teoria, a aversão não é aprendida, mas, ao contrário, surge naturalmente, assim que os bebês tenham atingido certo estágio do desenvolvimento. Há algum sentido nesse prazo; se a aversão aparecesse desde muito cedo, os bebês ficariam enojados o tempo todo com os seus resíduos corporais, e seriam incapazes de fazer alguma coisa a esse respeito. A seleção natural não precisaria ser tão desnecessariamente cruel.

Se a aversão é uma forma de adaptação, é uma adaptação para quê? A explicação mais comum é que a aversão evoluiu para evitar que comamos alimentos estragados. De fato, a própria palavra em inglês [*disgust*] é derivada de um termo do latim que significa "gosto ruim".

Há muitos elementos que sustentam essa teoria. Primeiramente, conforme Darwin observou, a expressão facial específica da aversão corresponde aos atos de tentar não sentir o cheiro de algo, bloquear o acesso à boca e usar a língua para expulsar qualquer coisa que já tenha sido ingerida. Não é por acaso que não escancaramos a boca quando nos sentimos enojados. De fato, a "cara de eca" é a mesma expressão que fazemos quando apresentamos

160 O QUE NOS FAZ BONS OU MAUS

ânsia de vômito, e esta pode ser a sua origem. Em segundo lugar, a sensação de náusea associada à aversão serve para desencorajar a ingestão. Em terceiro lugar, nossas reações de aversão podem ser desencadeadas quando pensamos que estamos ingerindo os alimentos errados. Como afirma Darwin, talvez com um pouco de exagero vitoriano: "É impressionante como a ânsia de vômito ou o vômito propriamente dito são rápida e imediatamente induzidos em certas pessoas pela simples ideia de ter ingerido qualquer alimento atípico, como algum animal que não seja comumente consumido." Em quarto lugar, mesmo controlando o aumento global da incidência de náuseas, as mulheres grávidas são excepcionalmente sensíveis à aversão durante o mesmo período em que o feto é mais vulnerável a intoxicações. Em quinto lugar, o córtex insular anterior, que está envolvido no olfato e no paladar, é ativado quando as pessoas são confrontadas com imagens repugnantes.

Evidentemente, não é possível que a aversão esteja totalmente pré-estabelecida, pois as pessoas variam consideravelmente quanto ao motivo que lhes causa aversão. A ideia de comer um rato, um besouro ou um cão me provoca engasgos, mas pessoas criadas em certas sociedades consideram esses alimentos perfeitamente saborosos. Assim, algum nível de aprendizagem precisa ocorrer — uma conclusão que é condizente com a teoria da aversão a alimentos estragados. Os seres humanos enfrentam o que Rozin chamou de o "dilema do onívoro" — comemos uma enorme variedade de alimentos, mas alguns deles podem nos matar —; por isso, precisamos aprender o que podemos e o que não podemos comer em cada contexto. No decorrer desse aprendizado,

OS CORPOS
161

o alimento, e, especialmente, a carne, é culpada até que se prove a sua inocência. Ninguém nunca me disse que era nojento comer rato frito; eu considero nojento porque durante o período crítico da infância as pessoas à minha volta nunca comeram isso.

Alguns argumentaram que a teoria alimentícia é incompleta, e que a aversão evoluiu para nos afastar de patógenos e parasitas em geral. A antropóloga Valerie Curtis e seus colegas investigaram mais de 40 mil pessoas de 165 países pela Internet, com o objetivo de descobrir quais imagens lhes causavam aversão. Eles descobriram que imagens que indicavam uma doença que qualquer um pode desenvolver foram classificadas como especialmente nojentas: uma lesão de pele, exibindo sinais de pus e inflamação, por exemplo, foi vista como mais aversiva do que uma imagem de uma queimadura simples. As pessoas também se sentiram levemente enojadas diante de alguém que parecia estar febril e com o rosto cheio de manchas. Essa teoria também explica por que o cheiro de um desconhecido imundo pode ser tão repugnante — estar sujo é um sinal de doença.

Charles Darwin, sempre um perspicaz observador da natureza humana, conta a história de sua própria aversão. Na Terra do Fogo escreve ele, "um nativo tocou um pedaço da carne fria que eu estava comendo em nosso assentamento, e demonstrou, claramente, aversão pela consistência mole; enquanto eu senti uma profunda aversão ao ver minha comida ser tocada por um selvagem nu, apesar de suas mãos não parecerem sujas".

As pessoas podem causar aversão. Se é verdade que a aversão evoluiu, em parte, para a prevenção de doenças, então a aversão provocada pelas pessoas é uma consequência natural, pois somos vetores de doenças. Mas somos aversivos de uma forma mais elementar. Somos feitos de carne, e estamos associados a todas as substâncias que eliciam o núcleo da aversão. Nas palavras de Santo Agostinho, "*inter faeces et uriam mascimur*" — nascemos entre a urina e as fezes.

A aversão pode ser moralmente neutra quando provocada por um rato morto ou uma poça de vômito, mas sentir aversão por outros seres humanos é mais preocupante. No entanto, a aversão não é a mesma coisa que a repulsa ou o ódio. Podemos odiar alguém que não nos provoque aversão em um sentido visceral — embora, muitas vezes, haja a tentação de usar a retórica da aversão com aqueles que desprezamos: "Ele me dá nojo!" E podemos sentir aversão sem ódio, repulsa ou qualquer outra espécie de sentimento negativo. Trocar a fralda de seu filho ou limpar o vômito dele pode ser repulsivo, mas não faz com que você passe a odiá-lo. Ainda assim, a aversão aumenta as probabilidades. À parte todos os outros aspectos, se alguém sente nojo de você é porque você está sendo rejeitado por essa pessoa.

A aversão é o oposto da empatia. Assim como a empatia leva à compaixão em muitas circunstâncias (mas não em todas), de forma geral, a aversão leva à repulsa (mas nem sempre). A empatia nos faz apreciar a personalidade do outro; a aversão nos faz interpretar o outro como um ser inferior e repulsivo, a quem falta humanidade.

As pesquisas experimentais mostram que os sentimentos de aversão nos fazem julgar os outros com mais severidade.

OS CORPOS

No primeiro experimento realizado nesse sentido, os psicólogos Thalia Wheatley e Jonathan Haidt hipnotizaram os participantes para que eles sentissem um lampejo de aversão sempre que vissem uma palavra aleatória. Quando, mais tarde, os participantes liam relatos de leves transgressões morais, aqueles que haviam visto a palavra avaliavam o comportamento como mais imoral do que aqueles que não haviam visto. Em outros experimentos, os participantes foram convidados a fazer apreciações acomodados em uma mesa repulsiva e bagunçada; ou em uma sala que havia recebido um jato de spray de pum; ou após assistir a uma cena do filme *Trainspotting*, em que uma personagem colocava a mão em um vaso sanitário cheio de fezes; ou depois de serem solicitados a escrever sobre uma experiência aversiva. Todas essas situações fizeram com que os participantes manifestassem mais claramente a sua desaprovação moral diante das ações de outras pessoas. Até mesmo a ingestão de um alimento amargo, que evoca uma sensação semelhante à aversão física, torna as pessoas mais severas diante das transgressões morais. E, em consonância com esses resultados experimentais, os indivíduos com alta sensibilidade à aversão têm atitudes mais severas em relação a algumas outras pessoas, tais como imigrantes e estrangeiros.

O consenso, a partir do mundo real e do laboratório, é evidente: a aversão nos torna mais implacáveis.

As práticas sexuais fazem parte da escala de aversão de Rozin. Os participantes são convidados a avaliar o quanto consideram aversivo uma mulher adulta ter relações sexuais com seu pai, ou um homem de 30 anos de idade se envolver

164 O QUE NOS FAZ BONS OU MAUS

sexualmente com mulheres de 80. Muitas pessoas consideram tais atos realmente aversivos. E também imorais.

Sob o ponto de vista evolutivo, nossa reação moral diante
de certas atividades sexuais é verdadeiramente intrigante.
A maioria dos juízos morais que venho discutindo ao longo
deste livro pode ser entendida como adaptações evolutivas. A
afeição que sentimos por aqueles que são amáveis e honestos
e a indignação que sentimos em relação aos desonestos e
oportunistas podem ser vistos como soluções adaptativas
para os desafios de indivíduos que coexistem em uma pequena sociedade. Nossas reações à iniquidade surgem de nossa
obsessão evolutiva pelo status; nossas reações à agressão e
ao assassinato decorrem da importância que conferimos à
nossa sobrevivência e à de nossos parentes. Consideramos
pior matar intencionalmente alguém do que permitir, conscientemente, que a pessoa morra (mesmo quando resgatá-la
seria fácil), porque nenhuma sociedade conseguirá sobreviver se os indivíduos estiverem autorizados a matar um ao
outro à vontade, ao passo que a obrigação de salvar uns aos
outros é menos determinante.

Outros aspectos de nosso pensamento moral não são
propriamente adaptações, mas extensões naturais de adaptações. Nossos cérebros não evoluíram para reprovar os
crimes modernos, como os incêndios criminosos e a embriaguez ao volante, mas estes comportamentos são vistos
como moralmente errados, pois se enquadram nas categorias
genéricas de dano intencional e negligente. Duvido que a
lógica do oferecimento de presentes esteja codificada em
nossos genes; ao contrário, nossas percepções sobre o que
é adequado oferecer, e nossos sentimentos de gratidão ou

decepção, podem ser explicados (pelo menos, em parte) em função de preocupações evolutivas sobre status, respeito e reciprocidade.

Mas a moralidade sexual é diferente. Sim, é muito fácil perceber como qualquer criatura que se reproduz por meio do sexo aperfeiçoaria evolutivamente o desejo de se envolver em relações sexuais, assim como o desejo de evitar certos atos sexuais que não levem nem à reprodução (como o sexo com animais) nem ao tipo adequado de reprodução (como o sexo com pais, irmãos, ou filhos e filhas adultos). Para os psicólogos morais, o mistério não é por que nos envolveríamos em certos tipos de sexo enquanto evitamos outros; mas, sim, por que deveríamos ficar tão preocupados com o tipo de sexo que as outras pessoas estão fazendo.

A relação sexual entre duas pessoas do mesmo sexo, por exemplo, é proibida em muitos países, e, às vezes, é punida com a morte. Nos Estados Unidos, foi somente em 2003, com o caso *Lawrence contra Texas*, que a Corte Suprema considerou inconstitucionais as leis de sodomia; até então, 13 estados mantinham leis contra as relações sexuais entre o mesmo sexo. Muitas ilustres personalidades sociais e religiosas continuam a deplorar as relações homossexuais, classificando-as como imorais, e os homossexuais são vítimas de bullying, assédio e, até mesmo, homicídio. Em uma pesquisa recente (maio de 2012), 42% dos adultos afirmaram que "as relações gays ou lésbicas" são moralmente erradas.

Costumava ser pior, é claro. Considere o caso de Thomas Jefferson, cujas sábias palavras sobre nossa natureza moral são citadas no início deste livro. Em 1777, Jefferson propôs a seguinte lei para o estado da Virgínia: "Quem for

166   O QUE NOS FAZ BONS OU MAUS

considerado culpado por estupro, poligamia ou sodomia com homem ou mulher deve ser punido; se for um homem, pela castração; se for uma mulher, com a perfuração da cartilagem de seu nariz, formando um buraco com um centímetro de diâmetro, pelo menos." Por mais brutal que isso nos pareça hoje, Jefferson foi piedoso segundo os critérios da época. Sua proposta foi rejeitada por não ser suficientemente severa; o parlamento preferiu e acabou aprovando a pena de morte para esses atos.

O que é particularmente notável, aqui, é a conjugação que Jefferson faz entre o estupro — sempre um crime, por razões óbvias — e os atos sexuais consensuais, como a sodomia. Do ponto de vista evolutivo, nossa reprovação a esses atos é insensata. Afinal, não há nenhuma desvantagem genética nas atividades homossexuais. Não há nenhum risco de má-formação da prole, e talvez o contato sexual promova um benefício global, no sentido de estabelecer e fortalecer os vínculos sociais.

No entanto, a homossexualidade *exclusiva* tem consequências reprodutivas negativas para o indivíduo. Mas, ainda assim, considerando a feroz natureza da disputa por parceiras, não faz sentido que os homens se sintam incomodados quando outros homens se declarem exclusivamente homossexuais. Um bom darwinista poderia imaginar o oposto. Homens que fazem sexo com outros homens (ou que se dedicam a qualquer outra atividade inofensiva não reprodutiva, em vez de tentar engravidar as mulheres) estão se retirando do mercado de acasalamento, oferecendo a todos os outros homens uma relativa vantagem. Os homossexuais do sexo masculino deveriam inspirar gratidão, e não reprovação. As mulheres deveriam ser as únicas incomodadas com os homossexuais masculinos, assim como os homens deveriam ser os únicos incomodados com as homossexuais femininas.

Tanto pior para as explicações evolutivas, então. Talvez a nossa reprovação moral tenha raízes culturais. Mas encontrar uma função cultural para essa restrição não é nada fácil. Algumas vezes, costuma-se dizer que as sociedades condenam a homossexualidade porque incentivar o sexo reprodutivo ajudaria a manter numerosa a população. Mas as mulheres, e não os homens, são o fator limitador na geração de crianças, de modo que isso só poderia explicar a reprovação da homossexualidade feminina. Na verdade, considerando-se a ênfase dada ao controle da vida sexual das mulheres ao longo da história humana, seria lícito imaginar que as lésbicas fossem o único foco de censura moral, e não os homens homossexuais.

O incesto é outro comportamento sexual condenado em praticamente todas as culturas. Frequentemente, as pessoas têm explicações muito claras para essa restrição. Quando a antropóloga Margaret Mead perguntou a um membro de uma tribo arapesh o que ele pensaria de uma pessoa que se casasse com a própria irmã, ele explicou que se casar com pessoas que não fazem parte da família era necessário para construir alianças: "O quê? Você gostaria de se casar com a sua irmã? Qual é o problema com você, afinal? Você não quer ter um cunhado? Você não percebe que se você se casar com a irmã de outro homem, e que se outro homem se casar com a sua irmã, você terá pelo menos dois cunhados, ao passo que se você se casar com sua própria irmã, você não

168 O QUE NOS FAZ BONS OU MAUS

terá nenhum? Com quem você vai caçar, com quem você vai arar, quem você vai visitar?" Em nossa sociedade, pode-se levantar objeções sobre a permissão, os danos psicológicos ou a possibilidade de má-formação congênita.

Mas embora possa haver razões perfeitamente sensatas para se opor ao incesto, nossa repugnância instintiva à ideia deste ato vem de um lugar mais profundo. Como aponta o psicólogo Steven Pinker, pais de filhos adolescentes alimentam todos os tipos de apreensões, mas, de modo geral, eles não se preocupam com o fato de que seus filhos possam se aventurar a ter relações sexuais uns com os outros. Os adolescentes não renunciam à prática do incesto entre irmãos por se inquietar com a possibilidade de não ter cunhados com quem caçar ou arar, ou por se incomodar com a má-formação congênita. O incesto entre irmãos é raro simplesmente porque a maioria dos irmãos não deseja ter relações sexuais uns com os outros; a própria ideia é aversiva.

Há uma lógica evolutiva nessa reação de aversão. É evidente que ter filhos com parentes próximos é uma péssima ideia, em função da probabilidade de a criança herdar duas cópias de um alelo que seria inofensivo isoladamente, mas prejudicial em um mesmo par. Quando as pessoas fazem sexo com parentes, geralmente é por engano, como no caso de irmãos separados na infância que vêm a se conhecer mais tarde e se casam, e só então ficam sabendo que são parentes de sangue. A coabitação durante a infância é um dos indicativos que parecem acionar o sistema mental responsável por nos afastar do incesto. As pessoas reagem a esse sinal até mesmo quando não estão efetivamente ligadas pelo sangue. Isso explica por que um padrasto que passa a fazer parte da família quando a filha já passou de determinada idade, ou seja, sem ter convivido com ela desde a sua primeira infância, tem mais chances de se sentir sexualmente atraído por ela. Ele também tem mais chances de matá-la (eu deveria acrescentar o óbvio aqui, que a maioria dos padrastos, inclusive aqueles que entram tardiamente na família, nunca agridem seus filhos, sexualmente ou de qualquer outra maneira. Quase todos nós somos seres morais, e existe um grande abismo entre o desejo e a ação).

Mas nada disso explica por que o incesto cometido por *outras pessoas* nos incomoda tanto. Consideremos uma famosa situação hipotética, cuidadosamente elaborada por Jonathan Haidt para passar ao largo das consequências usualmente associadas ao incesto, como preocupações com a coerção ou a má-formação congênita:

> *Julie e Mark são irmãos. Eles estão viajando juntos pela França, nas férias de verão da universidade. Certa noite, eles ficam sozinhos em uma cabana perto da praia. Eles decidem que seria interessante e divertido se tentassem fazer amor. No mínimo, seria uma experiência nova para cada um deles. Julie já tomava pílulas anticoncepcionais, mas Marcos também decide usar um preservativo, apenas para se proteger. A experiência foi satisfatória para ambos, mas eles decidem nunca mais fazer isso novamente. Eles guardam aquela noite como um segredo especial, o que faz com que se sintam ainda mais próximos um do outro. O que você acha disso? Há algum problema no fato de eles terem feito amor?*

170   O QUE NOS FAZ BONS OU MAUS

A maioria das pessoas responde que Julie e Mark fizeram algo errado. Curiosamente, a maioria não consegue dizer qual o fundamento dessa opinião, um fenômeno que Haidt descreve como "perplexidade moral". Simplesmente, parece errado.

Se você desconfia desses tipos de exemplos artificiais, eis aqui um exemplo real. Em 2010, um professor de ciências políticas da Universidade de Columbia (que se dedica à teoria dos jogos, em todos os campos) foi acusado de "incesto de terceiro grau" por ter feito sexo consensual com sua filha adulta de 24 anos. As acusações jurídicas receberam cobertura sensacionalista em jornais e blogs, e exigiram que ele fosse demitido de seu cargo. É evidente que muitas pessoas consideraram suas ações imorais.

As leis contra o incesto, inclusive aquelas que se aplicam a adultos que o praticam de comum acordo, certamente podem ser defendidas sob argumentos que levam em conta as consequências desse relacionamento. Saber que, no futuro, alguém poderá admitir como parceiro sexual seu jovem filho ou filha pode distorcer a relação entre o pai e o filho. Em termos mais genéricos, as relações sexuais podem ser incompatíveis com os vínculos especiais que se estabelecem entre certos parentes de sangue, até mesmo quando ambos são adultos; por isso, a sociedade poderia estar em uma situação mais favorável se tais relações não fossem permitidas. Mas, provavelmente, não foram essas as preocupações que motivaram muitas pessoas a reprovar o professor. Ao contrário, seu ato as enojou — sua prática foi vista, nas palavras do *New York Daily News*, como "um relacionamento sexual doentio". Pode haver boas razões para proibir o incesto

OS CORPOS 171

consensual, mas não nos apressaríamos a apresentar essas razões se, em primeiro lugar, já não sentíssemos aversão pela própria ideia em si.

PARA MIM, o fato de os atos sexuais que reprovamos serem os mesmos que consideramos aversivos não é uma coincidência. Ao contrário, a aversão é parte da solução para o problema da moralidade sexual.

A aversão é a nossa predefinição natural quando se trata de certos atos sexuais, e, como vimos, a aversão provoca repulsa e rejeição. A psicóloga Nilanjana Dasgupta e seu colegas descobriram que a observação de imagens aversivas despertava mais atitudes implícitas negativas em relação à homossexualidade, enquanto um estudo que conduzi com os psicólogos Yoel Inbar e David Pizarro descobriu que expor as pessoas a um cheiro ruim — um spray de pum — as fazia ser menos calorosas em relação aos homens gays.

O estudo previa que a sensibilidade à aversão de um indivíduo teria relação com as suas atitudes sobre o comportamento sexual. Para investigar essa ideia, Yoel Inbar, David Pizarro e eu medimos a sensibilidade à aversão de uma ampla amostra de norte-americanos adultos (deixando de fora quaisquer perguntas sobre aversão sexual), e constatamos que índices mais elevados de sensibilidade estavam associados a atitudes mais conservadoras em uma série de assuntos políticos — e a associação era particularmente forte em questões relacionadas ao sexo, como o aborto e o casamento gay. O efeito permanecia mesmo quando desconsiderávamos o gênero, a idade e a filiação religiosa. Em uma segunda série de estudos, acrescentamos à nossa equipe o filósofo Joshua Knobe, da Universidade de Yale, e testamos os estudantes da Universidade da Califórnia, da Universidade de Irvine e da Universidade de Cornell. Essa população é altamente liberal em termos sociais e tende a ser imparcial em relação aos homossexuais quando lhes fazem perguntas diretas sobre o assunto. Ainda assim, os índices de sensibilidade à aversão dos estudantes se correlacionava com suas atitudes implícitas em relação aos homossexuais: quanto mais elevada a sua sensibilidade à aversão, mais negativas eram as suas atitudes.

Mas, em primeiro lugar, por que a atividade sexual causa aversão? Rozin e seus colegas sugeriram que, enquanto a aversão evoluía para defender o corpo físico, ela se transformou, ao longo da história humana, em uma defesa mais abstrata da alma. Hoje em dia, sentimos aversão por qualquer coisa que ameace nossa autoimagem como seres puros e elevados, e que nos recorde de que somos animais. Assim, as pessoas que ignoram as fronteiras sexuais prescritas por nossas culturas são vistas como repugnantes e selvagens: "Na medida em que os seres humanos se comportam como animais, a distinção entre os humanos e os animais fica indefinida, e nós passamos a nos ver como inferiores, desvalorizados e (talvez, de um ponto de vista mais criterioso) mortais".

De forma análoga, a filósofa Martha Nussbaum argumenta que, enquanto a "aversão primária" (provocada pelas fezes, sangue e afins) evoluiu para nos afastar das substâncias contaminantes, a aversão pelas pessoas é motivada por um desejo de denegrir os membros de outros grupos sociais; é "um estratagema adotado para isolar o grupo dominante, com mais segurança, de sua própria e temida animalidade".

OS CORPOS 173

O raciocínio é mais ou menos assim: "Se estes seres quase humanos se colocam entre mim e o aversivo mundo da animalidade, então eu mesmo fico muito mais longe de ser mortal/decadente/malcheiroso/exsudativo."

Considero improváveis essas proposições. Elas são muito abstratas e intelectualizadas. Uma criança de 7 anos de idade que se sente enojada com a ideia de ter piolhos, ou que fica sufocada pela repulsa depois de ouvir o que seus pais estavam fazendo no quarto, não se aborrece ao ser lembrada de que é um animal, ou por se preocupar com a morte. Na verdade, em primeiro lugar, as preocupações abstratas sobre a animalidade e a mortalidade não estão vinculadas à repulsa. Se a lembrança de nossa natureza animal nos causasse aversão, então as árvores e os diagramas evolutivos da estrutura de dupla hélice do DNA deveriam nos provocar ânsia de vômito, já que eles são lembretes extremos de nossa natureza biológica. Da mesma foram que a morte pode assustar ou entristecer as pessoas, mas ela não nos enoja. Os cadáveres, certamente, são aversivos, mas ninguém se deixa sufocar à vista dos índices de mortalidade.

O sexo é aversivo por uma razão muito mais simples. Ele envolve os corpos, e os corpos podem ser aversivos. O problema com a troca de fluidos corporais não é que ela nos faça lembrar de que somos seres corpóreos; é que estes fluidos acionam a nossa reação do núcleo da aversão. Outras forças desativam ou inibem essa reação — incluindo o amor e o desejo sexual. Mas a aversão é a predefinição natural.

MESMO ASSIM, Rozin e Nussbaum detectaram algo importante ao afirmar que nossas percepções sobre a moralidade

174   O QUE NOS FAZ BONS OU MAUS

são influenciadas pelas preocupações com a pureza. A higiene física faz parte dos rituais de muitas religiões, como o batismo dos cristãos e sikhs, e o *wudu* (a lavagem de certas partes do corpo antes da adoração) do Islã. Isso aponta para uma relação entre a higiene física e a limpeza espiritual. Essa conexão também pode ser observada na linguagem. *Limpo* e *sujo*, por exemplo, podem se referir a propriedades de objetos ·físicos, mas também às reputações e às medidas adotadas. Podemos descrever a linguagem ofensiva como "suja", as intenções como "puras", e assim por diante.

E, além disso, há o efeito Macbeth. Os psicólogos Chen-Bo Zhong e Katie Liljenquist fizeram uma série de estudos nos quais pediram a alguns de seus participantes para pensar nas más ações que praticaram no passado. Esses indivíduos, ao serem lembrados de sua impureza moral, classificaram os produtos de limpeza (como sabonetes e pastas de dente) como mais desejáveis, e mostraram-se mais propensos a escolher um lenço antisséptico, e não um lápis, para oferecer como presente. Em um estudo complementar, os psicólogos Spike Lee e Norbert Schwarz pediram às pessoas que participassem de uma cena em que elas deveriam contar uma mentira mal-intencionada, por mensagem de voz ou por e-mail. Em seguida, os participantes tinham de avaliar produtos de consumo. Aqueles que praticaram o ato malicioso por mensagem de voz (usando suas bocas) preferiram enxaguantes bucais; aqueles que o fizeram por e-mail (usando suas mãos) deram preferência aos antissépticos para as mãos. E essa higiene realmente ajudava a aliviar a culpa e a vergonha. Quando Shakespeare obrigou Lady Macbeth a esfregar as mãos após esfaquear o rei Duncan, ele sabia o que estava fazendo.

OS CORPOS 175

Em outro estudo, Zhong e seus colegas descobriram que, quando os participantes são lembrados a respeito do asseio, sua reprovação a atos como o consumo de pornografia aumenta. Isso faz sentido, considerando-se a conexão com a higiene física — assim como alguém que está bastante limpo fisicamente pode se inquietar com a perspectiva de se sujar novamente, alguém que se tornou moralmente puro pode se sentir motivado a evitar a contaminação moral.

Até mesmo uma sutil recordação da pureza pode provocar algum efeito. Os psicólogos Erik Helzer e David Pizarro abordaram estudantes em um corredor de um lugar público e fizeram-lhes uma série de perguntas sobre a sua orientação política, entre outras coisas. Os estudantes que foram abordados quando estavam de pé ao lado de um dispensador de antisséptico para as mãos mostraram-se inclinados a afirmar que eram mais conservadores do que os estudantes que não estavam de pé ao lado do dispensador. Em um segundo experimento, os estudantes foram levados até o laboratório. A alguns deles, a pureza foi assinalada — havia um cartaz dizendo: "Pesquisadores: ajudem a manter o laboratório limpo usando lenços umedecidos!" —, e houve uma solicitação para que limpassem suas mãos antes de usar o teclado. Em comparação com aqueles a quem a pureza não foi assinalada, esses sujeitos se classificaram como mais politicamente conservadores e manifestaram mais desaprovação em relação a ações que poderiam ser consideradas sexualmente impuras, como "enquanto estava cuidando da casa de da avó, um homem fez sexo com a namorada na cama" e "as mulheres gostam de se masturbar quando ficam abraçadas com seu ursinho de pelúcia favorito".

176 O QUE NOS FAZ BONS OU MAUS

Assim, uma maior atenção à pureza influencia a avaliação moral das ações dos outros, particularmente no domínio do sexo. Porém, nesses experimentos, a pureza foi influenciada por discretos fatores situacionais, como ver um dispensador de álcool gel Purell ou limpar as mãos com um lenço antisséptico. No mundo real, os movimentos sociais dependem, muitas vezes, de evocações à pureza que não são nada discretas. A expressão *limpeza étnica* é recente, mas a ideia é bastante antiga — pode-se justificar a expulsão de um grupo com base no fato de que ele mancha a pureza de uma nação.

Na verdade, a maioria das pessoas está comprometida com sistemas de crenças e práticas que dão grande ênfase à manutenção da pureza do corpo e da alma. Estou me referindo, é claro, às grandes religiões, como o cristianismo, o islamismo, o hinduísmo e o judaísmo. Isso enfatiza o que o antropólogo Richard Shweder e seus colegas descrevem como uma ética da divindade, que gira em torno de conceitos como "ordem sagrada, ordem natural, tradição, santidade, pecado e contaminação". Não é de admirar que tais religiões tenham tanto interesse na moralidade do comportamento sexual.

SE EU ESTIVER correto, então, a indignação moral voltada àqueles que se envolvem em incesto, homossexualidade, sexo com animais, e assim por diante, não é uma adaptação biológica. Os indivíduos que reprovam tais atividades não se reproduzem mais do que aqueles que lhes são indiferentes, e as sociedades com maior número de reprovadores não são mais bem-sucedidas do que aquelas sem esses indivíduos. Ao contrário, esse aspecto da psicologia moral é um acidente

OS CORPOS 177

biológico. Acontece que os sistemas evoluídos que nos mantêm afastados dos parasitas e das intoxicações reagem de uma maneira um tanto negativa à atividade sexual. Ao longo da história, essa reação aversiva foi reforçada, organizada e santificada por diversas práticas culturais, incluindo a religião e o direito.

Mas nossa reação ao comportamento sexual pode mesmo ser considerada moralidade? De acordo com algumas teorias, não. O psicólogo Elliot Turiel define moralidade como "apreciações prescritivas de justiça, direitos e bem-estar, relativas ao modo como as pessoas devem se relacionar umas com as outras"; Jonathan Haidt define-a em termos de "integração de conjuntos de valores, virtudes, normas, práticas, identidades, instituições, tecnologias e mecanismos psicológicos evoluídos, que trabalham em conjunto para suprimir ou regular o egoísmo e tornar possíveis as sociedades cooperativas". Os assuntos que discuti nos capítulos anteriores — incluindo a compaixão, a equidade e a punição — são bastante condizentes com tais definições.

Mas a moralidade sexual não tem a ver com "justiça, direitos e bem-estar", e não trata, necessariamente, do "modo como as pessoas devem se relacionar umas com as outras". Afinal de contas, a moralidade sexual, muitas vezes, pode estar circunscrita a uma pessoa em relação a si mesma, ou a uma pessoa e uma coisa não humana, como um animal, um vegetal ou um mineral. Tampouco é evidente que nossa moralidade sexual sirva para "tornar possíveis as sociedades cooperativas". Ela não evoluiu com esse propósito (ou com qualquer propósito), e há poucas razões para acreditar que hoje ela se preste a qualquer função deste tipo. Imagine

178 O QUE NOS FAZ BONS OU MAUS

que algum vírus se espalhasse amanhã e que ele tivesse um efeito muito específico — destruísse parte da ínsula anterior, de modo que as pessoas não sentissem mais a emoção da aversão. Nossas outras capacidades morais permaneceriam totalmente intactas, e, portanto, ainda reconheceríamos a impropriedade de crimes sexuais tais como o estupro e a pedofilia, já que eles são condenáveis por razões mais genéricas. Mas a reação instintiva de "eca!", que gerencia as respostas de muitas pessoas às atividades sexuais consensuais dos outros desapareceria. Se isso viesse a acontecer, está tão óbvio assim que a sociedade desmoronaria? Dificilmente.

Assim, de acordo com algumas definições, o que venho chamando de moralidade sexual não se trata, absolutamente, de moralidade. Mas tudo isso mostra apenas que as definições são incompletas. Nossa reação às transgressões sexuais pode ser um acidente biológico, mas não parece diferente de outras reações morais que evoluíram como adaptações. A moralidade sexual está ligada à culpa, à vergonha e à raiva. Ela abastece um desejo de punição. E está codificada nas leis e nos costumes, assim como outros tipos de restrições morais. Na Bíblia hebraica, o livro de Levítico, por exemplo, afirma que o sexo entre homens é punível com a morte; esta regra aparece bem próxima da punição por amaldiçoar o pai ou a mãe (morte), da punição por blasfêmia (morte por apedrejamento) e da punição para a filha de um sacerdote que venha a se tornar prostituta (morte por fogo). Tudo isso é precedido por um apelo poético à gentileza para com os fisicamente incapacitados ("Não amaldiçoem um surdo, nem ponham obstáculos no caminho dos cegos"). É verdade que alguns sistemas jurídicos contemporâneos alocam os

OS CORPOS   179

atos sexuais proibidos, como a homossexualidade, em uma categoria específica, mas, ainda assim, eles são vistos como crimes precisamente da mesma maneira que o homicídio e a agressão física.

E muitas pessoas acreditam que eles devam continuar sendo crimes, e que a aversão é um guia moral digno de confiança. Em um artigo famoso, o médico e bioético Leon Kass defendeu o que ele chama de "a sabedoria da repugnância":

> A repulsa não é um argumento; e algumas das repugnâncias de ontem são hoje admitidas com serenidade — embora, é preciso acrescentar, nem sempre com os melhores resultados. Em casos cruciais, no entanto, a repugnância é a expressão emocional de uma profunda sabedoria, que vai além do poder da razão para articulá-la plenamente. Pode alguém, realmente, oferecer um argumento totalmente adequado para o horror do incesto entre pai e filha (mesmo com consentimento), ou para o sexo com animais, ou para a mutilação de um cadáver, ou para o canibalismo, ou para apenas (apenas!) o estupro ou o assassinato de outro ser humano? Será que o fato de alguém não ser capaz de apresentar uma justificativa totalmente racional para sua repulsa a estas práticas torna tal repulsa eticamente suspeita? De modo algum.

Meu ponto de vista é diferente. Acredito que as percepções associadas à aversão são, na melhor das hipóteses, desnecessárias (afinal, há outras razões para se opor ao estupro ou ao homicídio), e, na pior das hipóteses, prejudiciais, na medida em que incentivam políticas irracionais e autorizam o comportamento selvagem.

180 O QUE NOS FAZ BONS OU MAUS

Por um lado, mesmo que não soubéssemos nada sobre psicologia ou evolução, uma breve análise da história da aversão ilustraria a sua falta de confiabilidade como um indicativo moral. A repulsa que os nazistas sentiam pelos judeus, ou que a maioria dos norte-americanos sentia em relação ao casamento interracial, é precisamente o mesmo tipo de repulsa que muitos de nós atualmente sentimos em relação a certos grupos e atividades. Considerando-se que ficou evidente que a aversão estava errada no passado, por que deveríamos confiar nela agora?

Mas o verdadeiro argumento contra a aversão não é que, algumas vezes, ela simplesmente nos induza ao erro. Nada é perfeito. É fácil apontar casos em que a deliberação racional levou as pessoas a conclusões que hoje reconhecemos como moralmente repugnantes, ou uma reação empática acabou por se revelar imoral. Porém, quando a razão falha, é porque as premissas estavam equivocadas, ou porque houve um erro de lógica. Quando a empatia falha, é porque ela foi injusta ou arbitrariamente aplicada, ou porque levou à infração de outras considerações, como a equidade. Com a aversão é diferente. Basear-se na aversão é como confiar em um "cara ou coroa" ao lançar uma moeda. Quando um "cara ou coroa" nos fornece a resposta errada, isso não acontece porque não jogamos a moeda do jeito certo. Ele dá a resposta errada pela mesma razão que, às vezes, dá a resposta certa — por acidente.

Nesse sentido, a repugnância é diferente das outras capacidades morais que viemos discutindo até agora. O restante da moralidade surgiu por meio de processos, tais como a evolução biológica e as inovações culturais, que são sensíveis aos problemas enfrentados por indivíduos egoístas

OS CORPOS

que têm que conviver com outros indivíduos egoístas. A evolução conduziu nossa espécie a uma solução parcial, dando origem a sentimentos como a compaixão por aqueles que sofrem, a raiva contra desonestos e oportunistas e a gratidão por aqueles que são gentis. São respostas inspiradoras, que evoluíram ao longo de milênios, para problemas que nos foram apresentados quando seres humanos viviam em pequenos grupos. Como indivíduos que vivem, agora, em um mundo muito diferente, podemos evoluir a partir daí, afastando-nos de nossas circunstâncias específicas, e desenvolvendo e endossando princípios morais de ampla aplicabilidade. Tais princípios refletem valores que, como seres racionais e dotados de reflexão, estamos dispostos a referendar. *Isso* merece ser chamado de sabedoria.

6

A IMPORTÂNCIA DA FAMÍLIA

Uma mulher jovem conhece um homem muito mais novo e o leva para a sua casa. Ele padece de graves limitações. Ele não consegue andar, falar e nem mesmo se sentar; ele não pode ser deixado sozinho, e precisa que alguém o alimente e o limpe. Ele costuma gritar e chorar durante a noite, e ela passa os primeiros anos a seu lado em estado de privação de sono. Ainda assim, este é o relacionamento mais importante da vida dela. Ela seria capaz de morrer por ele. Ela dedica muitos anos aos cuidados dele, até que, gradualmente, ele se torne capaz de andar, usar o toalete sozinho e falar. Depois de ficar juntos por pouco mais de uma década, ele começa a se interessar por outras mulheres e a namorar e, por fim, ele abandona a casa dela para se casar com outra pessoa. A mulher continua a amá-lo e a apoiá-lo, ajudando a criar os filhos que ele tem com a sua nova esposa.

Se esse homem mais novo fosse um adulto desconhecido, as ações da mulher seriam consideradas sagradas ou insanas. Mas essa descrição resume uma relação típica entre

184 O QUE NOS FAZ BONS OU MAUS

mãe e filho. Em certo sentido, saber que a mulher é a mãe desse homem faz com que seus sacrifícios pareçam ainda mais impressionantes, porque, agora, podemos acrescentar algumas considerações — se ele não tiver sido adotado, ela o carregou dentro de seu corpo durante nove meses, sofrendo dores, náuseas e exaustão. Em seguida, ela deu à luz, um ato que põe a vida dela em risco, além de ser terrivelmente doloroso. Mais tarde, ela pode tê-lo alimentado com o seu próprio corpo por meses ou anos a fio.

O importante dessa história, contada por Alison Gopnik em *The Philosophical Baby* [O bebê filosófico], é que a família é especial. Saber que eles são mãe e filho muda a forma como avaliamos as ações da mulher. Se ela fosse indiferente ao seu filho, se negando a fazer tais sacrifícios, tratando-o apenas como faria com um desconhecido, muitas pessoas a julgariam imoral, e, portanto, repulsiva. Sentiríamos o mesmo, embora talvez em menor grau, caso se tratasse de um pai em vez de uma mãe.

Nossas melhores teorias da psicologia moral dos adultos têm pouco a dizer sobre esses tipos de julgamentos. A maioria das pesquisas neste campo, incluindo a minha, está voltada para como as pessoas compreendem, julgam e respondem às ações de desconhecidos sem quaisquer laços familiares. Temos pouco a dizer sobre o que as pessoas pensam acerca das interações entre pai e filho, irmão e irmã e outros indivíduos que sejam parentes próximos. É comum que, no índice do *Moral Psychology Handbook* [Manual de psicologia moral], uma coleção de ensaios assinados pelos principais estudiosos da área, não haja nenhuma entrada para "mãe", "filho" ou "família".

A IMPORTÂNCIA DA FAMÍLIA 185

Considero isso um erro. Para entender nossas naturezas morais, precisamos apreciar o status especial de certos relacionamentos íntimos. Isso exige que nos libertemos de determinados pressupostos filosóficos e que encaremos seriamente aquilo que podemos depreender ao estudar a evolução e os bebês.

EXISTE UMA íntima relação entre a psicologia moral e a filosofia moral. Filósofos morais como Immanuel Kant, David Hume, e, claro, Adam Smith poderiam ser considerados os fundadores da psicologia moral contemporânea. Muitas das principais figuras contemporâneas neste campo — pesquisadores cujos trabalhos venho discutindo neste livro — tiveram alguma formação filosófica. E, como veremos, as teorias, os métodos e, inclusive, os estímulos experimentais da psicologia moral, muitas vezes, provêm diretamente da filosofia moral.

Entretanto, não é a filosofia moral, de forma geral, que influencia o modo como realizamos o nosso trabalho, mas, sim, uma vertente particular da filosofia moral — a que se concentra, principalmente, na questão de quais ações são moralmente obrigatórias, quais são opcionais, e quais são proibidas. Nesta área, os filósofos estão divididos em dois campos principais: os *consequencialistas* (que julgam as ações com base em seus resultados, como, por exemplo, o possível aumento do grau de felicidade humana) e os *deontologistas* (que propõem que alguns princípios mais amplos deveriam ser respeitados, mesmo que impliquem consequências piores).

Os consequencialistas poderiam argumentar que torturar uma pessoa, até mesmo uma pessoa inocente, seria a coisa certa a se fazer, caso isso conduzisse a melhores consequências para todos — se causasse mais satisfação do que sofrimento, de uma maneira geral, ou se salvasse mais vidas do que exterminasse, ou se mais indivíduos pudessem atingir seus objetivos do que ao contrário (estou sendo vago aqui, pois os consequencialistas nem sempre estão de acordo quanto aos tipos de consequências importantes). Em contrapartida, alguns deontologistas insistirão que a tortura é sempre errada, porque ela infringe certos princípios absolutos, como a restrição a violar a dignidade intrínseca da pessoa humana. Para o deontologista, torturar alguém estaria incorreto, mesmo que isso salvasse um milhão de pessoas inocentes.

Muitas vezes, os filósofos morais procedem imaginando dilemas morais complexos e artificiais, e usando suas percepções a respeito destes problemas para refinar suas teorias. Isso é semelhante ao que alguns psicólogos fazem, mas a diferença é que os psicólogos estão interessados no que as pessoas acreditam ser certo e errado, enquanto os filósofos estão interessados naquilo que, *verdadeiramente*, é certo e errado. As percepções morais são, por vezes, contraditórias: podemos pensar que X é moralmente bom e que Y é moralmente ruim, mesmo que X e Y sejam situações idênticas, descritas de maneiras diferentes. Um psicólogo pode parar por aí, aceitando essa inconsistência como um fato interessante a respeito da mente humana. Um filósofo, não.

Ao mesmo tempo, porém, não é possível que uma filosofia moral consiga ir muito além de nossas percepções práticas. Ninguém levaria a sério uma teoria moral que afirmasse que torturar bebês por diversão é uma boa coisa a fazer. Uma

A IMPORTÂNCIA DA FAMÍLIA 187

conclusão como essa estaria tão distante do que naturalmente consideramos certo e errado que não seria nem sequer uma teoria moral. Um filósofo moral experiente resolve esta tensão comprometendo-se com o que John Rawls descreveu como "equilíbrio reflexivo" — percorrer um caminho de ida e volta entre princípios gerais e casos específicos, chegando, por fim, a um estágio em que uma teoria incorpore certas percepções, mas rejeite outras. Como resultado, as teorias morais acabam fazendo afirmações que parecem um contrassenso. Há deontologistas, como Kant, que nos dizem que mentir é sempre errado (sempre errado? Mesmo que os nazistas estejam batendo à porta, perguntando se há judeus no sótão? Sim!), e utilitaristas, como Bentham, que dizem que é perfeitamente admissível torturar e matar um bebê, se esta ação aumentar o montante total de felicidade mundial, mesmo que seja apenas um pouquinho (um bebê? Um bebezinho inocente? Sim!).

Alguns dos exemplos mais influentes da filosofia moderna estão relacionados a trens desgovernados. O filósofo Peter Unger sugere uma situação em que Bob é o orgulhoso proprietário de um raro, bonito e valioso automóvel, um Bugatti. E, então, algo terrível acontece.

Certo dia, Bob vai dar uma voltinha e estaciona seu Bugatti perto do fim de um desvio de uma linha férrea. Ato contínuo, começa a passear, caminhando ao longo dos trilhos. Lá pelas tantas, ele percebe que um trem desgovernado, sem ninguém a bordo, se aproxima. Ao longe, na mesma linha férrea, ele avista, também, a pequena figura de uma criança, que, muito provavelmente, será atropelada pelo trem desgovernado. Ele não tem como deter o trem, e a criança está longe demais para ser alertada do perigo, mas ele está quase ao lado de uma chave que, uma vez acionada, conduzirá o trem para o desvio lateral, onde seu Bugatti está estacionado. Nesta hipótese, ninguém sairá morto — mas o trem destruirá seu Bugatti. Ao pensar em seu prazer de possuir o carro e na segurança financeira que isso representa, Bob decide não acionar a chave. A criança morre. Por muitos anos, Bob continuará desfrutando da posse do seu Bugatti e da segurança financeira que isso representa

Como já discutimos anteriormente, Peter Singer oferece uma variante deste exemplo: Bob está andando perto de um lago e vê uma criança se afogando em águas rasas. Bob poderia facilmente entrar na água e resgatar a criança, mas isso estragará seus sapatos, que são bastante caros. Bob, então, continua andando, deixando a criança se afogar.

Essas situações são construídas de modo que fique evidente que Bob fez algo errado ao se omitir. Mas considere, agora, outros atos de omissão. O mundo está cheio de crianças que estão à beira da morte, e Bob pode salvar algumas delas, fazendo doações beneficentes. Ele pode salvar uma vida por um valor muito inferior ao preço de um Bugatti ou, até mesmo, um par de sapatos italianos. Unger e Singer argumentam que a escolha de Bob ao não salvar a criança, a fim de não sacrificar o seu carro ou os seus sapatos luxuosos, não é muito diferente de Bob optar, primeiramente, pela compra do carro e dos sapatos luxuosos, em vez de acessar www.oxfam.org e usar o dinheiro para salvar as vidas de

A IMPORTÂNCIA DA FAMÍLIA 189

algumas crianças. Assim, embora seja tentador pensar que Bob é um homem desprovido de sorte quando se encontra em tais situações, estando forçado a escolher entre sacrificar algo de grande valor ou deixar que outra pessoa morra, chega-se à conclusão de que qualquer pessoa que possua um nível de vida confortável é continuamente confrontada com este mesmo dilema.

No entanto, poderíamos apontar uma série de diferenças aqui. Uma delas é que, quando Bob não aciona a chave ou não entra na água, ele está condenando uma criança específica à morte; quando Bob não envia o dinheiro para a caridade, os efeitos são menos circunscritos. Outra é que, nestes exemplos, Bob é o único que pode ajudar; quando se trata de doações beneficentes, Bob é um dentre muitos. Mas Singer e Unger argumentam que essas diferenças são moralmente irrelevantes. Temos diferentes percepções acerca de X e de Y, mas X e Y são, substancialmente, idênticos. Se eles estiverem certos, isso deveria nos causar preocupação como seres morais. Se deixar de fazer doações beneficentes for equivalente a assistir a uma criança se afogar, precisamos repensar seriamente o modo como estamos conduzindo nossas vidas.

HÁ UM outro caso de trem desgovernado — mais precisamente, um caso de um bondinho desgovernado — que vem cumprindo um papel bastante importante na psicologia moral. Em uma situação (a situação da "chave"), um bondinho está perdendo o controle sobre os trilhos. Em seu caminho, estão cinco pessoas que foram presas aos trilhos. Você poderia acionar uma chave, o que faria com que o bondinho fosse

190 O QUE NOS FAZ BONS OU MAUS

desviado para um trilho diferente. Infelizmente, há uma única pessoa presa a este segundo trilho, e isso a mataria. Você acionaria a chave ou se omitiria?

Na segunda situação (a situação da "ponte"), um bondinho está perdendo o controle sobre os trilhos. Em seu caminho, estão cinco pessoas que foram presas aos trilhos. Você está parado em uma ponte sobre os trilhos, próximo a um homem gordo desconhecido. A única maneira de deter o bondinho é empurrar o homem da ponte e fazê-lo interceptar a trajetória do bonde, matando-o, mas salvando as cinco pessoas (não adiantaria que você mesmo saltasse; você é pequeno demais para fazer o bondinho parar). Você empurraria o homem ou se omitiria?

O resultado é idêntico em ambas as situações — acionar a chave ou empurrar o homem salvaria cinco pessoas e mataria uma. Mas a maioria das pessoas sente, intuitivamente, que estes casos são diferentes: está certo acionar a chave, mas está errado empurrar o homem. Então, ao que parece, não somos consequencialistas inatos; a moralidade de um ato é mais importante do que o seu resultado.

Alguns filósofos acreditam que a diferença entre empurrar o homem e acionar a chave está compreendida em um princípio conhecido como a Doutrina do Duplo Efeito, ou DDE. A DDE, que, muitas vezes, é atribuída ao filósofo e teólogo católico Tomás de Aquino, postula uma diferença moral entre matar ou prejudicar alguém, como consequência involuntária ao pretender provocar um bem maior (o que pode ser moralmente admissível), e matar ou prejudicar intencionalmente alguém, com a finalidade de produzir um bem maior (o que não é admissível).

A IMPORTÂNCIA DA FAMÍLIA 191

Por exemplo, de acordo com a DDE, pode ser aceitável bombardear uma base militar inimiga, mesmo sabendo que as bombas causarão a morte de alguns inocentes que trabalham na base. Isso poderia ser feito com o objetivo de destruir a base, dar um fim rápido à guerra e salvar milhões de vidas. Os inocentes são "danos colaterais", assim como o homem no caso da chave. Mas se os bombardeios fossem realizados com o objetivo de matar as pessoas inocentes e, assim, intimidar a população para que ela se rendesse (mais uma vez, dando um fim rápido à guerra, salvando milhões de vidas), isso não seria moralmente aceitável do ponto de vista da DDE, porque inocentes seriam mortos para produzir um bem maior, assim como o homem no caso da ponte. Mesmo que o objetivo final nos dois casos seja o mesmo (ganhar a guerra), e mesmo que um número idêntico de pessoas morra, ainda assim, de acordo com a DDE, o segundo ato é pior do que o primeiro. No segundo caso, as mortes dos inocentes são um meio para um fim, ao passo que, no primeiro caso, são um lastimável subproduto.

Os psicólogos adentraram pela primeira vez o domínio dos dilemas de bondinhos com o trabalho do psicólogo Lewis Petrinovich e seus colegas, nos anos 1990. Eles apresentaram diferentes situações a estudantes universitários, incluindo os "dilemas do bote salva-vidas" — há seis pessoas em um bote salva-vidas, mas ele só comporta cinco: você jogaria uma delas na água e a deixaria morrer afogada; em caso afirmativo, como você decidiria quem jogar? — e os dilemas de bondinhos, usando a versão "chave". Os participantes foram questionados se acionariam a chave caso o indivíduo no desvio da linha férrea fosse um membro do Partido Nazista

192 O QUE NOS FAZ BONS OU MAUS

Norte-Americano. E se ele fosse o melhor violista do mundo? E se fosse um troglodita?

Na sequência, em sua pesquisa de doutorado, o filósofo e jurista John Mikhail fez uma série de estudos comparando percepções acerca de diferentes situações de "chave" e "ponte". Logo depois, em 2001, o neurocientista Joshua Greene e seus colegas publicaram um artigo na revista *Science* que usava técnicas de imagem cerebral para investigar como as pessoas raciocinam em situações envolvendo bondinhos ou algo semelhante. O artigo de Greene foi o ponto culminante, inspirando uma grande quantidade de pesquisas em torno de dilemas de bondinhos, desenvolvidas por psicólogos, neurocientistas e antropólogos. Até agora, pesquisas realizadas pela Internet já avaliaram as percepções de centenas de milhares de pessoas, de diferentes países e culturas, e variações dos dilemas de bondinhos foram apresentadas a pessoas que vivem em sociedades de caçadores-coletores, a psicopatas e a pacientes que sofrem de vários tipos de danos cerebrais. Descobriu-se que todas as pessoas neurologicamente normais, e não apenas os filósofos treinados, fazem uma distinção moral entre o caso da chave e o caso da ponte. Até mesmo as crianças de 3 anos de idade, que tiveram acesso a uma versão modificada das situações de bondinhos (usando bonequinhos de Lego), se mostraram inclinadas a afirmar que acionar a chave é a coisa certa a fazer, enquanto empurrar o homem é errado.

Alguns estudiosos interpretam esses resultados como uma indicação de que os seres humanos possuem uma faculdade moral universal, análoga à gramática universal descrita pelo linguista Noam Chomsky — uma faculdade

A IMPORTÂNCIA DA FAMÍLIA 193

parcialmente inata e universal, que inclui princípios sutis e abstratos. Realmente, parece haver alguns paralelos interessantes aqui. Assim como grande parte de nosso conhecimento linguístico é inconsciente (todos nós sabemos que há algo de errado com a frase "John parece adormecendo", mas apenas os especialistas podem expressar o princípio subjacente a esta percepção), muitas de nossas percepções morais se devem a fatores que escapam à nossa consciência.

Mas, como Izzat Jarudi e eu argumentamos, a linguagem e a moralidade diferem de forma bastante acentuada em alguns aspectos. Acima de tudo, o conhecimento linguístico se distingue da emoção. Podemos nos sentir enojados ou indignados com o que alguém diz, mas os princípios que regem as frases são totalmente insensíveis. Nossos olhos não ficam cheios de lágrimas quando determinamos conscientemente a geometria estrutural de uma oração. Por outro lado, os juízos morais estão ligados a emoções, como a compaixão, a vergonha e a indignação.

A importância da emoção fica evidente na versão da ponte da situação do bondinho. Greene e seus colegas descobriram que as pessoas se mostram mais predispostas a usar o homem como instrumento para deter o bonde desgovernado se, em vez de empurrá-lo, elas puderem acionar uma chave que abra um alçapão e o faça cair sobre os trilhos. Isso não deveria fazer diferença do ponto de vista da DDE — em ambos os casos, matar o homem é um meio para um fim —, mas faz uma diferença psicológica. Greene afirma que isso acontece porque a ideia de tocar no homem, de colocar suas mãos sobre ele e *empurrá-lo*, dá vazão a uma poderosa reação emocional, muito mais potente do que o mero pensamento de acionar uma chave, e é por isso que a maioria das pessoas considera este ato moralmente errado.

As percepções a respeito do bondinho podem ser influenciadas por outros fatores, sem encontrar ressonância em nenhuma teoria filosófica. Um engenhoso estudo observou os efeitos das sugestões da raça das personagens envolvidas. É certo escolher sacrificar um indivíduo chamado Tyrone Payton para salvar uma centena de membros da Filarmônica de Nova York? É certo escolher sacrificar Chip Ellsworth III para salvar uma centena de membros da Harlem Jazz Orchestra? Os conservadores foram imparciais, mas os liberais não; eles se mostraram mais propensos a matar uma pessoa branca para salvar uma centena de pessoas negras do que a concordar com a situação inversa — embora, quando questionados, eles tenham alegado, explicitamente, que a raça não deveria ser um fator a ser levado em consideração. Em outro estudo, as pessoas foram apresentadas a dilemas de bondinhos depois de assistir a um quadro humorístico do programa *Saturday Night Live*. Isso fez com que elas ficassem mais propensas a concordar em empurrar o homem gordo sobre os trilhos do trem.

Há muitos estudiosos que se sentem pouco à vontade com a forma bizarra e artificial que pode ser assumida pelos dilemas de bondinhos. O filósofo Kwame Anthony Appiah observa que a vasta literatura sobre os dilemas de bondinhos "faz com que o Talmude se assemelhe a um resumo". Mas não há dúvida de que eles provaram ser ferramentas poderosas para investigar a estrutura de nossas percepções. Como afirma Greene, os dilemas de bondinhos podem ser as mosquinhas-de-fruta da mente moral.

A IMPORTÂNCIA DA FAMÍLIA 195

OS EXEMPLOS FILOSÓFICOS e os experimentos psicológicos raramente envolvem percepções sobre os membros da família. Mas os filósofos morais acabam utilizando os dilemas de bondinhos e dilemas semelhantes para abordar os problemas morais que dizem respeito às relações íntimas. Na verdade, quando a filósofa Philippa Foot apresentou o dilema do bondinho em 1967, sua intenção era investigar a moralidade do *aborto*, examinando os casos em que a morte do feto resultava de ações tomadas para salvar a vida da mãe. A ideia geral, aqui, é que podemos pensar mais com mais clareza nestes casos controversos e permeados pela emoção se conseguirmos traduzi-los em dilemas simplificados, envolvendo desconhecidos.

A situação com o Bugatti de Bob também pode nos dizer algo sobre a família. Ela é utilizada para defender o argumento de que deveríamos nos preocupar mais com os destinos de desconhecidos distantes de nós. Porém, mesmo para um consequencialista como Peter Singer, alguma preferência de fundo egoísta faz sentido, já que, muitas vezes, o sistema mais eficiente é aquele em que todos cuidam primeiro de si mesmos e daqueles que lhes são próximos. Adam Smith salienta bem esse aspecto: "Sem dúvida, todo homem é, por natureza, recomendado, primeira e principalmente, ao cuidado de si mesmo; e como ele é mais apto ao cuidado de si mesmo do que ao de alguma outra pessoa, é apropriado e correto que seja assim." Da mesma forma que as instruções para o uso de máscaras de oxigênio em caso de emergência na aeronave (primeiro você, depois os seus filhos) é o melhor sistema para garantir que todos sobrevivam, um sistema em que damos prioridade a nós mesmos e às nossas famílias pode ser a melhor maneira de maximizar a felicidade de todos.

Mas a posição de Singer é que há limites — os recursos que destinamos a nós mesmos e àqueles que amamos são muito elevados. É um erro moral, argumenta ele, cobrir nossos filhos de luxos, a fim de torná-los um pouco mais felizes, quando os mesmos recursos poderiam ser usados para salvar as vidas de desconhecidos. O exemplo do trem do Bugatti foi concebido como uma ilustração cabal desse argumento.

Esta é uma das maneiras de fazer filosofia moral. Desenvolvem-se princípios gerais e abstratos — talvez, princípios bastante simples, como no consequencialismo — elaborando exemplos com desconhecidos, e, em seguida, ampliam-se estes princípios para a família e os amigos. Um filósofo também pode argumentar que as interações entre os desconhecidos são as únicas interessantes. Afinal de contas, precisamos saber lidar com os bilhões de indivíduos que compartilham o mundo conosco. Se for verdade, aliás, que nossas sensibilidades morais naturais são inexistentes ou escassas quando se trata de pessoas distantes, este é, exatamente, o lugar onde a filosofia precisa se fazer presente. As relações íntimas podem cuidar de si mesmas.

Mas essa é a maneira errada de fazer psicologia moral. Do ponto de vista da observação da natureza humana e das interações entre os seres humanos, não faz sentido privilegiar os desconhecidos e compreender a família e os amigos como um caso especial. Isso vai contra tudo aquilo que sabemos sobre a evolução da moralidade em nossa espécie e sobre como ela se desenvolve em cada indivíduo.

A IMPORTÂNCIA DA FAMÍLIA

Imagine que pudéssemos começar tudo de novo, sem tomar como base a filosofia moral. Se constituíssemos nossa psicologia moral tomando como base a biologia evolutiva e a psicologia do desenvolvimento em vez de a filosofia, as coisas começariam a parecer muito diferentes.

Consideremos, primeiro, a evolução. A história natural da moralidade começou com pequenos grupos de pessoas reunidas em famílias e tribos, e não com um mundo no qual interagíamos regularmente com milhares de desconhecidos. Pense em um acampamento de verão no meio do nada, e não no centro de Manhattan. Nossos instintos sociais, portanto, evoluíram para nos ajudar a lidar com pessoas que víamos com frequência, e não para balizar nossas interações com estranhos. Pelo fato de termos nos envolvido em interações contínuas e repetidas com outros membros de nosso grupo, os indivíduos que ajudaram os outros, que ficaram satisfeitos com a ajuda dos outros e que se sentiram motivados a punir ou a evitar os que se comportaram mal teriam se reproduzido mais do que aqueles desprovidos desses sentimentos, e isso explica por que nossas mentes funcionam como funcionam agora. A lógica da seleção natural determina, ainda, que nossos impulsos altruístas e moralizadores deveriam ser discriminativos — existe um forte benefício reprodutivo na predisposição a favorecer amigos e familiares em detrimento de desconhecidos, e seria razoável que isso fosse incorporado como parte de um senso moral inato.

Porém, não há consenso quanto às origens evolutivas precisas de nossos instintos morais e de nossa compreensão moral. Alguns afirmam que nosso senso moral decorre diretamente dos benefícios do comportamento cooperativo,

198   O QUE NOS FAZ BONS OU MAUS

especialmente entre indivíduos com relação de parentesco. Outros argumentam em favor de uma explicação em dois estágios, em que se estabelecem os instintos morais iniciais, e, em seguida, à medida que a sociedade se amplia, surge um sistema dedicado à aquisição de regras morais. Também há discussões sobre se a seleção de grupo — a seleção natural no nível das comunidades — desempenharia algum papel na origem da moralidade. Há uma particular controvérsia, como vimos, sobre as origens evolutivas de nosso impulso para punir os desonestos, os oportunistas e outras maçãs podres. Será que nossa natureza punitiva evoluiu porque os grupos que continham membros que puniam se saíram melhor do que aqueles que não o fizeram (uma explicação pela seleção de grupo), ou ela evoluiu porque aqueles que aplicavam punições atraíam a atenção dos outros e, portanto, tiveram mais probabilidades de sobreviver e de se reproduzir (uma explicação pela seleção individual)? Ou seria a punição de terceiros um reflexo acidental de uma tendência mais estrita à vingança (uma visão que propus no capítulo 3)? Todas estas são questões em aberto, para serem respondidas, presumivelmente, por meio das ferramentas da modelagem evolucionista, da antropologia cultural e física e da pesquisa experimental com seres humanos e outros animais.

Mas nem tudo está em discussão. Todas as explicações evolucionistas das origens da moralidade enfatizam a importância da comunidade, da amizade e, sobretudo, do parentesco. Isso foi reconhecido pelo próprio Darwin em suas especulações sobre a origem de nossas capacidades morais: "Qualquer animal dotado de instintos sociais bem marcados, *incluindo aqui os instintos paternais e filiais*, inevitavelmente

A IMPORTÂNCIA DA FAMÍLIA

adquiriria um senso ou consciência moral, logo que suas capacidades intelectuais se desenvolvessem tanto ou quase tanto quanto no homem."

Consideremos, agora, o desenvolvimento. Os seres humanos são os seres mais dependentes da biosfera. Temos as infâncias mais longas de todas as criaturas — um extenso período de extrema vulnerabilidade —, o que possibilita vínculos especiais entre pais e filhos. Isso pode nos ajudar a entender por que nossas vidas sociais e morais são tão intrincadas quando comparadas àquelas de outras criaturas.

Alguns estudiosos, particularmente, consideram decisivo esse período inicial; para eles, o altruísmo é fruto do cuidado que oferecemos à nossa prole indefesa. Esta teoria se apoia em uma prova pouco usual: as múltiplas funções do hormônio *oxitocina*, liberado durante o parto para facilitar as contrações e durante a estimulação dos mamilos para facilitar o afluxo de leite. Porém, ao mesmo tempo que a oxitocina evoluiu por seu papel no cuidado maternal, ela possui efeitos mais abrangentes. Quando a oxitocina está em nosso sistema, nos sentimos calmos, doces e amigáveis; em jogos econômicos, pessoas que recebem uma dose do hormônio tornam-se mais confiantes e mais generosas. E aqueles indivíduos que têm alelos mais receptivos à oxitocina tendem a ser mais empáticos e menos suscetíveis ao estresse. Assim, a oxitocina já foi chamada de "hormônio do amor", "a droga do carinho", "o leite da bondade humana" e a "molécula moral".

Evidentemente, a moralidade é muito mais ampla do que os sentimentos de afetividade. A oxitocina não pode explicar por que enviamos dinheiro a desconhecidos distantes ou ficamos indignados com os que prejudicam os outros. Na verdade, a reação provocada pela oxitocina é, por si só, moralmente complexa: ela nos deixa mais simpáticos com aqueles que nos são próximos, mas pode aumentar nossos preconceitos bairristas; um estudo descobriu que inalar a oxitocina nos torna mais positivos em relação ao nosso próprio grupo, mas também mais dispostos a depreciar os membros de outros grupos.

Ainda assim, o fato de que a mesma molécula envolvida no parto e na amamentação esteja implicada no sexo e na gentileza é uma descoberta interessante. Isso serve como respaldo à ideia de que alguns dos nossos sentimentos morais têm sua origem na relação entre mãe e filho.

NEM TODOS os que estudam a psicologia moral se concentram em casos filosóficos abstratos. O antropólogo Richard Shweder desenvolveu uma das mais influentes alternativas à visão convencional, propondo uma tríade de fundamentos morais. Existiria uma ética da *autonomia*, que incide sobre os direitos e liberdades individuais. Esta seria a base moral dominante para a maioria dos ocidentais, e, certamente, para a maioria dos filósofos ocidentais; é o tipo de moralidade que nos faz pensar nos dilemas de bondinhos. Mas haveria, também, uma ética da *comunidade*, que incide sobre noções que incluem respeito, dever, hierarquia e patriotismo, e uma ética da *divindade*, que incide sobre a corrupção e a pureza, a santidade e a ordem do sagrado.

Essa teoria foi ampliada e desenvolvida pelo psicólogo Jonathan Haidt, que argumenta que possuímos um conjunto de seis diferentes fundamentos morais — cuidado/

A IMPORTÂNCIA DA FAMÍLIA

dano, justiça/desonestidade, lealdade/traição, autoridade/ subversão, santidade/degradação e liberdade/opressão. São universais evoluídos, mas que admitem variações, como se fossem indicadores em um equalizador, podendo ser ajustados de maneiras únicas. Haidt argumenta que os políticos liberais, por exemplo, enfatizam o cuidado/dano e a justiça/ desonestidade, sem levar em consideração os outros fundamentos, enquanto os políticos conservadores se preocupam igualmente com todos eles. É por isso que os conservadores, por exemplo, se preocupam mais do que os liberais com o respeito à bandeira nacional (já que isso está associado à lealdade), a obediência das crianças aos pais (autoridade) e a castidade (santidade).

Simpatizo com essas abordagens, mas, em minha opinião, elas não se aprofundam o suficiente no reconhecimento do status especial da família e dos amigos. Minha própria cartografia a respeito de nossas vidas morais é diferente. Ela considera, como ponto de partida, os vários indivíduos aos quais nossos juízos e sentimentos morais se aplicam.

Primeiro, existem os *parentes*. Cuidamos dos parentes consanguíneos e ficamos indignados com aqueles que tentam prejudicá-los. A amabilidade para com os parentes é a forma original da moralidade, surgindo, diretamente, através da seleção natural; uma vez que os parentes compartilham genes, isso significa que ser gentil com eles, na verdade, é ser gentil consigo mesmo. Apesar de outras espécies possuírem vínculos de parentesco, os seres humanos levam isso mais longe — nós moralizamos estes vínculos. Valorizamos, por exemplo, os fortes laços entre pais e filhos, mas não só isso: também sentimos que os outros *deveriam* valorizar esses

202 O QUE NOS FAZ BONS OU MAUS

laços; desaprovamos os pais que são indiferentes ao futuro de seus filhos. Alguns princípios morais também são especialmente aplicáveis aos parentes, como certas proibições acerca de relações sexuais, discutidas no capítulo anterior.

Uma segunda categoria inclui aqueles indivíduos que fazem parte de nossa comunidade ou tribo. Vamos chamá-los de *integrantes do grupo*. Tal como acontece com os parentes, as noções morais, aqui, referem-se a prejudicar e ajudar, a cuidados e obrigações. Nossos sentimentos para com os integrantes de nosso grupo evoluíram como formas de adaptação à vida comunitária, existindo pelo benefício mútuo originado quando os indivíduos de um mesmo grupo cooperam uns com os outros.

Alguns desses sentimentos se prolongam para a proteção do grupo como um todo, como o respeito por aqueles que defendem os valores da comunidade e o ódio aos heréticos e aos que renegam tais valores. A lealdade é uma virtude; a traição é um pecado — e um pecado muito grave. Foi a traição, e não o desejo ou a raiva, que fez os pecadores ocuparem um lugar no nono e mais profundo círculo do inferno de Dante.

A lealdade para com os integrantes do grupo pode entrar em conflito com a lealdade para com os parentes. O próprio Dante considerava menos grave trair um parente do que trair os amigos ou um partido político. Caim, que matou seu irmão Abel, recebeu uma punição inferior à de Antenor, que abriu os portões de Troia para os invasores gregos. Para Dante, o pior pecador de todos foi o traidor de Cristo, Judas Iscariotes.

Aqui, Dante estava seguindo as escrituras. Os textos religiosos, não surpreendentemente, insistem que os membros

A IMPORTÂNCIA DA FAMÍLIA 203

do grupo religioso são mais importantes do que os parentes. Nos Evangelhos, Cristo deixa claro que veio para substituir a família, e não para apoiá-la: "Não vim trazer-lhes paz, mas espada. Pois vim separar o homem de seu pai, e a filha de sua mãe. (...) E o homem terá por inimigos os de sua própria casa. Quem ama seu pai ou sua mãe mais do que a mim não é digno de mim; quem ama seu filho ou sua filha mais do que a mim não é digno de mim." Pode-se observar a mesma preferência na Bíblia hebraica, que afirma: "Quando teu irmão, filho da tua mãe, ou teu filho, ou tua filha, ou a mulher do teu seio, ou teu amigo, que te *é* como a tua alma, incitar-te em segredo, dizendo: 'Vamos e sirvamos a outros deuses' (...) tu, certamente, o matarás", explicando, em seguida, o motivo: "Pois procurou apartar-te do Senhor teu Deus."

A terceira categoria é a dos *desconhecidos* — aqueles indivíduos com quem não interagimos regularmente e que não são considerados parte de nosso grupo. Enquanto a força que impulsiona a evolução da moralidade em relação aos parentes é uma superposição genética, e a força que impulsiona a moralidade em relação aos integrantes do grupo é a lógica do benefício mútuo, a força que impulsiona a moralidade em relação aos desconhecidos é... nenhuma. Somos capazes de julgar as ações dos desconhecidos como boas e más, mas não lhes devotamos nenhum altruísmo natural, nem temos nenhum desejo inato de ser gentis com eles.

Analogamente, considere a psicologia dos números. Os seres humanos e outras criaturas já nascem com alguma compreensão da matemática. Mas, como argumentou a psicóloga Karen Wynn, nossos fundamentos iniciais são incompletos: não existe um sistema cerebral voltado especialmente para o raciocínio sobre o zero. O fato de o zero ser um número é uma descoberta relativamente recente, e as crianças consideram difícil apreender esta ideia. Conseguir ver os desconhecidos como membros do domínio moral é uma realização humana tão extraordinária quanto vir a perceber que o zero é um número.

O sofrimento de um desconhecido pode, perfeitamente, despertar empatia. Testemunhar alguém em perigo — digamos, uma criança atacada por uma matilha de cães, gritando desesperadamente — é desagradável, mesmo que nunca tenhamos visto aquela pessoa antes. Até mesmo os bebês acham doloroso testemunhar o sofrimento dos outros, e o mesmo acontece com criaturas como os macacos e os ratos. Porém, conforme vimos anteriormente, a empatia não equivale à compaixão. Ela não conduz, necessariamente, ao desejo de ajudar. Adultos que vivem em sociedades menores reagem a desconhecidos com ódio e aversão, e crianças pequenas ficam muito ansiosas quando se deparam com desconhecidos; elas sentem medo, e não afeição. E, apesar de observarmos, efetivamente, todos os tipos de gentileza espontânea por parte dos bebês e das crianças pequenas — gestos tranquilizadores, de compartilhamento, de ajuda etc. —, eles são voltados para a família e para os amigos.

Evidentemente, muitos adultos transcendem nossa indiferença inicial em relação aos desconhecidos, da mesma forma que hoje reconhecemos o zero como um número. Mas isso se deve à forma como fomos criados e às sociedades em que vivemos; nós não nascemos assim.

A IMPORTÂNCIA DA FAMÍLIA

As CATEGORIAS de parentes, integrantes do grupo e desconhecidos são permeáveis. Grande parte das tentativas de persuasão moral procura fazer com que as pessoas passem de uma categoria para outra. Aqueles que têm a intenção de fomentar o genocídio tentarão convencer os outros de que indivíduos que, anteriormente, possam ter sido considerados integrantes de seu grupo (os judeus alemães na Alemanha, na década de 1940, por exemplo, ou os tutsis em Ruanda, nos anos 1990) são, na verdade, desconhecidos. Aqueles que desejam motivar a gentileza com pessoas distantes se esforçarão para promover uma mudança na direção oposta, usando fotos, histórias e detalhes pessoais para que estes indivíduos pareçam menos desconhecidos e mais similares aos membros de nosso próprio grupo; vários estudos descobriram que, realmente, nos mostramos mais propensos a ajudar os outros quando vemos os seus rostos e ouvimos os seus nomes.

A metáfora do parentesco é igualmente poderosa: se alguém quiser fortalecer os vínculos no interior de um grupo, uma maneira de fazer isso é descrevê-lo como uma família, uma fraternidade ou uma irmandade. Muitas sociedades possuem um sistema de "parentesco fictício", no qual os indivíduos que não compartilham os mesmos genes são tratados como parentes de sangue, e, presumivelmente, percebidos como tal. Onde fui criado, em Montreal, meus vizinhos e outros amigos de meus pais eram tratados como se fossem meus tios e tias, e foi preciso um tempo embaraçosamente longo até que eu descobrisse quais eram os meus verdadeiros parentes.

O parentesco fictício não precisa ser imposto de cima para baixo. A escritora Rachel Aviv relata a vida de adolescentes

206 O QUE NOS FAZ BONS OU MAUS

gays desabrigados que vivem nas ruas de Nova York, e observa que eles formam sofisticadas famílias fictícias. Papéis como os de mãe e pai são determinados não pela idade, mas pela sabedoria e pela habilidade e disposição de servir como mentor. Essas relações vão se ampliando e se tornando complexas. Aviv descreve como Ryan, um menino desabrigado, se tornou pai, e quando as crianças para as quais ele servira de mentor passaram a orientar outras crianças, ele se tornou avô: "'A beleza da família gay é que você pode ir dar uma volta na Union Square e se enturmar — você nunca está sozinho', disse ele. 'Posso me aproximar de um desconhecido e perguntar quem é a mãe gay dele. E de repente descubro que sou o tio deste cara!'. Ele acrescentou: 'Muitos de nós perdemos nossas famílias biológicas, aí a família gay preenche este vazio."

Frequentemente, os filósofos não atentam para a importância desses vínculos. Certa vez, William Godwin, um empenhado utilitarista (e pai de Mary Shelley, autora de *Frankenstein*), sugeriu a seus leitores que imaginassem uma situação em que pudéssemos resgatar apenas uma pessoa de uma fogueira — um arcebispo ilustre, cujo trabalho agradava e esclarecia milhares de pessoas, ou o camareiro do arcebispo, que vinha a ser nosso pai. Godwin concluiu que a resposta correta seria abandonar o pai. Mas, para muitos de nós, esta solução não parece moral; nós a consideramos estarrecedora. Como observou Adam Smith: "Um homem que não se deixasse abater pela morte ou pelas aflições de seu próprio pai ou filho, mais do que pela morte ou pelas aflições do pai ou filho de qualquer outro homem, não pareceria nem um bom filho, nem um bom pai. Tal indiferença

A IMPORTÂNCIA DA FAMÍLIA 207

desnaturada, longe de motivar o nosso aplauso, incorreria em nossa maior reprovação."

PRETENDO ENCERRAR retornando ao dilema do bondinho. A maioria das pessoas afirma que devemos acionar a chave para salvar cinco pessoas, em detrimento de uma. Uma interpretação usual dessa reação é que somos consequencialistas morais, nos moldes de Bentham e Mill. Na ausência de perturbações emocionais, nossas apreciações sobre o certo e o errado baseiam-se em como o mundo será afetado se agirmos ou se não agirmos. Considerando-se que cinco mortes são piores do que uma única morte, a escolha é clara.

Mas existe uma interpretação alternativa. Talvez nossa percepção no caso da chave não seja orientada por nenhuma espécie de consideração moral. Afinal, neste caso, os indivíduos são anônimos e abstratos; eles são desconhecidos. Então, conforme argumenta Richard Shweder, poderíamos tratar o dilema como se ele não passasse de um problema de matemática: o que é menor, um ou cinco? A maioria dos que respondem que a ação correta seria mudar o trajeto do bondinho está raciocinando da mesma forma que raciocinaria se lhes perguntassem se deveriam destruir um objeto ou cinco objetos. Na verdade, este experimento foi realizado: em uma situação de bondinho em que no lugar de pessoas há xícaras de chá, os participantes também tenderão a acionar a chave e destruir uma única xícara de chá, em vez de cinco.

Essa proposição difere da visão de que as pessoas estão sendo consequencialistas morais, e pode ser testada, pois existem diferenças entre os juízos morais e os não morais. Eu, por exemplo, não gosto de uvas passas. Mas esta é uma

208   O QUE NOS FAZ BONS OU MAUS

preferência, não uma atitude moral, e, portanto, eu não me importo se outras pessoas gostam de uvas passas, e não acredito que quem as coma deva ser punido. Não me sentiria culpado se eu comesse uma uva passa, e não admiro aqueles que preferem se abster. O fato de eu não consumir uvas passas não tem nenhuma das características de um juízo moral. Eu também não gosto que bebês sejam mortos. Porém, esta é uma atitude moral, e, portanto, todas estas implicações são, *sim*, pertinentes. Acredito que as outras pessoas não deveriam matar bebês e que os assassinos de bebês devam ser punidos. Eu me sentiria culpado se eu mesmo matasse um bebê, e admiraria alguém que impedisse outra pessoa de matá-lo.

Acho que nossa percepção sobre o caso da chave está mais relacionada a comer uvas passas do que a matar um bebê. As pessoas podem concordar que acionar a chave é a "coisa certa" a fazer, mas esta é uma decisão intelectual abstrata, e não uma decisão moral; assim, a reprovação aos que não acionam a chave é ínfima, assim como o desejo de puni-los, e assim por diante. Afinal de contas, no mundo real, nós não culpamos as pessoas que optam por permitir que desconhecidos morram quando deixam de fazer doações beneficentes, de modo que seria estranho se as culpássemos por permitir que um desconhecido morra no dilema do bondinho quando escolhem não matar algumas pessoas.

Além disso, não está suficientemente claro que sempre façamos uma distinção moral entre a morte de cinco desconhecidos e a morte de um único desconhecido. Sim, as pessoas se preocupam com os números quando são forçadas a escolher entre cinco e um. Mas sem esse tipo de comparação

A IMPORTÂNCIA DA FAMÍLIA 209

explícita, os números dificilmente teriam importância. Em um estudo, um grupo de participantes foi solicitado a doar dinheiro para desenvolver uma droga que salvaria a vida de uma única criança enferma, e outro grupo, a doar dinheiro para desenvolver uma droga que salvaria a vida de oito crianças enfermas. Os dois grupos ofereceram a mesma quantia.

Essa insensibilidade também é válida para números mais elevados. Imagine que você fosse ler alguma notícia sobre o longo período de estiagem que assola a África Ocidental. Faria alguma diferença saber que 80 mil pessoas poderiam morrer... ou 400 mil... ou 1,6 milhões? Se você acreditasse que 1,6 milhões de pessoas corriam riscos você ficaria vinte vezes mais preocupado do que se acreditasse que eram 80 mil? Duas vezes mais preocupado? É muito mais provável que o número não tivesse nenhum efeito.

Sob essa perspectiva, a reação mais comum no caso da chave revela indiferença, e não moralidade. Isso nos ajuda a compreender um conjunto de descobertas que, de outro modo, permaneceriam misteriosas. De modo geral, indivíduos com lesões no córtex pré-frontal ventromedial desenvolvem um embotamento de emoções, semelhante ao dos psicopatas, e tendem a defender, com mais frequência do que as pessoas normais, que o homem no caso da ponte seja empurrado. Ou seja, eles tratam o caso da ponte exatamente da mesma forma que o caso da chave. Estudantes universitários com traços psicopáticos limítrofes fazem o mesmo. Frequentemente, tais descobertas têm sido citadas — com um pouco de satisfação, por polemizar com os consequencialistas — como uma prova de que os maus elementos e os portadores de lesões cerebrais estão empenhados em

210 O QUE NOS FAZ BONS OU MAUS

defender a melhor situação para o maior número de pessoas, exatamente como Bentham e Mill!

A outra opção, porém, é que esses indivíduos não estão empreendendo nenhuma espécie de raciocínio moral. Pela falta de reações empáticas normais, eles tratam o caso da ponte da mesma forma que os indivíduos normais tratam o caso da chave, como mais um problema de matemática. Já que um é inferior a cinco, eles dizem: "Empurre."

Entretanto, quase todos nós acreditamos que não é correto dar o empurrão no caso da ponte. A pessoa continua sendo uma desconhecida, mas é uma desconhecida de carne e osso, e já não parece justificável matá-la para salvar cinco. Concordo com Joshua Greene que tal situação provoca uma forte reação emocional; empurrar alguém para a morte soa desagradável — soa *errado* —, o que não é o caso quando se aciona uma chave. Mas a questão sobre por que isso acontece ainda persiste. Por que prejudicar alguém nos incomoda de forma tão intensa e tão pessoal?

Uma possibilidade é que, ao longo do processo evolutivo, desenvolvemos uma aversão específica à ideia de agredir outro indivíduo que não nos tenha feito nenhum tipo de provocação. Independentemente da moralidade, tal ato, mesmo direcionado a um desconhecido, é extremamente perigoso. Podemos nos atrapalhar e acabar morrendo no lugar dele. Ou podemos ser bem-sucedidos, e, neste caso, seremos obrigados a lidar com a família e os amigos da vítima, que desejarão se vingar. Assim, este tipo de aversão teria um sentido adaptativo. Outra possibilidade é que essa reação emocional tenha surgido como resultado do modo como fomos criados na infância; ela pode ter sido moldada

A IMPORTÂNCIA DA FAMÍLIA   211

pelas punições e reprovações dos adultos que estavam à nossa volta quando tentamos prejudicar alguém.

Seja como for, não se trata simplesmente do fato de que relutamos em matar pessoas desconhecidas; como veremos no próximo capítulo, muitas vezes somos gentis com os desconhecidos, especialmente aqueles que podemos identificar como individualidades distintas da nossa. Se dissermos aos participantes de um estudo que uma menina precisa de um medicamento para viver, mostrarmos uma foto dela e revelarmos o seu nome, *então* eles oferecerão mais dinheiro para pesquisar aquele medicamento — na verdade, eles oferecerão muito mais do que se fosse para salvar a vida de oito crianças cujos nomes e rostos eles não conhecem. Se eu estivesse andando pela floresta perto da minha casa e visse uma criança se afogando no lago, eu pularia rapidamente na água para resgatá-la, mesmo que isso acabasse com os meus sapatos. E tenho certeza de que acionaria uma chave para desviar um trem desgovernado prestes a matar uma criança, mesmo que isso significasse a destruição do meu valioso carro (no meu caso, não é um Bugatti, mas um Toyota RAV4 2005).

Mas não devemos ficar muito convencidos acerca dos nossos poderes morais. Todos os dias, leio sobre o sofrimento de desconhecidos em terras longínquas, e sei que posso melhorar as suas vidas, mas raramente faço um esforço para isso. Quando estou em uma cidade grande, frequentemente me vejo na posição do Bom Samaritano da fábula dos Evangelhos, passando por alguém caído à beira de uma estrada, provavelmente doente, com fome, nitidamente precisando de assistência. Se o indivíduo fosse meu *parente* — minha irmã, meu pai, meu primo —, eu correria para ajudá-lo; se fosse

212 O QUE NOS FAZ BONS OU MAUS

um *integrante do meu grupo* — meu vizinho, um colega da minha universidade, alguém com que eu jogo pôquer —, eu também ajudaria. Mas trata-se sempre de um desconhecido, e, por isso, costumo virar as costas e continuar andando. Provavelmente, você faz o mesmo.

7

Como ser bom

Seria ingênuo não reconhecer que muitos atos aparentemente altruístas são praticados por egoísmo. Grande parte dos donativos beneficentes não vai para os mais necessitados ou para quem mais merece, mas para projetos que beneficiam os próprios doadores, como no caso de pais ricos que doam milhões para universidades de elite, na esperança de conseguir que seus filhos sejam aceitos. Além disso, como observou o sociólogo Thorstein Veblen, as doações beneficentes são a maneira perfeita para propagandear a própria riqueza e o próprio *status*. São, também, uma boa forma de atrair parceiros sexuais e namorados; dificilmente ser considerado generoso e solidário pode causar algum mal.

Ainda assim, as pessoas encontram meios de ajudar efetivamente as outras sem precisar beneficiar a si mesmas, e parte disso é feito de modo totalmente anônimo. O psicólogo Stanley Milgram, da Universidade de Yale, é mais conhecido por seus estudos sobre obediência, nos quais conduziu pessoas até seu laboratório e descobriu que muitas delas obedeceriam a instruções para administrar um choque elétrico fatal em um desconhecido. Mas Milgram também estava interessado na gentileza, e, em 1965, realizou um experimento no qual espalhou cartas seladas e endereçadas por toda a cidade de New Haven, deixando-as em calçadas, em cabines telefônicas e outros locais públicos. A maioria das cartas chegou aos seus destinos, o que significa que as pessoas de bem de New Haven haviam recolhido as cartas e as colocado em caixas de correio — simples atos de gentileza, que jamais poderiam ser retribuídos. Essa gentileza foi seletiva: Milgram descobriu que havia mais chances de as cartas serem entregues se levassem o nome de um destinatário na frente — "Walter Carnap" —, mas não se estivessem endereçadas aos "Amigos do Partido Nazista".

Nossa bondade também se torna evidente de outras maneiras. A maioria das sociedades não usa a mutilação para punir as pessoas — hoje em dia, a proposta de Thomas Jefferson de que uma mulher deveria ser punida por poligamia, fazendo uma "perfuração da cartilagem de seu nariz, formando um buraco com um centímetro de diâmetro, pelo menos", não seria adotada. As atitudes em relação à família mudaram — em muitos países, já não é mais legítimo que os homens estuprem suas esposas ou que os pais batam em seus filhos. Algumas pessoas estão tão preocupadas com o destino dos outros animais que se privam de alimentos deliciosos, como escalope de vitela, e roupas confortáveis, como casacos de pele. Muitas acreditam em direitos como a liberdade de expressão e a liberdade religiosa, e consideram errado manter outras pessoas como escravos ou fazer discriminações com base na raça.

COMO SER BOM 215

Para alguns, nossa bondade é uma evidência da intervenção divina. O biólogo Francis Collins propôs que esta espécie de moralidade iluminada não poderia ser explicada pela evolução biológica, e deduziu que um Deus benevolente deve ter inserido um código moral em nós. O analista social Dinesh D'Souza concluiu que a melhor explicação para o "elevado altruísmo" — a bondade para com os que não são nossos parentes, sem nenhuma recompensa genética ou material concebível — é, nas palavras de C. S. Lewis, "a voz de Deus em nossas almas". E, em 1869, o codescobridor da seleção natural, Alfred Russel Wallace, observou que a humanidade transcendeu a evolução em muitos aspectos, inclusive em nossas "faculdades morais mais elevadas", chegando à conclusão de que deve haver alguma inteligência superior moldando o desenvolvimento de nossa espécie.

Porém, pode-se tomar essas declarações como metafóricas, como expressões poéticas da admiração por nossas sublimes capacidades. Mas Collins, D'Souza e Wallace realmente reivindicam isso — eles afirmam que Deus *realmente agiu em nós*, presumivelmente nos poucos milhões de anos desde que nos separamos de outros primatas. Considerando-se que nossas crenças e escolhas ganham corpo a partir dos mecanismos de nossos cérebros físicos, isso significa que, em algum momento de nossa evolução, Deus reestruturou, literalmente, o cérebro humano. Segue-se, então, que neurocientistas meticulosos deveriam ser capazes de encontrar as áreas do cérebro que Deus modificou, e de observar como a Sua obra divina difere dos produtos mais prosaicos da evolução biológica. Se Collins e os outros estiverem certos, então nossa avançada moralidade poderia nos

216 O QUE NOS FAZ BONS OU MAUS

levar à maior descoberta da história da ciência — a prova decisiva da existência de Deus.

Mas eles não estão certos. A simples existência de motivações altruístas que não servem a nenhum propósito reprodutivo — mesmo aquelas que incentivam escolhas que são ruins para nós e para nossos genes, quando, por exemplo, arriscamos nossas vidas para salvar desconhecidos — é totalmente condizente com a evolução biológica. Afinal de contas, a seleção natural não é clarividente; ela reage a contingências reais, e não a prováveis cenários futuros, e, portanto, um comportamento mal-adaptativo, aqui e agora, é totalmente condizente com a teoria da evolução. É muito fácil observar isso em outros domínios. O desejo, presumivelmente, evoluiu para motivar as pessoas a se envolver em comportamentos sexuais reprodutivamente significativos, mas muitos homens ficam excitados com a pornografia e continuam a desperdiçar seu sêmen de uma forma que em nada contribui para aumentar suas chances de gerar filhos e netos. Esta atividade perdulária seria um mistério evolutivo, e, consequentemente, uma prova da intervenção divina? É claro que não. Da mesma forma, certas tendências altruístas que evoluíram através da seleção natural podem ser desencadeadas, agora, por situações que não acenam com nenhum retorno biológico.

Collins, D'Souza e Wallace têm razão quando afirmam que determinados aspectos intrigantes de nossa moralidade não são acidentais: eles colocam em evidência uma concepção e um propósito que precisam ser levados em conta. Mas, como venho argumentando ao longo deste livro, é um equívoco supor que tais faculdades morais mais

COMO SER BOM   217

elevadas sejam parte da natureza humana. Reflexões como a injustiça da escravidão dificilmente poderiam ser inatas, pois, do contrário, teriam sido reconhecidas pelas pessoas centenas de anos atrás, e até mesmo alguns aspectos da moralidade que muitos de nós consideramos incorporados aos nossos dotes inatos, como a gentileza para com os desconhecidos, revelam-se, na verdade, ausentes em bebês e em crianças pequenas.

Esses estudiosos são comparáveis a homens extasiados com os primeiros óculos de grau, pois argumentam que, uma vez que a seleção natural não poderia ter criado tais intrincadas maravilhas, elas devem ser obra de Deus. Eles estão esquecendo a terceira opção. *Nós* as construímos. Assim como nossa moralidade aprimorada é o produto da interação humana e do engenho humano. Criamos ambientes que podem transformar um bebê que tem apenas algumas noções de moralidade em um adulto bastante moral.

CONSIDEREMOS, EM primeiro lugar, o poder dos costumes. Ao longo do livro, enfatizei os sentimentos morais e os juízos morais, mas nenhum deles é condição indispensável para o bom comportamento.

Pense nas gorjetas. Oferecê-las é um ato puramente altruísta, é uma ajuda aos outros com um custo para quem o pratica, sem qualquer benefício tangível. Mas, normalmente, não existe uma motivação moral para ele. Poucas pessoas, quando estão prestes a deixar mais alguns dólares na mesa ou a aumentar um pouco o valor cobrado em seu cartão de crédito, de fato colocam-se no lugar de quem acabou de lhes servir, hesitando diante da possível indignação ao levar um

218   O QUE NOS FAZ BONS OU MAUS

calote ou entusiasmando-se por apreciar empaticamente o prazer de receber uma gorjeta de 18%. Poucos de nós pensamos na lógica moral da gorjeta, refletindo sobre o quanto os atendentes ganham pouco e chegando à conclusão de que, realmente, devemos deixar algo a mais. Poucos de nós sentimos qualquer espécie de motivação altruísta. Nós, simplesmente, calculamos a gorjeta e a deixamos, sem pensar em mais nada além da matemática.

No entanto, é possível que essa ação irrefletida seja o resultado de uma contemplação prévia: talvez cada um de nós, em determinado momento, tenhamos pensado sobre a lógica e a moral do oferecimento de gorjetas, e tenhamos decidido que era a coisa certa a fazer, e, ao longo do tempo, esta gentileza se transformou em um ato reflexo. É deste modo que conseguimos realizar atividades complexas, como amarrar os sapatos — começamos prestando atenção conscientemente às nossas ações, e, em breve, esta consciência desaparece; damos continuidade no piloto automático. Talvez isso seja verdade em relação à moralidade de uma forma mais geral. Como observou Aristóteles, um dos traços dos indivíduos virtuosos é que eles aspiram transformar um bom comportamento racional em um hábito involuntário, e, assim, se tornar aquele tipo de pessoa que faz a coisa certa sem nunca ter que pensar sobre isso.

Entretanto, muitos dos comportamentos que consideramos bons pertencem à nossa cultura; são um costume, e nunca algo para se ficar pensando por muito tempo. É como aprender a falar. Quando uma criança de 2 anos de idade aprende que os cachorros são chamados de "cachorros", normalmente ela não pergunta por que os cachorros têm

COMO SER BOM 219

este nome específico, ou por que as coisas precisam ter nomes. São boas perguntas, que podem vir a interessá-las quando elas crescerem, mas as crianças têm que aprender dezenas de milhares de palavras, e a maneira de fazer isso é, simplesmente, copiar o que os outros fazem, e não tentar descobrir a lógica subjacente. Na verdade, grande parte do que aprendemos é inconsciente. Como resultado da minha criação, por exemplo, prefiro manter certa distância física de outras pessoas. Mas só percebo isso quando estou em companhia de pessoas que foram criadas de forma distinta, da mesma forma que só me conscientizo de como denominamos as coisas em inglês ao ouvir um falante de outra língua usando palavras diferentes.

Lembremo-nos, ainda, da história relatada por Heródoto, sobre como Dario promoveu o encontro entre os gregos, que queimavam os cadáveres de seus pais, e os índios, que comiam os cadáveres de seus pais. Cada um dos grupos ficou horrorizado com os atos do outro, porque eles acreditavam que seus próprios costumes eram a única maneira adequada de tratar os mortos. E acreditavam não porque já tivessem um dia se dedicado a um processo que lhes permitisse escolher dentre as várias formas de tratar os mortos, mas, em primeiro lugar, porque nunca haviam pensado em outras possibilidades. Heródoto termina essa história dizendo: "Pode-se ver, assim, o que os costumes são capazes de fazer." A partir daí, ele passa a chamar os costumes de "os reis de todas as coisas".

Somos mais influenciados pelos comportamentos que testemunhamos repetidamente, mas até mesmo uma experiência rápida pode produzir algum efeito. Pesquisadores estudaram como as crianças entre as idades aproximadas de 6 e 11 anos se comportariam depois de observar atos beneficentes praticados por desconhecidos. Em um experimento típico, as crianças jogavam boliche e recebiam algum tipo de recompensa depois, como fichas que poderiam ser trocadas por prêmios. Antes de jogar, elas viam alguém jogando, fosse um adulto ou outra criança, e, então, viam que a pessoa doava uma parte de seu prêmio, depositando-a em uma urna de donativos para os necessitados. Os pesquisadores descobriram que quanto mais esta pessoa doava, mais as crianças doavam. A experiência de observar outra pessoa provou ser mais eficiente do que apelos a fazer doações beneficentes — na verdade, alguns estudos descobriram que a pregação tinha um efeito *negativo*.

No entanto, como qualquer pai poderia nos dizer, as crianças não elegem somente bons comportamentos. Se o modelo não colocar nada na urna, elas, muitas vezes, também não colocarão nada — mesmo que, do contrário, pudessem oferecer alguma coisa. Curiosamente, alguns estudos constataram que as crianças são mais influenciadas pelos maus comportamentos do que pelos bons. Em uma série de experimentos realizados recentemente pelo psicólogo Peter Blake e seus colegas, crianças de 3 a 6 anos de idade observaram os pais darem algo para outro adulto. As crianças presenciavam a mãe ou o pai sendo bastante egoístas (dando um em cada dez selos) ou muito generosos (dando nove em cada dez selos). Mais tarde, quando dividiam seus próprios recursos com outra criança, elas imitavam com mais convicção o exemplo de quando os pais ofereceram muito pouco É como se elas estivessem

COMO SER BOM 221

procurando uma desculpa para ser egoístas, encontrando-a nos mau comportamento dos pais.

Pode-se, então, aprender a ser bom, sem grandes motivações morais, apenas imitando a bondade dos outros. Mas isso só levaria à questão: por que os *outros* são tão bons? De onde provêm estes costumes? Nos Estados Unidos de duzentos anos atrás, era um costume dos brancos ter escravos negros. Na verdade, muitas pessoas consideravam a escravidão uma instituição moral; uma conclusão derivada, em parte, de uma justificativa bíblica e, em parte, da crença de que este arranjo era o melhor para todos os membros da sociedade, incluindo os escravos. Uma criança branca criada em uma sociedade desse tipo estaria propensa a absorver tais pontos de vista, do mesmo modo que aprenderia a falar, a oferecer gorjetas e a manter a devida distância de desconhecidos.

UMA MANEIRA de refletir sobre nossas atitudes morais em constante mudança é usando o princípio do "círculo moral". Esta metáfora foi desenvolvida por William Lecky, historiador do século XIX, e popularizada por Peter Singer em seu livro *The Expanding Circle* [O círculo em expansão], publicado em 1981. O círculo moral abrange os indivíduos com cujos destinos nos preocupamos, indivíduos que têm importância para nós.

Lecky acreditava que o círculo começava pequeno e se expandia ao longo da história: "Os homens vêm ao mundo com afeições benevolentes muito menos poderosas do que as afeições egoístas, e a função da moral é inverter esta ordem. (...) Em determinado momento, as afeições benevolentes englobam apenas a família; dentro em pouco, *o círculo em*

222 O QUE NOS FAZ BONS OU MAUS

expansão passa a incluir primeiro uma classe, em seguida, uma nação, e, então, uma coalizão de nações, e, logo depois, *a humanidade toda*, e, finalmente, a sua influência é sentida nas relações do homem com o mundo animal." Em *The Descent of Man* [A decadência do homem], Darwin acata a visão de Lecky, observando que, ao longo do desenvolvimento de nossa espécie, nossa solidariedade "se tornou mais sensível e amplamente difundida, a ponto de estender-se aos homens de todas as raças, aos imbecis, aos deficientes e a outros membros inúteis da sociedade, e, finalmente, aos animais inferiores".

A observação de Darwin sobre "outros membros inúteis da sociedade" nos lembra, em primeiro lugar, das muitas mudanças operadas, desde 1871, na forma como nos referimos a certos grupos — hoje em dia, ninguém descreveria tão casualmente os indivíduos mental ou fisicamente incapacitados como "inúteis". Em segundo lugar, e o que é mais importante, sua frase nos lembra que a força propulsora da expansão do círculo moral não pode ser o mero egoísmo. A expansão do círculo moral não nos confere, necessariamente, quaisquer ganhos materiais; nós não lucramos nada ao cuidar mais dos "imbecis" e dos "deficientes".

Uma das forças que pode expandir o círculo é o contato pessoal — quando as pessoas têm um status equivalente, trabalhando em prol de um objetivo comum, as interações entre os indivíduos, muitas vezes, reduzem os preconceitos. As unidades militares e as equipes esportivas são dois exemplos frequentemente citados, mas vários estudos da década de 1950 confirmaram o poder do contato pessoal em uma série de outras circunstâncias: donas de casa brancas vivendo

COMO SER BOM 223

em moradias populares dessegregadas, policiais brancos trabalhando com parceiros negros, e assim por diante. Os pais estão sendo razoáveis, então, quando tentam fazer com que seus filhos não se tornem racistas, matriculando-os em escolas multirraciais — uma vez que, convivendo de uma forma correta, as crianças expandirão seus círculos morais até incluir os membros de outras raças.

Outro fator importante na expansão do círculo é a exposição a histórias. A filósofa Martha Nussbaum explica como as histórias ensinam as crianças a desenvolver a empatia e a se identificar com pessoas cujas perspectivas e identidades podem ser muito diferentes das suas: "Vemos formas humanas à nossa volta: mas como nos relacionamos com elas? (...) O que a contação de histórias durante a infância nos ensina a fazer é formular perguntas sobre a vida que está por trás da máscara, o mundo interior que está escondido sob as formas. Ela nos estimula o hábito de conjecturar que essas formas, tão similares à nossa, abrigam emoções, desejos e projetos, que, de certo modo, também são semelhantes aos nossos; mas também nos estimula o hábito de compreender que aquele mundo interior assume um formato distinto, em função das diferentes circunstâncias sociais."

No entanto, as histórias não são imprescindíveis para o estabelecimento de uma relação com as mentes dos outros. Conforme discutimos anteriormente, até mesmo crianças de 1 ano de idade pensam nas "formas humanas" à sua volta como detentoras de emoções, desejos e projetos distintos dos seus. Mas Nussbaum está se referindo ao *hábito*, e não à habilidade, e vale a pena aceitar a sua alegação de que a exposição a histórias nos torna mais propensos a pensar nas mentes de outras pessoas. Além disso, existem algumas "formas humanas" que, naturalmente, não tenderíamos a considerar. Eu nunca havia dado muita atenção ao sofrimento dos prisioneiros em confinamento solitário, mas depois de ler um comovente relato jornalístico, isso mudou.

Conforme o caso, as histórias podem suscitar compaixão, mas também podem nos levar a questionar nossos princípios morais e nossos hábitos de comportamento. Como o psicólogo Steven Pinker coloca, "a exposição a mundos que só podem ser vistos através dos olhos de um estrangeiro, um explorador ou um historiador pode transformar uma norma inquestionável ('É assim que se faz') em uma observação explícita ('Isso é o que a nossa tribo está fazendo agora')". Este é o ponto que Heródoto defendia ao contar a história dos gregos e dos índios. As viagens ampliam os horizontes, e a literatura é uma forma de viagem.

Alguns, porém, contestam essa explicação pelo fato de ela ignorar a complexidade moral da literatura. A crítica literária Helen Vendler diz que "tratar ficções como pílulas de estimulação moral ou emetizantes morais é repugnante para qualquer um que consiga perceber as complexas intenções psicológicas e morais de uma obra de arte". O jurista Richard Posner lembra que muitas das grandes histórias expressam valores tenebrosos — estupros, pilhagens, assassinatos, sacrifícios humanos e animais, concubinatos e escravidão na *Ilíada*; antissemitismo, racismo e sexismo nas obras de Shakespeare e Dickens; e assim por diante. Posner conclui: "O mundo da literatura é uma anarquia moral."

Ele observa, também, que há poucas evidências de que leitores frequentes sejam pessoas melhores. Os nazistas eram notoriamente letrados; diz-se que Joseph Goebbels amava a tragédia grega. Alguns psicólogos discordariam neste ponto, citando descobertas recentes de que pessoas que leem mais livros de ficção têm habilidades sociais um pouco mais elevadas do que pessoas que preferem os livros de não ficção. No entanto, mesmo que isso seja verdade, não se pode concluir que elas sejam pessoas mais agradáveis. Além disso, não fica claro o que fazer com esse tipo de correlação; talvez não seja a leitura que deixe as pessoas mais sociáveis, mas, ao contrário, as pessoas sociáveis sejam as que mais apreciem a ficção. As mulheres leem mais ficção do que os homens, e isso talvez se explique pelo fato de elas serem, em certos aspectos, mais sociáveis do que os homens. E, nesse sentido, Jennifer Barnes, ex-aluna de pós-graduação no meu laboratório, descobriu que adultos que sofrem de formas leves de autismo, e que, portanto, têm alguma imparidade social, estão menos interessados em ficção do que a população considerada mais normal. Portanto, embora esteja claro que as capacidades sociais e empáticas influenciem o indivíduo a se interessar por ficção, não podemos ter certeza de que o mesmo efeito aconteça na direção inversa.

Ainda assim, a ficção certa no momento certo pode produzir algum efeito. Há evidências históricas contundentes de que a literatura, os filmes, os programas de televisão e afins realmente influenciaram a trajetória da história da humanidade, o que sustenta a refutação de Nussbaum a Posner — os nazistas podem ter lido muito, mas eles não leram o tipo certo de livros. O livro de Harriet Beecher Stowe, de 1852, *A cabana do pai Tomás*, o romance mais bem-sucedido do século XIX, ajudou os brancos a refletir sobre a escravidão

226 O QUE NOS FAZ BONS OU MAUS

levando em conta a perspectiva dos escravos, e desempenhou um papel significativo na mudança das atitudes dos norte-americanos em relação a essa instituição. *Oliver Twist*, de Dickens, provocou mudanças na forma como as crianças eram tratadas no século XIX na Grã-Bretanha; o trabalho de Aleksandr Solzhenitsyn apresentou os horrores do gulag soviético às pessoas; filmes como *A Lista de Schindler* e *Hotel Ruanda* expandiram nossa consciência sobre o sofrimento de pessoas (às vezes, do passado; às vezes, de outros países) que, provavelmente, jamais conheceremos na vida real.

Para citar um exemplo mais recente, basta considerar o quanto o tratamento dispensado às minorias raciais e sexuais mudou de forma radical ao longo das últimas décadas nos Estados Unidos. Grande parte do crédito, aqui, deve ser imputado à televisão; muitas vezes, nos relacionamos com as personagens de nossos programas favoritos como se fossem nossos amigos, e milhões de norte-americanos interagiram regularmente com negros e gays simpáticos, divertidos e inofensivos, em programas como *The Cosby Show* e *Will and Grace*. Isso pode ter a sua força; é bem possível que o maior impulso subjacente à mudança moral dos Estados Unidos nos últimos trinta anos esteja nas comédias de situação.

Admito que isso é apenas um palpite, mas ele está fundamentado em evidências colhidas em outros países, onde a introdução da televisão produziu um efeito observável sobre as crenças morais. Robert Jensen e Emily Oster acreditam que, quando as aldeias rurais indígenas instalarem TV a cabo, mais mulheres passarão a frequentar a escola, a violência conjugal passará a ser menos aceitável e a preferência pelos filhos homens diminuirá. Jensen e Oster sugerem que

COMO SER BOM 227

tais mudanças resultam da exposição a telenovelas, que tendem a apresentar valores mais cosmopolitas. Resultados semelhantes têm aparecido em estudos realizados no Brasil e na Tanzânia.

Não há nenhuma lei da natureza, no entanto, afirmando que as mensagens transmitidas por meio de histórias precisem ser moralmente boas. Para cada história que ajuda a expandir o círculo moral, estimulando o público a assumir a perspectiva de seres distantes, há uma que o restringe, descrevendo como as pessoas que não pertencem àquele grupo são más ou repugnantes. Para cada *A cabana do pai Tomás* e para cada *A lista de Schindler* existe um *O nascimento de uma nação* e um *Os protocolos dos sábios de Sião*. Qualquer teoria de mudança moral precisa explicar por que as histórias expansivas são mais populares do que as cruéis, e por que, em primeiro lugar, nos sentimos motivados a criar estas histórias boas.

NENHUMA DISCUSSÃO sobre a moralidade estaria completa sem tratar da religião, já que muitos a consideram uma das principais propulsoras do progresso moral.

Na verdade, muitas pessoas, especialmente nos Estados Unidos, levam isso ainda mais longe — para elas, não se pode ser bom sem acreditar em Deus. Muitos norte-americanos afirmam que não votariam em um ateu para presidente, mesmo que ele fosse qualificado — na verdade, os ateus se saem pior neste teste do que os mórmons, os judeus e os homossexuais. Quando as pessoas são questionadas sobre qual destes grupos compartilha a sua visão da sociedade norte-americana, os ateus ficam na última posição. Eles são vistos como egoístas e imorais, não só como criminosos potenciais mas também como elitistas esnobes.

Alguns sugerem que, mesmo que os indivíduos possam ser bons sem Deus, ainda assim, eles devem uma parte desta bondade ao fato de terem sido criados em uma sociedade que está fundamentada em ideais religiosos. O filósofo e jurista Jeremy Waldron argumenta que muitas das ideias morais básicas que fazem com que nos preocupemos com os outros têm origem nos ensinamentos das grandes religiões monoteístas: "Desafiar o altruísmo limitado da comunidade em que estamos confortavelmente instalados tem sido uma das grandes conquistas das religiões ocidentais. (...) O que tenho em mente são as prescrições da Torá, a pregação intransigente dos Profetas e a poesia dos salmistas, destinadas, especificamente, a constranger aqueles cuja prosperidade se resume em solapar os rostos dos pobres, em negligenciar os desconhecidos e em afugentar os párias. Tenho em mente, também, o ensinamento e o exemplo de Jesus Cristo, ao estabelecer ligações com os marginais e desprezados, e ao fazer da vontade de alimentar os famintos, vestir os nus, acolher os desconhecidos e visitar os encarcerados uma condição de Seu próprio reconhecimento."

Se Waldron estiver certo, então a religião explicaria, pelo menos em parte, a expansão do círculo moral. Outros estudiosos, no entanto, sustentam o ponto de vista contrário, concordando com Christopher Hitchens, de que a religião é "violenta, irracional, intolerante, partidária do racismo, do tribalismo e do fanatismo, defende a ignorância, sendo hostil à livre investigação, desrespeitosa com as mulheres e coercitiva com as crianças".

COMO SER BOM 229

Entretanto, qualquer observador imparcial teria que concordar que muitos projetos morais que hoje consideramos positivos, como a criação das principais instituições de caridade internacionais e o movimento dos direitos civis norte-americanos, ampararam-se na fé religiosa e foram respaldados por líderes religiosos. Contudo, deveria ser igualmente óbvio que algumas das mais horríveis atrocidades da história tiveram como motivação a fé religiosa. Os defensores da religião podem percorrer a Bíblia e o Corão para citar as partes mais construtivas; os críticos da religião podem, facilmente, recitar passagens inteiras que, hoje em dia, seriam consideradas moralmente grotescas, como a aprovação divina do genocídio, da escravidão e do estupro em massa. De fato, algumas passagens revelam um código moral tão cruel que quase chega a ser cômico, como a história na qual as "criancinhas" zombaram do profeta ele por causa de sua calvície ("Sobe, careca!") e, assim, ele as amaldiçoou; em seguida, duas ursas saíram do bosque e "despedaçaram 42 daquelas crianças".

Deve haver uma resposta para identificar se a religião tem sido um ganho ou um prejuízo líquido para a nossa espécie, mas ninguém sabe qual é, e não tenho certeza se, algum dia, alguém saberá. O problema é que a religião está em *todas as partes*. Hoje em dia (e há muito tempo), a maioria das pessoas é religiosa: a maioria de nós crê em um ou mais deuses; a maioria acredita em algum tipo de vida após a morte; a maioria se envolve em alguma prática religiosa. Isso torna mais difícil separar a influência da religião de todos os outros aspectos do ser humano, e torna particularmente complexo avaliar as afirmações a respeito das sociedades e dos indi-

230 O QUE NOS FAZ BONS OU MAUS

víduos que não praticam nenhuma religião. Certamente, existem ateus que são morais, mas talvez sua moralidade tenha algum fundamento na religiosidade daquelas sociedades nas quais eles vivem. Certamente, existem países dignos com uma grande população de ateus, como, por exemplo, a Dinamarca, mas há pouquíssimas gerações estes países ainda eram devotos, e, portanto, é possível que eles tenham herdado suas virtudes de seu passado religioso. Perguntar como a humanidade se sairia sem a religião é o equivalente a perguntar como seriam as coisas se tivéssemos três sexos em vez de dois, ou se os seres humanos pudessem voar.

Talvez tenhamos mais sorte com uma pergunta mais modesta: em uma sociedade, os indivíduos religiosos são mais morais do que os indivíduos seculares? Muitos pesquisadores se debruçaram sobre isso, e a principal descoberta é que existem alguns resultados interessantes. Aqui e ali, há efeitos sutis: alguns estudos descobriram, por exemplo, que os religiosos são ligeiramente mais preconceituosos, mas este efeito é menos perceptível quando desprezamos outros aspectos, como a idade e as atitudes políticas, existindo apenas quando a crença religiosa é medida de determinada maneira.

O maior efeito de todos é que os norte-americanos religiosos fazem mais doações beneficentes a instituições de caridade (incluindo as não religiosas) do que os ateus. Isso é válido até mesmo quando os fatores demográficos são controlados (os norte-americanos religiosos estão mais propensos do que a média a ser mais velhos, do sexo feminino, sulistas e afrodescendentes).

Para investigar por que existe essa relação, os cientistas políticos Robert Putnam e David Campbell questionaram

COMO SER BOM 231

as pessoas sobre a vida após a morte, a importância de Deus para a moralidade e vários outros aspectos da crença religiosa. Descobriu-se que *nenhuma* de suas respostas para essas perguntas estava relacionada a comportamentos que envolvessem o voluntariado e as doações beneficentes. Ao contrário, a participação na comunidade religiosa era o suficiente. Como afirmam Putnam e Campbell: "Uma vez constatado o quanto uma pessoa é conscienciosa em termos de comparecimento à igreja, nada do que possamos descobrir sobre o conteúdo de sua fé religiosa acrescenta algo à nossa compreensão ou à nossa previsão do bom exercício de sua fraternidade. (...) Na verdade, as estatísticas sugerem que até mesmo um ateu que passasse a se envolver na vida social da congregação (talvez, através de um cônjuge) teria muito mais probabilidades de se voluntariar em um programa de doação de refeições do que o crente mais fervoroso que era sozinho. É o pertencimento religioso que importa para a fraternidade, e não a crença religiosa."

Essa importância da comunidade e a irrelevância da crença estende-se, também, aos efeitos mais nefastos da religião. O psicólogo Jeremy Ginges e seus colegas descobriram uma forte relação entre a religiosidade e o apoio a atentados suicidas com bombas entre os muçulmanos palestinos, e, novamente, o fator determinante foi a comunidade religiosa, e não a crença religiosa: o comparecimento à mesquita supunha o apoio aos atentados suicidas; a frequência das orações, não. Entre os muçulmanos da Indonésia, os católicos mexicanos, os protestantes britânicos, os ortodoxos russos, os judeus israelenses e os hindus da Índia, a frequência do comparecimento religioso (mas, novamente,

232 O QUE NOS FAZ BONS OU MAUS

não a frequência da oração) prevê respostas para perguntas como "eu culpo as pessoas de outras religiões por muitos dos problemas deste mundo".

Pode parecer insensato chegar à conclusão de que as crenças religiosas sejam ineficazes quando se trata da moralidade. Consideremos os atentados suicidas com bombas. Mesmo que seja mais fácil prever a atitude de uma pessoa com base no comparecimento religioso, e não na crença religiosa, parece razoável concluir, como faz Richard Dawkins, que alguém que acredita que a morte dos infiéis seja um desejo de Deus ficará muito mais entusiasmado em matar infiéis do que alguém que não acredita em Deus. Em termos mais gerais, as religiões fazem alegações morais explícitas sobre o aborto, a homossexualidade, as obrigações para com os pobres, a masturbação, e sobre quase todo o resto. *Isso* teria, definitivamente, um efeito sobre as psicologias de seus seguidores?

Talvez, mas uma alternativa é que a crença religiosa não causa a crença moral — ela a revela. Esta é uma opinião defendida pelo jornalista e estudioso Robert Wright em *The Evolution of God* [A evolução de Deus]. Wright está particularmente interessado na expansão e na contração do que estamos descrevendo aqui como círculo moral, acompanhando como as religiões monoteístas mudaram suas atitudes em relação àqueles que não pertencem ao grupo. Para Wright, tais mudanças correspondem a mudanças culturais mais genéricas. Quando o círculo moral se contrai, talvez por causa de uma guerra ou de alguma outra ameaça externa, as pessoas "tendem a encontrar um fundamento bíblico para a intolerância ou a beligerância". Quando ele se expande, "elas se mostram mais propensas a encontrar o lado tolerante e compreensivo nas escrituras". Acreditar que as escrituras, por si sós, provocam estas mudanças é como concluir que as manchetes dos jornais causam os acidentes de avião.

Isso não significa, necessariamente, que a crença religiosa seja irrelevante para a moralidade. Ela pode servir como um *acelerador* — parte de um sistema de autorreforço. Os indivíduos ou sociedades que se mostram inclinados a odiar um grupo de pessoas — os homossexuais, por exemplo — buscarão apoio nos textos religiosos e nas palavras de figuras religiosas; uma vez que os encontrem, isso pode reforçar, justificar e intensificar o seu ódio. Aqueles que se mostram inclinados à compaixão ou à justiça podem encontrar apoio para isso também, e, portanto, a religião pode fundamentar causas que até o mais incondicional dos indivíduos seculares julgará como moralmente positivas.

ANALISAMOS ALGUMAS das forças que propulsionam a mudança moral, mas faltou abordar a complexidade de muitas decisões morais. Este é o caso específico do círculo moral, onde seguimos o raciocínio de estudiosos como Lecky e Darwin, assumindo que, quanto maior o círculo, melhor. De início, esta é uma posição bastante plausível; pode-se afirmar que o principal problema da humanidade é que, até agora, nosso círculo de preocupação tendeu a ser brutalmente pequeno.

Mas não é difícil perceber que um círculo moral maior nem sempre é o melhor. Devemos englobar os fetos, tratando-os como moralmente equivalentes às crianças? E quanto aos embriões? E os zigotos? Alguns insistiriam que sim, e, de

234   O QUE NOS FAZ BONS OU MAUS

fato, muitos acreditam que a recusa da sociedade em impedir a destruição desses indivíduos é um erro moral em pé de igualdade com o Holocausto. E quanto aos outros animais? Em Paris, em 1500, arremessar um gato em uma fogueira era considerado uma forma aceitável de entretenimento público, conforme observou um historiador: "Os espectadores, incluindo reis e rainhas, gargalhavam quando os animais, uivando de dor, eram chamuscados, assados, e, finalmente, carbonizados." Nós não fazemos mais isso; o próximo passo seria parar de caçar animais, parar de comê-los e parar de utilizá-los em pesquisas médicas? Alguns também responderiam afirmativamente a todas estas perguntas, mas, então, o que seria da prevenção e do tratamento adequados das doenças de pele? E dos computadores pessoais? E dos vírus? Nem todas as coisas têm peso moral, e um círculo moral muito amplo piora a vida daqueles indivíduos que têm direitos e valor moral reconhecidos. Se um zigoto for tratado da mesma forma que uma criança, isso pode prejudicar as mulheres grávidas; se optarmos por não fazer experiências com outros animais, isso pode dificultar o tratamento de doenças nos seres humanos. Esses são os tipos de dilemas com os quais temos de lidar.

O reconhecimento desses problemas anuncia um elemento que, até agora, esteve ausente em nossa história. Trata-se da razão. Ao refletir sobre a moralidade, fazemos inferências, identificamos inconsistências e exploramos analogias. Podemos avaliar afirmações conflitantes observando o quanto elas conseguem capturar nossas percepções sobre situações que são, ao mesmo tempo, reais e imaginárias. Ao fazer todas essas coisas, estamos exercendo a mesma capacidade

COMO SER BOM 235

que empregamos para desenvolver teorias científicas e lidar com problemas práticos, como a criação de um negócio ou planejar as próximas férias. Essa capacidade pode estar mais desenvolvida em algumas pessoas, mas todos nós a possuímos. Ao longo da história, ela tem impulsionado o progresso moral: da mesma forma que usamos a razão para fazer descobertas científicas, como a existência de dinossauros, elétrons e germes, também a utilizamos para fazer descobertas morais, como o equívoco da escravidão.

Sei que essa posição parecerá estranha para alguns. Certamente, ela soa antiquada. A tendência atual, na psicologia e na neurociência, é minimizar a deliberação racional em favor dos instintos e das motivações inconscientes. O analista político e cultural David Brooks faz uma articulada defesa desta tendência em seu bem-sucedido livro *The Social Animal* [O animal social]. Ele argumenta que o que importa não é a racionalidade insensível, mas o que está escondido por trás disso: "as emoções, as percepções, os preconceitos, os anseios, as predisposições genéticas, os traços de personalidade e as normas sociais". A psicologia e a neurociência, nos diz Brooks, "nos [lembram] da importância relativa da emoção sobre a razão pura, das conexões sociais sobre a escolha individual, do caráter sobre o QI".

O declínio da razão é particularmente dramático no estudo da psicologia moral. Isso se deve, em grande parte, ao trabalho do psicólogo Jonathan Haidt, que, em um clássico artigo de 2001, argumentou que "o raciocínio moral não é a causa do juízo moral; ao contrário, o raciocínio moral é, geralmente, uma construção *post hoc*, elaborada depois de se chegar a um julgamento moral"; ele afirmou que as percepções morais orientam o raciocínio moral, "da mesma forma que um cão abana o rabo".

Ao mesmo tempo, ninguém está insistindo na tese de que a razão seja totalmente impotente — Brooks deixa claro que, às vezes, podemos usar nossa inteligência para suplantar nossos instintos, e Haidt admite que alguns especialistas (como os filósofos profissionais) engajam-se, por vezes, na deliberação moral —, mas o resultado, aqui, é que a razão torna-se uma personagem secundária no palco da moral. Essa conclusão conecta a psicologia contemporânea a uma linha importante dentro da filosofia moral, cujo mote vem de David Hume: "A razão é, e só pode ser, a escrava das paixões, e jamais pode pretender qualquer outro ofício que não o de servi-las e obedecer-lhes."

Devo admitir que há algo de verdadeiro na afirmação de Hume. Como discutimos anteriormente, sem uma centelha inicial de cuidados, não seríamos, em primeiro lugar, seres morais. Além disso, claramente, alguns de nossos juízos morais (como os que exploramos no capítulo 5, relacionados à aversão e à pureza) não são resultado da razão e, como Haidt observou, muitas vezes nossas explicações para tais apreciações nada mais são do que justificativas *post hoc*. Em geral, muitos fatores influenciam nossas apreciações e nossas ações, sem sequer nos darmos conta: lavar as mãos (uma evocação da pureza) aumenta nosso nível de reprovação moral, e o mesmo acontece ao vermos uma sala bagunçada ou ao sentirmos o cheiro de spray de pum. Estaremos mais dispostos a ajudar os outros se sentirmos cheiro de pão fresco no ar ou se tivermos acabado de encontrar uma pequena soma de dinheiro.

COMO SER BOM

Mas nada disso comprova que a razão é irrelevante. Afinal, muitas percepções morais *podem* ser justificadas. As pessoas não economizam palavras quando têm de argumentar contra a embriaguez ao volante, ou por que é uma boa coisa abrir a porta para alguém que está usando muletas. Nós não ficamos perdidos quando nos perguntam por que é pior matar uma pessoa do que gritar com ela, ou por que seria errado um empregador remunerar menos os trabalhadores negros do que os brancos. Se fôssemos desafiados nesses pontos (por uma criança, por exemplo) justificaríamos todos eles nos referindo a preocupações sobre danos, justiça e equidade.

E esse raciocínio faz, sim, diferença no mundo real. Isso foi mencionado por vários estudiosos, como Robert Coles, que estudou as disputas enfrentadas por crianças brancas e negras no sul dos Estados Unidos durante o movimento dos direitos civis, e Carol Gilligan, que entrevistou mulheres jovens na iminência de decidir se deveriam abortar. Lendo os seus trabalhos, podemos observar pessoas empenhadas em resolver problemas morais, e constatar o quanto este exercício de reflexão as leva, algumas vezes, a conclusões que entram em conflito com os pontos de vista dos que estão à sua volta. Estudos baseados em entrevistas descobriram que indivíduos que são vegetarianos por razões morais não têm dificuldade de articular as justificativas para sua decisão, oferecendo, por vezes, argumentos baseados nos dados causados aos animais ("Depois que abriram os meus olhos para o sadismo generalizado e as torturas infligidas aos animais de criação, jamais poderia comer outra criatura de novo"), e valendo-se, em outras, da linguagem dos direitos ("A bem da verdade, os direitos dos animais de viver e de desfrutar a vida devem prevalecer sobre o nosso 'direito' de comer tudo o que desejamos"). Quando os psicólogos Karen Hussar e Paul Harris entrevistaram 48 crianças de 6 a 10 anos de idade que se tornaram vegetarianas em lares não vegetarianos, eles descobriram que *todas* as crianças davam justificativas morais para sua decisão.

Esse tipo de deliberação é a essência da vida. Qualquer pessoa que já tenha assistido a uma interação entre crianças não deixaria de perceber o entusiasmo com que elas debatem os dilemas morais do cotidiano, discutindo se a professora estava sendo cruel ao punir um aluno, ou se é certo baixar músicas sem pagar por isso. E os adultos, é claro, ponderam, se preocupam e argumentam o tempo todo sobre a coisa certa a fazer — e não apenas quando se trata de aborto, pena de morte e outras questões magnas da moralidade e da política, mas também sobre questões mais corriqueiras: como devemos lidar com nosso colega que tem problemas de alcoolismo? O que eu faço com o parente que parece não ter a menor intenção de pagar o dinheiro que me deve? Será que vou causar muitos problemas ao meu editor se eu não entregar o original no prazo combinado?

A deliberação moral é onipresente, mas os psicólogos costumam negligenciá-la. Isso se deve, em parte, ao fato de que todos eles privilegiam as descobertas que parecem um contrassenso. Descobrir que os indivíduos têm percepções morais que eles precisam se esforçar para explicar é emocionante, e pode ser publicado em uma revista de prestígio. Descobrir que os indivíduos têm percepções morais que lhes parecem muito fáceis de explicar, como o equívoco da

COMO SER BOM 239

embriaguez ao volante, é uma coisa óbvia, desinteressante e imprópria para publicação. É fascinante descobrir que os indivíduos instados a aplicar uma punição a um criminoso são influenciados por fatores dos quais eles não têm conhecimento (como a presença de uma bandeira na sala) ou que repudiariam conscientemente (como a cor da pele do criminoso). É uma descoberta completamente sem graça saber que as punições sugeridas pelos indivíduos são influenciadas por considerações racionais, tais como a gravidade do crime e o histórico do criminoso. Interessante: estaremos mais dispostos a ajudar alguém se sentirmos cheiro de pão fresco no ar. Chato: estaremos mais dispostos a ajudar alguém se esta pessoa tiver sido gentil conosco no passado.

Às vezes, esquecemos que as publicações levam em conta esse ponto de vista, e aceitamos o que é reportado em revistas científicas e na imprensa popular como um reflexo exato da melhor ciência que podemos produzir a respeito do funcionamento da mente. Mas isso seria equivalente a assistir ao noticiário noturno e concluir que o estupro, o roubo e o assassinato fazem parte da vida cotidiana de todos os indivíduos — esquecendo-nos de que o noticiário noturno não relata a grande maioria dos casos em que nada disso acontece.

A CAPACIDADE de raciocinar demora a aparecer, de modo que a vida moral de um bebê é, necessariamente, limitada. Um bebê apresentará disposições e sentimentos; ele pode se mostrar motivado a tranquilizar outra pessoa que sofre, sentir-se irritado diante de um ato cruel ou favorecer alguém que pune um transgressor. Mas muitas coisas estão ausentes; acima de tudo, o bebê não consegue compreender os princípios morais imparciais — proibições ou requisitos que se aplicam igualitariamente a todos os integrantes de uma comunidade.

Tais princípios são a base dos sistemas da lei e da justiça. Peter Singer salienta que todas as religiões e todas as filosofias morais apresentam declarações explícitas de imparcialidade. Elas estão expressas nas diversas formas assumidas pela Regra de Ouro, como no mandamento de Cristo: "E como vós quereis que os homens vos façam, da mesma maneira lhes fazei vós, também." Ou, então, na afirmação do rabino Hillel: "Não faças a teu próximo o que te é detestável. Esta é toda a Torá; o resto é comentário." Quando pediram a Confúcio que definisse a moralidade em uma só palavra, ele respondeu: "Não será reciprocidade esta palavra? O que não gostais que vos façam, não o fareis a outrem." Immanuel Kant definiu nos seguintes termos o núcleo da moralidade: "Age sempre de tal modo que o teu comportamento possa vir a ser princípio de uma lei universal." Adam Smith apelou para a apreciação de um espectador imparcial como o critério para um juízo moral, e Jeremy Bentham argumentou que, na esfera moral, "cada um conta por um e ninguém por mais do que um". John Rawls sugeriu que, ao refletir sobre uma sociedade justa e imparcial, deveríamos imaginar que estamos atrás de um véu de ignorância, sem saber em que indivíduo nos transformaremos, e Henry Sidgwick escreveu que "o bem de um indivíduo qualquer não tem mais importância, sob o ponto de vista do universo, do que o bem de qualquer outro indivíduo".

Singer sugere que a lógica da imparcialidade é uma descoberta que surgiu, ao longo da história da humanidade,

COMO SER BOM 241

pela necessidade de justificar as próprias ações perante outros seres racionais. Se a sua explicação para bater em outra pessoa é simplesmente "porque eu quis", esta é apenas uma expressão de um desejo egoísta, sem nenhuma relevância. O que há de tão especial em você que o seu prazer deva ter prioridade sobre o sofrimento de outra pessoa? Mas respostas como "ele me bateu primeiro" ou "ele roubou minha comida" são justificativas reais, pois implicam que qualquer pessoa na mesma situação (incluindo a pessoa que você agrediu) poderia ter feito o mesmo. Aqui, Singer acata a posição de Hume, para quem o indivíduo que oferece uma verdadeira justificativa tem de "sair de sua situação privada e particular, e deve adotar um ponto de vista comum a si e aos outros". Isso é o que significa oferecer uma *razão*. Como afirma Pinker, comentando a proposta de Singer: "Assim, quando você tenta persuadir alguém de se abster de lhe causar dano ao apelar para as razões para tanto, você é sugado para uma posição de compromisso com o não uso do dano enquanto um objetivo geral."

Temos nos debruçado sobre o caso específico dos danos, mas a lógica se estende a domínios mais genéricos. Os indivíduos que se beneficiam ao trabalhar em grupo em projetos como a caça desportiva ou a criação conjunta dos filhos precisam coordenar seus comportamentos, e uma vez ou outra algumas pessoas terão de se sacrificar em nome do bem maior. Tais atividades só poderão ser bem-sucedidas se existirem sistemas de recompensa e punição que sejam aplicáveis de forma imparcial dentro da comunidade. A necessidade de imparcialidade é mais evidente quando se trata de distribuição de bens, como os alimentos. Se um indivíduo tenta ficar com tudo, gritando "eu quero!", acaba causando uma briga, e todos saem prejudicados. Mas declarações como "eu quero uma parcela igual" ou "eu quero mais, porque trabalhei mais" podem ser bem-recebidas por seres racionais, porque, mais uma vez, estas normas, em princípio, aplicam-se a todos nós.

De acordo com essa explicação, a imparcialidade surge como uma solução sensata para o problema da coordenação das ações dos seres racionais e egoístas. Mas a empatia também pode desempenhar um papel importante. Quando assumimos a perspectiva dos outros, torna-se claro que nossos desejos não são especiais. Não se trata apenas de que eu não queira ser prejudicado, mas, também, de que *ele* não quer ser prejudicado, e que *ela* não quer ser prejudicada, e assim por diante. Isso pode corroborar a generalização de que *ninguém* quer ser prejudicado, o que, por sua vez, pode respaldar uma interdição mais ampla contra os danos a terceiros. Com frequência, a empatia e a imparcialidade se reforçam mutuamente: o exercício da empatia nos faz perceber que, afinal de contas, não somos especiais, o que serve de base para a noção de princípios imparciais, o que nos motiva a continuar a ter empatia pelas outras pessoas.

Para se ter um exemplo de como a empatia e a razão trabalham em harmonia, consideremos os comportamentos parentais que o psicólogo Martin Hoffman chama de *induções*. Eles ocorrem quando uma criança prejudicou ou está prestes a prejudicar alguém, e o pai ou a mãe exortam a criança a assumir a perspectiva da vítima, dizendo coisas deste tipo: "Se você jogar neve na calçada deles, eles vão ter que limpá-la novamente" ou "Ele está chateado porque

COMO SER BOM   243

estava orgulhoso da torre que construiu e você a derrubou".
Hoffman estima que crianças entre de 2 e 10 anos recebam
cerca de quatro mil induções por ano. Podemos considerá-las
como incitações à empatia, como tentativas de fazer com
que as crianças tenham o hábito de assumir a perspectiva
dos outros. Mas elas também servem como um argumento
reiterado, sempre salientado para a criança: *você não é moralmente privilegiada.*

As crianças não são apenas receptoras passivas de argumentos morais. Elas também podem produzir estes
argumentos, e, aqui, vemos uma espécie de recapitulação
de como nossos ancestrais podem ter sido forçados a apelar
para a razão para justificar seus atos. Quando os psicólogos
Melanie Killen e Adam Rutland gravaram as interações de
um grupo de crianças de três anos e meio que brincavam
sozinhas em uma sala, sem a presença de nenhum adulto, eles
registraram este processo de persuasão moral perfeitamente:

Ruth: (segurando dois bonequinhos da Fisher-Price) Ei,
     eu quero o bonequinho verde. Que tal trocarmos?
     Toma, você pode ficar com este de presente (dá
     um bonequinho azul para Michael). E eu fico com
     o verde. Tá bom? (estende as mãos para pegar o
     bonequinho verde que está com Michael).
Michael: Não! A gente já trocou. Eu quero este
     (segurando com força o bonequinho verde). Eu
     quero brincar com ele agora, e você já brincou.
Lily: Ei, vocês podem ficar com as minhas colheres,
     se quiserem (mostra suas colheres para Michael e
     Ruth).

244   O QUE NOS FAZ BONS OU MAUS

Ruth: Não, eu quero o bonequinho verde.

Michael: Eu não vou trocar nenhum dos meus brinquedos (debruçando-se sobre seus brinquedos).

Lily: (cantando) Eu não vou trocar nenhum dos meus brinquedos.

Ruth: (cantando) Eu não vou trocar nenhum dos meus brinquedos.

Lily: Isso não é justo, porque *eu* não tenho nenhum bonequinho (faz beicinho).

Michael: (para Ruth) Dê um bonequinho para ela.

Ruth: Mas você tem três e ela não tem nenhum, e eu tenho um. Então, isso é que não é justo.

Lily: É, porque eu não tenho nenhum.

Ruth: (para Michael) Quer saber? Se você me der o bonequinho verde e depois eu der o vermelho para ela, então, todos nós vamos ter um bonequinho.

Michael: Tá, mas se você não me der o vermelho, eu não vou chamar você para a minha festa de aniversário.

Lily: Mas eu não tenho nenhum bonequinho.

Ruth: Tá bom, vou dar este bonequinho aqui para você (a Lily) e vou pegar este aqui do Michael e, então, todos nós vamos ficar com um, tudo bem?

Michael: (dá o bonequinho laranja para Ruth) Tá, mas podemos trocar de novo amanhã?

Ruth: (cantando) Festa de aniversário! (pega o bonequinho laranja de Michael e dá o bonequinho vermelho para Lily).

Lily: (cantando) Festa de aniversário!

Michael: (cantando) Festa de aniversário!

COMO SER BOM

Sabemos, a partir das pesquisas mencionadas anteriormente neste livro, que as crianças pequenas são sovinas quando solicitadas a distribuir recursos. Elas podem defender vividamente um principio de divisão equitativa quando se trata de outras pessoas, mas quando elas mesmas estão encarregadas de distribuir os recursos, tendem a ficar com a maior parte. No entanto, observamos uma dose relativamente pequena de sovinice na interação entre Ruth, Lily e Michael. Eles lidam bem uns com os outros — em grande parte, porque precisam. Assim como os indivíduos hipotéticos de nosso passado remoto sugeridos por Singer, estas crianças não podem se sair impunemente com o "eu quero": elas se veem obrigadas a fornecer e a estar à altura de justificativas elaboradas de forma objetiva.

E suas justificativas são comparativamente sofisticadas. Há mais cantoria na conversa delas do que costuma haver nos seminários de filosofia, e, em determinado momento, Michael, de fato, ameaça Ruth, mas elas também apelam para princípios imparciais — não fazem apenas exigências ou expressam preferências. Lily e Ruth insistem (e, em última análise, Michael concorda) que é "justo" que cada uma das crianças receba pelo menos um brinquedo (como na hora em que Lily diz: "Isso não é justo, porque eu não tenho nenhum bonequinho"). E o próprio Michael apela para um princípio que determina que um brinquedo específico seja compartilhado ao longo do tempo ("Eu quero brincar com ele agora, e você já brincou").

A disputa não precisava, necessariamente, ter terminado dessa maneira. Michael poderia ter respondido a Lily e Ruth argumentando que havia outras razões pelas quais ele deveria ficar com todos os brinquedos que estavam em seu poder — talvez eles fossem seus, ou, talvez, ele simplesmente gostasse muito mais deles do que qualquer outra pessoa. Ele poderia muito bem ter convencido as outras crianças de que alguma destas considerações era mais relevante do que o princípio de divisão equitativa. O raciocínio pode nos levar a caminhos surpreendentes.

O comprometimento com princípios imparciais pode triunfar sobre nosso egoísmo. Nós nos sacrificamos para fazer o que achamos que é certo. Alguns exemplos disso são Oskar Schindler, que arriscou tudo para salvar judeus do Holocausto, e Paul Rusesabagina, que abrigou tutsis durante o genocídio de Ruanda. Mas a minha ilustração favorita vem de Rick Blaine, interpretado por Humphrey Bogart em *Casablanca*. O filme termina com Rick explicando à sua amante Ilsa Lund por que ela precisa ir embora com o marido e deixá-lo para trás, e ele fundamenta sua explicação com uma eloquente declaração de imparcialidade moral: "Não sou bom em agir com nobreza, mas não é preciso muito para ver que os problemas de três meras pessoas não contam muito neste mundo louco."

Deveríamos manter essa citação em mente quando considerarmos a visão cada vez mais popular de que somos escravos das paixões — de que nossos juízos morais e nossas ações morais são frutos de mecanismos neurais dos quais não temos nenhum conhecimento e sobre os quais não temos nenhum controle consciente. Se essa visão de nossas naturezas morais fosse verdadeira, seria preciso renovar nosso estado de ânimo para aprender a conviver com ela. Mas ela não é verdadeira; é algo refutado pela

COMO SER BOM

experiência cotidiana, pela história e pela ciência da psicologia do desenvolvimento.

Verificamos, ao contrário, que a teoria correta a respeito de nossas vidas morais está dividida em duas partes. A primeira delas é o trazemos conosco desde o nascimento, e isso é surpreendentemente rico: os bebês são animais morais, equipados pela evolução com a empatia e a compaixão, com a capacidade de julgar as ações dos outros, e, até mesmo, com um pouco de compreensão rudimentar acerca da justiça e da equidade. Mas nós somos mais do que apenas bebês. Uma parte fundamental de nossa moralidade — muito daquilo que nos torna humanos — surge ao longo da história humana e do desenvolvimento individual. É o produto de nossa compaixão, de nossa imaginação e de nossa magnífica capacidade de raciocinar.

AGRADECIMENTOS

A moralidade tem sido objeto do meu interesse tanto quanto me lembro, mas o impulso para escrever este livro surgiu com uma série de palestras que ministrei na Universidade Johns Hopkins, em 2007 e 2008. O tema era "A Ciência Cognitiva da Religião", e duas das minhas palestras investigavam a relação entre a moralidade e a crença religiosa. Agradeço ao Instituto Metanexus, à Fundação John Temple e à Escola Krieger de Artes e Ciências pelo seu apoio a essas palestras. Sou grato, também, a Steven Gross, por coordenar minhas visitas e debater comigo essas questões.

Depois de concluir essas palestras, deixei a moralidade de lado por um tempo para concluir um livro sobre um assunto completamente diferente (prazer), mas voltei a este tema em 2010, quando escrevi um artigo intitulado "A vida moral dos bebês", para a *New York Times Magazine*. Sou grato a meus editores Alex Star e Jaime Ryerson pelo seu interesse neste assunto e por suas muitas orientações editoriais. Naquele momento, minha agente Katinka Matson convenceu-me a dar um passo além. Este é o meu terceiro livro com Katinka. Ela é inteligente, honesta e motivadora — tenho sorte de tê-la ao meu lado.

Em 2011, fui convidado para ministrar as palestras DeVane em Yale, sobre o tema "As moralidades da vida cotidiana". Essas palestras serviram como um ensaio para muitos dos argumentos deste livro. Agradeço ao então presidente de Yale, Richard Levin, e ao então reitor (agora presidente) Peter Salovey, por me dar esta oportunidade. Agradeço, também, por seu trabalho no sentido de assegurar que Yale seja uma comunidade intelectual tão interessante. Não há melhor lugar no mundo para lecionar e pesquisar.

Os estudos sobre bebês realizados em Yale, e aqui descritos, foram financiados pela Fundação Nacional de Ciências e pelos Institutos Nacionais de Saúde. Sou muito grato pelo seu apoio.

À medida que este livro tomava forma, muitos colegas e amigos responderam a perguntas, leram trechos, deram conselhos e me ajudaram a aprofundar as questões. Agradeço a Catherine Alexander, John Bargh, Rodolfo Cortes Barragan, David Berreby, Peter Blake, Adam Cohen, Val Curtis, John Dovidio, Carol Dweck, Brian Earp, Deborah Fried, John Gibbs, Adam Glick, Kiley Hamlin, Edie Hofstatter, Frank Keil, Melanie Killen, Joshua Knobe, Valerie Kuhlmeier, Robert Kurzban, Marianne LaFrance, Megan Mangum, Gregory Murphy, Shaun Nichols, Kristina Olson, Wendy Phillips, David Pizarro, David Rand, Laurie Santos, Sally Satel, Richard Shweder, Luca Surian e Karen Wynn. Tenho uma dívida especial com Tamar Gendler e Joshua Greene, pelas muitas conversas sobre estes temas e pelos precisos comentários sobre as versões anteriores.

Abordei muitas destas ideias em um seminário de graduação em psicologia moral, e sou grato aos estudantes pela discussão e pelo debate. E fiz um primeiro esboço deste livro

AGRADECIMENTOS

com a ajuda do meu grupo de laboratório, composto por alunos de graduação, alunos de pós-graduação e bolsistas de pós-doutorado. Agradeço pelos comentários inteligentes e construtivos de Konika Banerjee, Jennifer Barnes, Lindsey Drayton, Thalia Goldstein, Lily Guillot, Jonathan Phillips, David Pietraszewski, Alex Shaw, Mark Sheskin, Christina Starmans e Annie Wertz.

Agradeço à minha editora na Crown, Rachel Klayman, por sua crença neste projeto e seus sábios conselhos em todo o percurso. Juntamente com sua maravilhosa assistente editorial, Stephanie Chan, ela fez comentários extensos e atenciosos sobre as versões anteriores, levando-me a repensar e a reestruturar muitos dos meus argumentos. Sinto que, como resultado, o livro está muito melhor — e, certamente, muito mais sucinto.

Agradeço à minha família — próxima, estendida, meus parentes reais e fictícios, todos eles — por seu apoio. E deveria incluir uma menção especial aos meus filhos adolescentes, Max e Zachary, por seu amor e companheirismo, e pelas inúmeras horas de agradável debate. Espero convencer pelo menos um deles a fazer parte deste negócio familiar.

E isso me leva ao meu maior agradecimento, que é dedicado à minha esposa, Karen Wynn. Não sou dessas pessoas que conseguem manter a família e o trabalho separados. Karen dirige o Centro de Cognição Infantil em Yale, e toda a minha pesquisa sobre a moralidade dos bebês foi conduzida como coadjuvante dos estudos liderados por Karen e seus alunos. As ideias apresentadas neste livro foram influenciadas por muitos anos de discussão com Karen, e tenho me beneficiado ao longo deste tempo de sua gentileza, seu brilhantismo e seu amor. Ela também ajudou a pensar no título do livro.

NOTAS

PREFÁCIO

11 **uma escritora que mora em Dallas:** S. Satel, "Desperately Seeking a Kidney", *New York Times Magazine,* 16 de dezembro de 2007.

11 **Outros vão ainda mais longe:** L. MacFarquhar, "The Kindest Cut", *New Yorker,* 27 de julho de 2009.

11 **um código moral implantado por Deus:** Francis Collins, *The Language of God: A Scientist Presents Evidence for Belief* (Nova York: Free Press, 2006).

13 **"Morte a Mary Bale":** L. M. Holson, "The New Court of Shame Is Online", *New York Times,* 23 de dezembro de 2010.

14 **Thomas Jefferson estava certo:** ou, para o texto integral da carta, vide "Letter to Peter Carr" (10 de agosto de 1787), www.stephenjaygould.org/ctrl/jefferson_carr.html. Para uma discussão da visão de Jefferson sobre a psicologia moral, vide John Macnamara, *Through the Rearview Mirror: Historical Reflections on Psychology* (Cambridge, MA: MIT Press, 1999).

14 **Adam Smith:** Para um panorama abrangente sobre as ideias de Smith sobre moralidade, vide Michael L. Frazer, *The Enlightenment of Sympathy: Justice and the Moral Sentiments in the Eighteenth Century and Today* (Nova York: Oxford University Press, 2010).

254 O QUE NOS FAZ BONS OU MAUS

1. A VIDA MORAL DOS BEBÊS

17 **O bebê de 1 ano de idade decidiu fazer justiça com as próprias mãos:** A história foi relatada pela primeira vez em P. Bloom, "The Moral Life of Babies", *New York Times Magazine,* 9 de maio de 2010.

18 **O reverendo Thomas Martin:** Citado em Frank Keil, *Developmental Psychology* (Nova York: Norton, em breve).

18 **Nem mesmo os filósofos morais estão de acordo sobre o que a moralidade realmente é:** J. Nado, D. Kelly e S. Stich, "Moral Judgment", in *The Routledge Companion to the Philosophy of Psychology,* org. John Symons e Paco Calvo (Nova York: Routledge, 2009), 621-33.

19 **E é um tipo de erro específico:** Estes são alguns dos critérios usados por Elliot Turiel e seus colegas para distinguir as transgressões morais do que eles chamam de "transgressões socioconvencionais". Vide Elliot Turiel, "The Development of Morality", in *Handbook of Child Psychology,* org. William Damon e R. M. Lerner, vol. 3, org. N. Einseberg (Nova York: Wiley, 2006), 789-857.

20 **John Mikhail sugeriu:** John Mikhail, *Elements of Moral Cognition: Rawls' Linguistic Analogy and the Cognitive Science of Moral and Legal Judgment* (Nova York: Cambridge University Press, 2010).

21 **Jeremy Strohmeyer e David Cash Jr.:** C. Booth, "The Bad Samaritan", *Time,* 7 de setembro de 1998.

22 **Em outros tipos de erros morais, os danos causados não ficam tão claros:** Vide, por exemplo, R. Shweder e J. Haidt, "The Future of Moral Psychology: Truth, Intuition, and the Pluralist Ways", *Psychological Science* 4 (1993): 360-65; Jonathan Haidt, *The Righteous Mind: Why Good People Are Divided by Politics and Religion* (Nova York: Pantheon, 2012).

NOTAS

23 **um estudo sobre a ajuda espontânea em bebês:** F. Warneken
e M. Tomasello, "Altruistic Helping in Human Infants and
Young Chimpanzees", *Science* 311 (2006): 1301-3.

24 **como destacou Adam Smith:** Adam Smith, *The Theory of
Moral Sentimennts* (1759; reimpr., Lawrence, KS: Digireads.
com, 2011), 30.

24 **Heródoto defendeu este ponto:** Heródoto, *The Histories,* ed.
rev., trad. Aubrey de Selincourt (Nova York: Penguin, 2003).

25 **Minha síntese favorita das diferenças morais contemporâneas:** R. Shweder, "Are Moral Intuitions Self-Evident
Truths?", *Criminal Justice Ethics* 13 (1994): 26. Em outros
trabalhos, porém, Shweder deixa claro que os universais
morais também existem; vide, por exemplo, R. Shweder,
"Relativism and Universalism", in *Companion to Moral
Anthropology,* org. Didier Fassin (Nova York: Wiley),
85-102.

25 **a tendência dos antropólogos a exagerar o exotismo das
outras pessoas:** M. Bloch, "The Past and the Present in the
Present", *Man* 12 (1977): 278-92, citação da p. 285.

26 **um dos aspectos da moralidade (...) tem sido, há muito
tempo, algo bastante fácil de explicar de um ponto de vista
evolutivo:** Richard Dawkins, *The Selfish Gene* (Nova York:
Oxford University Press, 1976).

27 **Adam Smith destacou este fato:** Smith, *Theory of Moral
Sentiments,* 63.

28 **"subversão interna":** Richard Dawkins, *The God Delusion*
(Nova York: Houghton Mifflin, 2006), 199.

28 **A teoria de Darwin:** Charles Darwin, *The Descent of Man*
(1871; reimpr., Londres: Penguin, 2004), 155. Vide, também,
S. Bowles, "Group Competition, Reproductive Leveling,
and the Evolution of Human Altruism", *Science* 314 (2006):
1569-72; E. O. Wilson, *The Social Conquest of Earth* (Nova
York: Liveright, 2012).

256   O QUE NOS FAZ BONS OU MAUS

28 Uma teoria alternativa (...) é que os mocinhos poderiam
    punir os bandidos: R. L. Trivers, "The Evolution of Recipro-
    cal Altruism", *Quarterly Review of Biology* 46 (1971): 35-57.

29 cinco minutos dentro da cabeça de uma criança de 2 anos
    de idade: Alison Gopnik, *The Philosophical Baby: What
    Children's Minds Tell Us About Truth, Love, and the Meaning
    of Life* (Nova York: Farrar, Straus and Giroux, 2009).

30 O psicólogo Charles Fernyhough conta: Charles Fernyhough,
    *A Thousand Days of Wonder: A Scientist's Chronicle of His
    Daughter's Developing Mind* (Nova York: Avery, 2009), 5.

32 A psicóloga Alison Gopnik (...) O bebê apenas é, preso ao
    aqui e agora: Gopnik, *Philosophical Baby*.

33 a "física ingênua" de um bebê: Vide, por exemplo, R. Baillar-
    geon, "Object Permanence in 3 ½ and 4 ½ Month Old Infants",
    Developmental Psychology 23 (1987): 655-64; E. Spelke, "Prin-
    ciples of Object Perception", *Cognitive Science* 14 (1990): 29-56.
    Para uma revisão, vide E. S. Spelke e K. D. Kinzler, "Core
    Knowledge", *Developmental Science* 10 (2007): 89-96.

34 bebês também são capazes de realizar matemática rudimen-
    tar: K. Wynn, "Addition and Subtraction by Human Infants",
    Nature 358 (1992): 749-50. Para uma revisão de desenvolvi-
    mentos e replicações, vide K. van Marle e K. Wynn, "Quan-
    titative Reasoning", in *Encyclopedia of Cognitive Science*, org.
    Lynn Nadel (Londres: Nature Publishing Group, Macmillan,
    2002). Para um estudo da compreensão das proporções pelos
    bebês, vide K. McCrink e K. Wynn, "Ratio Abstraction by
    6-Month-Old Infants", *Psychological Science* 18 (2007): 740-46.

34 Eles gostam do som das vozes humanas (...) eles gostam da
    aparência dos rostos humanos: Para uma revisão, vide Paul
    Bloom, *Descartes' Baby: How the Science of Child Develop-
    ment Explains What Makes Us Human* (Nova York: Basic
    Books, 2004).

34 como deixar um bebê com os nervos à flor da pele: E.
    Tronick, H. Als, L. Adamson, S. Wise e T. B. Brazelton, "The

NOTAS   257

Infant's Response to Entrapment Between Contradictory
Messages in Face-to-Face Interaction", *Journal of American
Academy of Child Psychiatry* 17 (1978): 1-13.

34 **Em um estudo:** T. Field, N. Vega-Lahar, F. Scafidi e S. Goldstein, "Effects of Maternal Unavailability on Mother-Infant
Interactions", *Infant Behavior and Development* 9 (1986):
473-78; Tronick, Als, Adamson, Wise e Brazelton, "Infant's
Response to Entrapment".

35 **os bebês têm consciência de que os indivíduos têm metas:**
A. Woodward, "Infants Selectivity Encode the Goal of an
Actor's Reach", *Cognition* 69 (1998): 1-34.

35 **bebês de 15 meses:** K. H. Onishi e R. Baillargeon, "Do
15-Month-Old Infants Understand False Beliefs?", *Science*
308 (2005): 255-58.

37 **trabalhos anteriores dos psicólogos David Premack e Ann
Premack:** D. Premack e A. J. Premack, "Infants Attribute
Value +/- to the Goal-Directed Actions of Self-Propelled
Objects". *Journal of Cognitive Neuroscience* 9 (1997): 848-56.

37 **criamos desenhos animados em que figuras geométricas
ajudavam ou atrapalhavam outras figuras geométricas:**
V. Kuhlmeier, K. Wynn e P. Bloom, "Attribution of Dispositional States by 9-Month-Olds: The Role of Faces", sob
revisão; V. Kuhlmeier, K. Wynn e P. Bloom, "Attribution
of Dispositional States by 12-Month-Old Infants", *Psychological Science* 14 (2003): 402-8; J. K. Hamlin, K. Wynn e
P. Bloom, "Social Evaluation by Preverbal Infants", *Nature*
450 (2007): 557-59. Para exemplos de coisas que são mos-
tradas aos bebês, acesse "Social Evaluation by Preverbal
Infants", 2007, www.yale.edu/infantlab/socialevaluation/
Helper-Hinderer.html.

38 **Em nossa primeira série de estudos utilizamos (...) fantoches, em vez de desenhos animados:** Hamlin, Wynn e
Bloom, "Social Evaluation by Preverbal Infants".

258 O QUE NOS FAZ BONS OU MAUS

40 Em seguida, prosseguimos com dois estudos com bebês de 3 meses: J. K. Hamlin, K. Wynn e P. Bloom, "3-Month-Olds Show a Negativity Bias in Social Evaluation", *Developmental Science* 13 (2010): 923-39.

40 uma "tendência à negatividade": A. Vaish, T. Grassmann e A. Woodward, "Not All Emotions Are Created Equal: The Negativity Bias in Social-Emotional Development", *Psychological Bulletin* 134 (2008): 383-403; P. Rozin e E. Royzman, "Negativity Bias, Negativity Dominance, and Contagion", *Personality and Social Psychology Review* 5 (2001): 296-320.

41 um projeto liderado por Mariko Yamaguchi: M. Yamaguchi, V. Kuhlmeier, K. Wynn e K. van Marle, "Continuity in Social Cognition from Infancy to Childhood", *Developmental Science* 12 (2009): 746-52.

42 Kiley e Karen criaram diferentes conjuntos de encenações sobre moralidade: J. K. Hamlin e K. Wynn, "Five- and 9-Month-Old Infants Prefer Prosocial to Antisocial Others", *Cognitive Development* 26 (2011): 30-39.

42 identificando o facilitador como agradável e o dificultador como mau: J. K. Hamlin, K. Wynn e P. Bloom, "Social Evaluation by Preverbal Infants", pôster apresentado no encontro da Sociedade de Pesquisas em Desenvolvimento Infantil, Boston, 2007.

43 Adam Smith (...) descreve o senso moral: Smith, *Theory of Moral Sentiments*, 222.

2. EMPATIA E COMPAIXÃO

45 alguma infeliz combinação de genes, do modo como foi criado e da experiência pessoal: E. Viding, R. J. R. Blair, T. E. Moffitt e R. Plomin, "Evidence for Substantial Genetic Risk for Psychopathy in 7-Year-Olds", *Journal of Child Psychology and Psychiatry* 46 (2005): 592-97.

NOTAS   259

46 uma estratégia que os pais costumam usar com os filhos:
    Martin L. Hoffman, *Empathy and Moral Development:
    Implications for Caring and Justice* (Nova York: Cambridge
    University Press, 2000).

47 um assaltante de 13 anos: William Damon, *The Social World
    of the Child* (San Francisco: Jossey-Bass, 1977), 18.

47 Ted Bundy ficava confuso: Citado em Paul Bloom, *Descartes'
    Baby: How the Science of Child Development Explains What
    Makes Us Human* (Nova York: Basic Books, 2004).

47 O assassino em série Gary Gilmore resumiu a atitude:
    Citado em Bloom, *Descartes' Baby.*

47 entrevista com Peter Woodcock: De Jon Ronson, *The Psyco-
    path Test: A Journey Through the Madness Industry* (Nova
    York: Riverhead, 2011), 91.

48 Alguns exemplos ilustrativos são relatados por Charles
    Darwin: Charles Darwin, "A Biographical Sketch of an
    Infant", *Mind* 2 (1877): 285-94.

48 William reagia ao sofrimento que conseguia perceber em
    outras pessoas: Darwin, "Biographical Sketch", 289.

49 a satisfação de William com suas próprias ações de genti-
    leza: Darwin, "Biographical Sketch", 291.

49 primeiros indícios de culpa e de vergonha: Darwin, "Bio-
    graphical Sketch", 292.

49 "planejando, cuidadosamente, me enganar": Darwin, "Bio-
    graphical Sketch", 292.

50 "Quanto dinheiro seria necessário para você estrangular
    um gato (...)?": Michael Sandel, *Justice: What's the Right
    Thing to Do?* (Nova York: Farrar, Straus and Giroux, 2009).

50 a psicopatia pode ser uma vantagem no mundo dos negó-
    cios e da política: Paul Babiak e Robert D. Hare, *Snakes in
    Suits: When Psychopaths Go to Work* (Nova York: Harper
    Collins, 2006).

51 **"o olhar que as pessoas fazem imediatamente antes de eu esfaqueá-las":** A. A. Marsh e E. M. Cardinale, "Psychopathy and Fear: Specific Impairments in Judging Behaviors That Frighten Others", *Emotion* 12 (2012): 892-98.

52 **Adam Smith não usou a palavra** *empatia* **(...), mas a descreveu com propriedade:** Adam Smith, *The Theory of Moral Sentiments* (1759; reimpr., Lawrence, KS: Digireads.com, 2011), 13.

52 **"minha própria garganta se estreitava em solidariedade":** John Updike, *Getting the Words Out* (Northridge, CA: Lord John Press, 1988), 17, citado em Elaine Hatfield, John T. Cacioppo e Richard L. Rapson, *Emotional Contagion* (Nova York: Cambridge University Press, 1994).

53 **Adam Smith dá outro exemplo:** Smith, *Theory of Moral Sentiments*, 13.

54 **neurônios-espelho:** V. Gallese, L. Fadiga, L. Fogassi e G. Rizzolatti, "Action Recognition in the Premotor Cortex", *Brain* 119 (1996): 593-609; G. Di Pellegrino, L. Fadiga, L. Fogassi, V. Gallese e G. Rizzolatti, "Understanding Motor Events: A Neurophysiological Study", *Experimental Brain Research* 91 (1992): 176-80.

54 **comparando-a à descoberta do DNA:** V. S. Ramachandran "Mirror Neurons and Imitation Learning as the Driving Force Behind the Great Leap Forward in Human Evolution", 2009, vídeo Edge, transcrito em www.edge.org/3rd_culture/ramachandran/ramachandran_index.html.

55 **as primeiras afirmações sobre os neurônios-espelho foram bem exageradas:** G. Hickok, "Eight Problems for the Mirror Neuron Theory of Action Understanding in Monkeys and Humans", *Journal of Cognitive Neuroscience* 21 (2009): 1229-43; Steven Pinker, *The Better Angels of Our Nature: Why Violence Has Declined* (Nova York: Viking, 2011); Alison Gopnik, "Cells That Read Minds? What the Myth of

NOTAS 261

Mirror Neurons Gets Wrong About the Human Brain", *Slate*, abril de 2007, www.slate.com/articles/life/brains/2007/04/cells_that_read_minds.html.

56 **a empatia existe para motivar a compaixão e o altruísmo**: Para uma discussão, vide C. Daniel Batson, *Altruism in Humans* (Nova York: Oxford University Press, 2011). Para uma revisão da empatia e da simpatia sob uma perspectiva desenvolvimentista, vide Hoffman, *Empathy and Moral Development*.

56 **o vínculo entre a empatia (...) tem mais sutilezas do que muitas pessoas acreditam**: Vide, também, J. Prinz, "Is Empathy Necessary for Morality?", in *Empathy: Philosophical and Psychological Perspectives,* org. Amy Coplan e Peter Goldie (Nova York: Oxford University Press, 2010).

56 **A empatia também é influenciada pelo que o indivíduo pensa a respeito dos outros**: T. Singer, B. Seymour, J. P. O'Doherty, K. E. Stephan, R. J. Dolan e C. D. Frith, "Empathic Neural Responses Are Modulated by the Perceived Fairness of Others", *Nature* 439 (2006): 466-69.

56 **um exemplo do filósofo Peter Singer, obviamente de uma boa ação**: P. Singer, "Famine, Amuence, and Morality", *Philosophy and Public Affairs* 1 (1972): 229-43.

57 **o sábio chinês Mêncio**: Citado em S. Darwall, "Empalhy, Sympathy, Care", *Philosophical Studies* 89 (1998): 261-82.

58 **Como sinaliza o psicólogo Steven Pinker**: Pinker, *Better Angels*, 576.

58 **Um caso real, descrito pelo filósofo Jonathan Glover**: Jonathan Glover, *Humanity: A Moral History of the Twentieth Century* (New Haven: Yale University Press, 2000), 379-80.

59 **Experimentos realizados pelo psicólogo C. Daniel Batson**: C. D. Batson, T. R. Klein, L. Highberger e L. L. Shaw, "Immorality from Empathy-Induced Altruism: When Compassion and Justice Conflict", *Journal of Personality and Social Psychology* 68 (1995): 1042-54.

262   O QUE NOS FAZ BONS OU MAUS

60 Até mesmo os recém-nascidos reagem a expressões de outras pessoas: A. N. Meltzoff e M. K. Moore, "Imitations of
Facial and Manual Gestures by Human Neonates", *Science*
198 (1977): 75-78.

60 os pais e os bebês frequentemente espelham suas próprias
expressões: C. Trevarthen, "The Concept and Foundations
of Infant Intersubjectivity", in *Intersubjective Communication and Emotion in Early Ontogeny*, org. Stein Braten (Nova
York: Cambridge University Press, 1998), 15-46.

60 o som do choro é desagradável para os bebês; tende a fazer
com que os bebês acabem chorando também: A. Sagi e M.
Hoffman, "Empathic Distress in the Newborn", *Developmental Psychology* 12 (1976): 175-76.

61 Os bebês choram mais ao ouvir o som do choro de outro
bebê (...) o choro de um filhote de chimpanzé: G, B. Martin
e R. D. Clark, "Distress Crying in Infants: Species and Peer
Specificity", *Developmental Psychology* 18 (1982): 3-9; M.
Dondi, F. Simion e G. Caltran "Can Newborns Discriminate
Between Their Own Cry and the Cry of Another Newborn
Infant?", *Developmental Psychology* 35 (1999): 418-26.

61 Macacos rhesus famintos evitam puxar uma alavanca:
S. Wechkin, J. H. Masserman e W. Terris Jr., "Shock to a
Conspecific as an Aversive Stimulus", *Psychonomic Science*
1 (1964): 47-48; J. H. Masserman, S. Wechkin e W. Terris,
"'Altruistic' Behavior in Rhesus Monkeys", *American Journal
of Psychiatry* 121 (1964): 584-85.

61 Ratos vão pressionar uma barra para abaixar outro rato: G.
E. Rice e P. Gainer, "'Altruism' in the Albino Rat", *Journal of
Comparative and Physiological Psychology* 55 (1962): 123-25;
G. E. J. Rice, "Aiding Behavior vs. Fear in the Albino Rat",
Psychological Record 14 (1964): 165-70.

61 crianças de 1 ano costumam dar tapinhas e passar a mão
nas costas de outras que parecem estar angustiadas: Para

NOTAS   263

uma revisão, vide Hoffman, *Empathy and Moral Development*.

61 A psicóloga Carolyn Zahn-Waxler e seus colegas descobriram: C. Zahn-Waxler, J. L. Robinson e R. N. Emde, "The Development of Empathy in Twins", *Developmental Psychology 28* (1992): 1038-47; C. Zahn-Waxler, M. Radke-Yarrow, E. Wagner e M. Chapman, "Development of Concern for Others", *Developmental Psychology* 28 (1992): 126-36.

62 As meninas são mais propensas a reconfortar do que os meninos: Zahn-Waxler, Robinson e Emde, "Development of Empathy in Twins".

62 pesquisas sugerindo uma maior empatia e compaixão, em média, entre as fêmeas: N. Eisenberg e R. Lennon, "Sex Differences in Empathy and Related Capacities", *Psychological Bulletin* 94 (1983): 100-131.

62 é possível observar um comportamento semelhante em outros primatas: Frans de Waal, *The Ape and the Sushi Master: Cultural Reflections of a Primatologist* (Nova York: Basic Books, 2001).

62 Em um estudo em que ratos tiveram a chance de pressionar uma barra: Rice, "Aidmg Behavior vs. Fear", 167. Para uma discussão, vide S. D. Preston e F. B. M. de Waal, "Empathy: Its Ultimate and Proximate Bases", *Behavioral and Brain Sciences* 25 (2002): 1-71.

62 Às vezes, as crianças pequenas também reagem de forma egocêntrica à dor dos outros: Hoffman, *Empathy and Moral Development*.

63 relatos e estudos demonstrando a ajuda espontânea: Para uma revisão, vide D. F. Hay, "The Roots and Branches of Human Altruism", *British Journal of Psychology* 100 (2009): 473-79.

63 "'Papai quer chinelos'": W. Valentine, *The Psychology of Early Childhood* (Londres: Methuen, 1942),321.

264   O QUE NOS FAZ BONS OU MAUS

63 um psicólogo escreveu sobre uma criança de dezoito meses
de idade: Joseph Church, org., *Three Babies: Biographies
of Cognitive Development* (Nova York: Random House,
1966),71-72.

63 E outra psicóloga (...) narra ter transformado seu labo-
ratório em uma casa bagunçada: H. L. Rheingold "Little
Children's Participation in the Work of Adults, a Nascent
Prosocial Behavior", *Child Development* 53 (1982): 114-25.

64 psicólogos descobriram que as crianças pequenas ajudam
os adultos: F. Warneken e M. Tomasello, "Altruistic Helping in Human Infants and Young Chimpanzees", *Science*
311 (2006): 1301-3; F. Warneken e M. Tomasello, "Helping
and Cooperation at 14 Months of Age", *Infancy* 11 (2007):
271-94. Para uma revisão, vide Michael Tomasello, *Why We
Cooperate* (Cambridge, MA: MIT Press, 2009).

64 Tal comportamento é impressionante: K. A. Dunfield, V. A.
Kuhlmeier, L. O'Connell e E. Kelley, "Examining the Diver-
sity of Prosocial Behavior: Helping, Sharing, and Comforting
in Infancy", *Infancy* 16 (2011): 227-47.

64 Ou, talvez, seus atos de ajuda sejam praticados (...) para
receber sua aprovação: K. Wynn, "Constraints on Natural
Altruistm", *British Journal of Psychology* 100 (2009): 481-85.

65 Alia Martin e Kristina Olson conduziram um experimento:
A. Martin e K. R. Olson, "When Kids Know Better: Pater-
nalistic Helping in 3-Year-Old Children", *Developmental
Psychology,* em breve.

65 crianças de 3 anos eram mais propensas a ajudar alguém
que havia auxiliado outra pessoa anteriormente: A. Vaish,
M. Carpenter e M. Tomasello, "Young Children Selectively
Avoid Helping People with Harmful Intentions", *Child Development* 81 (2010): 1661-69.

66 Kristen Dunfield e Valerie Kuhlmeier obtiveram resultados
semelhantes: K. A. Dunfield e V. A. Kuhlmeier, "Inten-

NOTAS 265

tion-Mediated Selective Helping in Infancy", *Psychological Science* 21 (2010): 523-27.

66 **As crianças começam a compartilhar espontaneamente:** H. L. Rheingold, D. F. Hay e M. J. West, "Sharing in the Second Year of Life", *Child Development* 47 (1976): 1148-58; D. F. Hay, "Cooperative Interactions and Sharing Between Very Young Children and Their Parents", *Developmental Psychology* 6 (1979): 647-58; D. F. Hay e P. Murray, "Giving and Requesting: Social Facilitation or Infants' Offers to Adults", *Infant Behavior and Development* 5 (1982): 301-10; Rheingold, Hay e West, "Sharing in the Second Year".

67 **Celia Brownell e seus colegas:** C. A. Brownell, M. Svetlova e S. Nichols, "To Share or Not to Share: When Do Toddlers Respond to Another's Needs?", *Infancy* 14 (2009): 117-30, citação da p. 125.

68 **Rodolfo Cortez Barragan e Carol Dweck acreditam:** R. C. Barragan e C. Dweck, "Young Children's 'Helpfulness': How Natural Is It?", manuscrito não publicado, Stanford University, 2013.

68 **uma conexão íntima entre julgar os outros e julgar a si mesmos:** R. F. Baumeister, A. M. Stillwell e T. F. Heatherton "Guilt: An Interpersonal Approach", *Psychological Bulletin* 115 (1994): 243-67. Para uma discussão, vide Pinker, *Better Angels*.

69 **No primeiro ano de vida, os bebês mostram-se angustiados quando prejudicam os outros:** Para uma revisão, vide Hoffman, *Empathy and Moral Development*.

69 **um inteligente experimento sobre a manifestação da culpa em crianças:** Charlotte Buhler, *From Birth to Maturity: An Outline of the Psychological Development of the Child* (Londres: Kegan Paul, 1935), 66-67, citado em Peter Hobson, *The Cradle of Thought: Exploring the Origins of Thinking* (Londres: Macmillan, 2002).

266 O QUE NOS FAZ BONS OU MAUS

71 **a força psicológica da compaixão:** Smith, *Theory of Moral Sentiments*, 9.

3. EQUIDADE, STATUS E PUNIÇÃO

74 **Em uma série de influentes estudos (...) William Damon:** William Damon, *The Social World of the Child* (San Francisco: Jossey-Bass, 1977), 81. O exemplo que dou aqui também é citado em S. Nichols "Emotions, Norms, and the Genealogy of Fairness", *Politics, Philosophy and Economics* 9 (2010): 275-96.

75 **a mesma propensão à igualdade em crianças mais novas:** K. R. Olson e E. S. Spelke, "Foundations of Cooperation in Preschool Children", *Cognition* 108 (2008): 222-31.

75 **A propensão à igualdade tem a sua força:** A. Shaw e K. R. Olson, "Children Discard a Resource to Avoid Inequity", *Journal of Experimental Psychology: General* 141 (2012): 382-95.

77 **os de 16 meses preferiram aquele que havia distribuído (...) equitativamente:** A. Geraci e L. Surian, "The Developmental Roots of Fairness: Infants' Reactions to Equal and Unequal Distributions of Resources", *Developmental Science* 14 (2011): 1012-20.

77 **bebês de 15 meses passavam mais tempo observando a divisão não equitativa:** M. F. H. Schmidt e J. A. Sommerville, "Fairness Expectations and Altruistic Sharing in 15-Month-Old Human Infants, *PLoS ONE* 6 no. 10 (2011): e23223.

77 **por vezes, as crianças podem desprezar o foco na igualdade:** S. Sloane, R. Baillargeon e D. Premack, "Do Infants Have a Sense of Fairness?", *Psychological Science* 23 (2012): 196-204.

78 **as crianças se mostraram inteligentes quanto ao que fazer com os produtos extras:** Shaw e Oslon, "Children Discard a

NOTAS 267

Resource"; K. R. Oslon e E. S. Spelke, "Foundations of Cooperation in Preschool Children", *Cognition* 108 (2008): 222-31.

79 **Alguns experimentos que realizei:** K. McCrink, P. Bloom e L. Santos, "Children's and Adults' Judgments of Equitable Resource Distributions", *Developmental Science* 13 (2010): 37-45.

79 **E outros estudos descobriram que (...) se desenvolve, até mesmo, ao longo da adolescência:** I. Almas, A. W. Cappelen, E. O. Sorensen e B. Tungodden, "Fairness and the Development of Inequality Acceptance", *Science* 328 (2010): 1176-78.

79 **somos igualitários inatos:** Frans de Waal, *The Age of Empathy: Nature's Lessons for a Kinder Society* (Nova York: Random House, 2009), 200.

80 **Aleksandr Solzhenitsyn conta uma história inquietante:** Aleksandr Solzhenitsyn, *The Gulag Archipelago, 1918-1956: An Experiment in Literary Investigation* (Nova York: Harper, 1974), 69-70.

81 **o antropólogo Christopher Boehm abordou esse assunto:** Christopher Boehm, *Hierarchy in the Forest: The Evolution of Egalitarian Behavior* (Cambridge, MA: Harvard University Press, 1999).

82 **As sociedades de caçadores-coletores são hiperviolentas:** Boehm, *Hierarchy in the Forest*. Para uma revisão, vide Steven Pinker, *The Better Angels of Our Nature: Why Violence Has Declined* (Nova York: Viking, 2011).

83 **"'insultando a carne'":** N. Angier, "Thirst for Fairness May Have Helped Us Survive", *New York Times,* 5 de julho de 2011.

83 **"Entre os hadza (...) seus esforços eram divertidos":** Boehm, *Hierarchy in the Forest,* 75.

84 **E há penalidades mais severas:** Boehm, *Hierarchy in the Forest,* 121, 82.

268 O QUE NOS FAZ BONS OU MAUS

84 **"uma variedade bizarra de hierarquia política"**: Boehm, *Hierarchy in the Forest*, 3.

86 **o jogo do ultimato**: W. Güth, R. Schmittberger e B. Schwarze, "An Experimental Analysis of Ultimatum Bargaining", *Journal of Economic Behavior and Organization* 3 (1982): 367-88.

87 **De acordo com o economista comportamental Dan Ariely**: Dan Ariely, *The Upside of Irrationality: The Unexpected Benefits of Defying Logic at Work and at Home* (Nova York: Harper, 2010). Vide, também, J. R. Carter e M. D. Irons, "Are Economists Different, and If So, Why?", *Journal of Economic Perspectives* 5 (1991): 171-77.

87 **nossas mentes não foram adaptadas para interações únicas e anônimas**: A. W. Delton, M. M. Krasnow, J. Tooby e L. Cosmides, "The Evolution of Direct Reciprocity Under Uncertainty Can Explain Human Generosity in One-Shot Encounters", *Proceedings of the National Academy of Sciences* 108 (2011): 13335-40.

87 **É possível observar isso no rosto dos receptores**: H. A. Chapman, D. A. Kim, J. M. Susskind e A. K. Anderson, "In Bad Taste: Evidence for the Oral Origins of Moral Disgust", *Science* 5918 (2009): 1222-26.

87 **e em seus cérebros**: A. G. Sanfey, J. K. Rilling, J. A. Aronson, L. E. Nystrom e J. D. Cohen, "The Neural Basis of Economic Decision-Making in the Ultimatum Game", *Science* 300 (2003): 1755-58.

87 **Em um estudo, em que se permitiu que os receptores enviassem mensagens anônimas**: E. Xiao e D. Houser, "Emotion Expression in Human Punishment Behavior", *Proceedings of the National Academy of Sciences* 102 (2005): 7398-7401. Para uma discussão, vide Nichols, "Emotions, Norms".

88 **O que, precisamente, nos irrita tanto quando somos subestimados?**: Nichols, "Emotions, Norms", 289.

NOTAS   269

88 o jogo do ditador: D. Kahneman, J. Knetsch e R. H. Thaler, "Fairness and the Assumptions of Economics", *Journal of Business* 59 (1986): 285-300.

88 Claramente, um agente egoísta não ofereceria nada. Mas não é isso o que as pessoas fazem: C. Engel, "Dictator Games: A Meta Study", *Experimental Economics* 14 (2011): 583-610.

88 Muitas vezes, somos generosos, mas não desta forma indiscriminada: S. D. Levitt e J. A. List, "What Do Laboratory Experiments Measuring Social Preferences Reveal About the Real World", *Journal of Economic Perspectives* 21 (2007): 153-74.

90 quanto mais pessoas estiverem observando escolha, mais a pessoa oferecerá: Steven D. Levitt e Stephen J. Dubner, *Superfreakonomics* (Nova York: William Morrow, 2009); E. Hoffman, K. McCabe, K. Shachat e V. Smith, "Preferences, Property Rights, and Anonymity in Bargaining Games", *Games and Economic Behavior* 7 (1994): 346-80; A. Franzen e S. Pointner, "Anonymity in the Dictator Game Revisited", *Journal of Economic Behavior and Organization* 81 (2012): 74-81.

90 Até mesmo imagens de olhos na parede ou na tela do computador deixam as pessoas mais gentis: K. Haley e D. Fessler, "Nobody's Watching? Subtle Cues Affect Generosity in an Anonymous Economic Game", *Evolution and Human Behavior* 26 (2005): 245-56; M. Bateson, D. Nettle e G. Roberts, "Cues of Being Watched Enhance Cooperation in a Real-World Setting", *Biology Letters* 12 (2006): 412-14.

90 Tom Lehrer, em sua canção sobre os escoteiros: Citado em Martin A. Nowak e Roger Highfield, *SuperCooperators: Altruism Evolution and Why We Need Each Other to Succeed* (Nova York: Free Press, 2011).

91 o psicólogo Jason Dana e seus colegas aperfeiçoaram o jogo do ditador padrão: J. Dana, M. C. Daylian e R. M. Dawes,

270 O QUE NOS FAZ BONS OU MAUS

"What You Don't Know Won't Hurt Me: Costly (but Quiet) Exit in Dictator Games", *Organizational Behavior and Human Decision Processes* 100 (2006): 193-201.

92 **O segundo conjunto de experimentos foi realizado pelo economista John List:** J. List, "On the Interpretation of Giving in Dictator Games", *Journal of Political Economy* 115 (2007): 482-94.

93 **O economista Ernst Fehr e seus colegas:** E. Fehr, H. Bernhard e B. Rockenbach, "Egalitarianism in Young Children", *Nature* 454 (2008): 1079-83.

93 **pesquisas mais recentes sobre o jogo do ditador em diferentes países:** P. Rochat, M. D. G. Dias, G. Liping, T. Broesch, C. Passos-Ferreira, A. Winning e B. Berg, "Fairness in Distributive Justice in 3- and 5-Year-Olds Across Seven Cultures", *Journal of Cross-Cultural Psychology* 40 (2009): 416-42.

94 **A psicóloga Vanessa LoBue e seus colegas:** V. LoBue, T. Nishida, C. Chiong, J. S. DeLoache e J. Haidt, "When Getting Something Good Is Bad: Even Three-Year-Olds React to Inequality", *Social Development* 20 (2011): 154-70.

96 **Neste aspecto, elas são semelhantes aos macacos, chimpanzés e cães:** S. F. Brosnan e F. B. M. de Waal, "Monkeys Reject Unequal Pay", *Nature* 425 (2003): 297-99; S. F. Brosnan, H. C. Schiff e F. B. M. de Waal, "Tolerance for Inequity May Increase with Social Closeness in Chimpanzees", *Proceedings of the Royal Society B* 1560 (2005): 253-58; F. Range, L. Horn, Z. Viranyi e L. Huber, "The Absence of Reward Induces Inequity Aversion in Dogs", *Proceedings of the National Academy of Sciences* 106 (2008): 340-45.

96 **As crianças também podem ser maldosas ao manifestar suas preferências:** P. R. Blake e K. McAuliffe, "'I Had So Much It Didn't Seem Fair': Eight-Year-Olds Reject Two Forms of Inequity", *Cognition* 120 (2011): 215-24.

NOTAS 271

97 **Mais evidências da natureza maldosa das crianças:** M. Sheskin, K. Wynn e P. Bloom, "Anti-equality: Social Comparison in Young Children", sob revisão.

98 **uma lenda judaica medieval sobre um homem invejoso:** Agradeço a Shira Telushkin.

98 **"Nascemos de macacos bípedes, e não de anjos caídos":** Citado em A. J. Jacobs, *The Know-It-All: One Man's Humble Quest to Recome the Smartest Person in the World* (Nova York: Simon & Schuster, 2004).

98 **alguns estudiosos (...) consideram a indignação uma característica mais importante para a moralidade do que a empatia:** Jesse Prinz, "Is Empathy Necessary for Morality?", in *Empathy: Philosophical and Psychological Perspectives*, org. Amy Coplan e Peter Goldie (Nova York: Oxford University Press, 2010).

99 **Vamos começar com a vingança:** Para uma revisão, vide M. E. McCullough, R. Kurzban e B. A. Tabak, "Cognitive Systems for Revenge and Forgiveness", *Behavioral and Brain Sciences* 36 (2013): 1-15.

99 **Adam Smith descreve nossos sentimentos em relação a um homem responsável pela morte de alguém que amamos:** Adam Smith, *The Theory of Moral Sentiments* (1759; reimpr., Lawrence, KS: Digireads.com, 2011), 50.

99 **"Prepare-se para morrer!":** Estas frases famosas são do livro de William Goldman, mas a cena em que ele explica isso para o homem de preto aparece apenas no filme (1987, dirigido por Rob Reiner). Vide William Goldman, *The Princess Bride: S. Morgenstem's Classic Tale of True Love and High Adventure* (Nova York: Harcourt, 2007).

99 **"Um erro passado cometido contra nós (...) que tal tratamento é aceitável":** P. Hieronymi, "Articulating an Uncompromising Forgiveness", *Philosophy and Phenomenological Research* 62 (2001): 546, citado em A. Martin, "Owning Up

272 O QUE NOS FAZ BONS OU MAUS

and Lowering Down: The Power of Apology", *Journal of Philosophy* 107 (2010): 534-53.

100 **culturas da honra:** Richard E. Nisbett e Dov Cohen, *Culture of Honor: The Psychology of Violence in the South* (Denver, CO: Westview Press, 1996).

100 **Steven Pinker argumenta:** Pinker, *Better Angels.*

101 **O tema da desforra é muito recorrente na ficção.** John Kerrigan, *Revenge Tragedy: From Aeschylus to Armageddon* (Oxford: Oxford University Press, 1994); William Flesch, *Comeuppance: Costly Signaling, Altruistic Punishment, and Other Biological Components of Fiction* (Cambridge, MA: Harvard University Press, 2007).

102 **"buscadores de carne humana":** T. Downey, "China's Cyberposse", *New York Times Magazine,* 7 de março de 2010.

102 **o jogo de bens públicos:** G. Hardin, "The Tragedy of the Commons", *Science* 162 (1968): 1243-48; D. G. Rand, A. Dreber, T. Ellingsen, D. Fudenberg e M. A. Nowak, "Positive Intuitions Promote Public Cooperation", *Science* 325 (2009): 1272-75.

105 **inevitavelmente, alguns participantes sucumbem à tentação:** E. Fehr e S. Gachter, "Altruistic Punishment in Humans", *Nature* 415 (2002): 137-40.

106 **Ernst Fehr e o economista Simon Gächter investiram nesta ideia:** Fehr e Gachter, "Altruistic Punishment in Humans".

107 **se torna difícil explicar como tal comportamento poderia ter evoluído através da seleção natural:** Vide, por exemplo, A. Dreber. D. G. Rand, D. Fudenberg e M. A. Nowak, "Winners Don't Punish", *Nature* 452 (2008): 348-51.

107 **Talvez a punição altruísta tenha evoluído por meio de algum tipo de seleção de grupo:** R. Boyd, H. Gintis, S. Bowles e P. J. Richerson, "The Evolution of Altruistic Punishment", *Proceedings of the National Academy of Sciences* 100 (2003): 3531-35.

NOTAS

107 talvez os responsáveis pelas punições se destaquem porque os outros indivíduos gostam deles e preferem interagir com eles: H. Gintis, E. A. Smith e S. Bowles, "Costly Signaling and Cooperation", *Journal of Theoretical Biology* 213 (2001): 103-19.

108 a punição altruísta é algo raro — ou, até mesmo, inexistente — nas sociedades de pequena escala do mundo real: F. Guala, "Reciprocity: Weak or Strong? What Punishment Experiments Do (and Do Not) Demonstrate", *Behavioral and Brain Sciences* 35 (2012): 1-59.

108 "punição antissocial": B. Herrmann, C. Thoni e S. Gächter, "Antisocial Punishment Across Societies", *Science* 319 (2008): 1362-67.

109 a visão de Adam Smith: Smith, *Theory of Moral Sentiments*, 52.

109 Seguindo esta ideia (...) a pessoa que prejudica a vítima: Agradeço a Jonathan Phillips por debater esta ideia comigo.

110 Até mesmo as crianças pequenas fazem alguma apreciação quanto à lógica da punição indireta: D. Pietraszewski e T. German, "Coalitional Psychology on the Playground: Reasoning About Indirect Social Consequences in Preschoolers and Adults", *Cognition* 126 (2013): 352-63.

110 algumas das características mais singulares dos nossos sentimentos punitivos: J. M. Darley, K. M. Carlsmith e P. H. Robinson, "Incapacitation and Just Deserts as Motives for Punishment", *Law and Human Behavior* 24 (2000): 659-83; C. R. Sunstein, "Moral Heuristics", *Behavioral and Brain Sciences* 28 (2005): 531-43; J. Baron e I. Ritov, "Intuitions About Penalties and Compensation in the Context of Tort Law", *Journal of Risk and Uncertainty* 7 (1993): 17-33.

111 O ofensor deve ser levado a se arrepender (...)": Smith, *Theory of Moral Sentiments*, 50.

111 "Todos os homens, até mesmo os mais estúpidos e levianos (...)": Smith, *Theory of Moral Sentiments*, 66.

274　　O QUE NOS FAZ BONS OU MAUS

112 **As crianças pequenas são altamente agressivas; (...) seu maior pico será em torno dos 2 anos:** S. Côté, T. Vaillancourt, J. C. LeBlanc, D. S. Nagin e R. E. Tremblay, "The Development of Physical Aggression from Toddlerhood to Pre-adolescence: A Nationwide Longitudinal Study of Canadian Children", *Journal of Abnormal Child Psychology* 34 (2006): 71-85.

112 **As crianças costumam delatar. (...) as crianças se queixaram espontaneamente aos adultos:** H. Rakoczy, F. Warneken e M. Tomasello, "The Sources of Normativity: Young Children's Awareness of the Normative Structure of Games", *Developmental Psychology* 44 (2008): 875-81.

112 **Em estudos realizados com irmãos, (...) não estavam inventando nada:** I. M. Den Bak e H. S. Ross, "'I'm Telling!' The Content, Context and Consequences of Children's Tattling on Their Siblings", *Social Development* 5 (1996): 292-309; H. S. Ross e I. M. Den Bak-Lammers, "Consistency and Change in Children's Tattling on Their Siblings: Children's Perspectives on the Moral Rules and Procedures of Family Life", *Social Development* 7 (1998): 275-300.

113 **Gordon Ingram e Jesse Bering investigaram a delação praticada por crianças de uma escola do centro da cidade:** G. P. D. Ingram e J. M. Bering, "Children's Tattling: The Reporting of Everyday Norm Violations in Preschool Settings", *Child Development* 81 (2010): 945-57.

113 **Elas também não denunciam coisas insignificantes:** A. Vaish, M. Missana e M. Tomasello, "Three-Year-Old Children Intervene in Third-Party Moral Transgressions", *British Journal of Developmental Psychology* 29 (2011): 124-30.

114 **uma variação dos experimentos de mocinho/bandido:** J. K. Hamlin, K. Wynn, P. Bloom e N. Mahajan, "How Infants and Toddlers React to Antisocial Others", *Proceedings of the National Academy of Sciences* 108 (2011): 19931-36.

NOTAS 275

117 **uma influente teoria do desenvolvimento moral:** L. Kohlberg, "Stage and Sequence: The Cognitive-Developmental Approach to Socialization", in *Handbook of Socialization Theory and Research,* org. David A. Goslin (Chicago: Rand McNally, 1969), 347-480; Jean Piaget, *The Moral Judgement of the Child,* trad. Marjorie Gabain (Nova York: Free Press, 1965). For review and discussion, see John C. Gibbs, *Moral Development and Reality: Beyond the Theories of Kohlberg and Hoffman* (Nova York: Sage, 2003).

118 **"miscelânea de moralidade":** D. A. Pizarro, "Hodgepodge Morality", in *What Is Your Dangerous Idea?,* org. John Brockman (Nova York: HarperCollins, 2007), 63.

4. OS OUTROS

119 **Bom Samaritano:** Lucas 10:30-35 (Versão do Rei James).

120 **"Não importa a etnia, a comunidade ou as categorias tradicionais de proximidade":** J. Waldron, "Who Is My Neighbor? Humanity and Proximity", *Monist* 86 (2003): 343.

120 **"aventurar-se fora de seu território para encontrar [outros] seres humanos (...) era equivalente ao suicídio":** Jared Diamond, *The Third Chimpanzee: The Evolution and Future of the Human Animal* (Nova York: HarperCollins, 1992), 229.

121 **"A maioria das tribos primitivas acredita que (...) a coisa mais apropriada a fazer é atacá-lo até a morte":** Entrevista citada em Howard Bloom, *The Lucifer Principle: A Scientific Expedition into the Forces of History* (Nova York: Atlantic Monthly Press, 1997), 74.

121 **Jane Goodall descreve o que acontece:** Jane Goodall, *The Chimpanzees of Gombe: Patterns of Behavior* (Cambridge, MA: Harvard University Press, 1986).

122 **Os recém-nascidos preferem olhar para o rosto de suas mães:** T. M. Field, D. Cohen, R. Garcia e R. Greenberg,

"Mother-Stranger Face Discrimination by the Newborn", *Infant Behavior and Development* 7 (1984): 19-25.

122 **eles preferem o cheiro de suas mães:** A. MacFarlane, "Olfaction in the Development of Social Preferences in the Human Neonate", in *Parent-Infant Interaction, Ciba Foundation Symposium* 33 (Nova York: Elsevier, 1975), 103-13.

122 **e preferem a voz delas:** A. J. Decasper e W. P. Fifer, "Of Human Bonding: Newborns Prefer Their Mother's Voice", *Science* 208 (1980): 1174-76.

123 **bebês que são criados por uma mulher passam mais tempo olhando as mulheres:** P. Quinn, J. Yahr, A. Kuhn, A. Slater e O. Pascalis, "Representation of the Gender of Human Faces by Infants: A Preference for Females", *Perception* 31 (2002): 1109-21.

123 **bebês caucasianos preferem olhar para rostos caucasianos:** D. J. Kelly, P. C. Quinn, A. M. Slater, K. Lee, A. Gibson, M. Smith, L. Ge e O. Pascalis, "Three-Month-Olds, but Not Newborns, Prefer Own-Race Faces", *Developmental Science* 8 (2005): 31-36; Y. Bar-Haim, T. Ziv, D. Lamy e R. M. Hodes, "Nature and Nurture in Own-Race Face Processing", *Psychological Science* 17 (2006): 159-63; D. J. Kelly, S. Liu, L. Ge, P. C. Quinn, A. M. Slater, K. Lee, Q. Liu e O. Pascalis, "Cross-Race Preferences for Same-Race Faces Extend Beyond the African Versus Caucasian Contrast in 3-Month-Old Infants", *Infancy* 11 (2007): 87-95.

124 **os adultos codificam automaticamente três conjuntos de informações quando conhecem uma pessoa nova:** Para uma revisão, vide D. Messick e D. Mackie, "Intergroup Relations", *Annual Review of Psychology* 40 (1989): 45-81.

125 **há algo fora do comum nesta tríade:** R. Kurzban, J. Tooby e L. Cosmides, "Can Race Be Erased? Coalitional Computation and Social Categorization", *Proceedings of the National Academy of Sciences* 98 (2001): 15387-92.

NOTAS 277

125 **nossos ancestrais hominídeos podem ter se encontrado, regularmente, com outras espécies de hominídeos:**
D. Fessler, "Twelve Lessons (Most of Which I Learned
the Hard Way) for Evolutionary Psychologists", Inter-
national Cognition and Culture Institute, blog de Daniel
Fessler, 20 de janeiro de 2012, www.cognitionandculture.
net/home/blog/74-daniel-fesslers-blog/2344- twelve-les-
sons-most-of-which-i-learned-the-hard-way-for-evolutio-
nary-psychologists.

126 **nossa tendência a** *biologizar* **a raça:** Lawrence A. Hirschfeld,
*Race in the Making: Cognition, Culture, and the Child's
Construction of Human Kinds* (Cambridge, MA: MIT Press,
1996).

126 **efeito de "mera exposição":** R. B. Zajonc, "Mere Exposure:
A Gateway to the Subliminal", *Current Directions in Psychological Science* 10 (2001): 224-28.

127 **protocolo de confusão de memória:** S. E. Taylor, S. T Fiske,
N. L. Etcoff e A. J. Ruderman, "Categorical and Contextual
Bases of Person Memory and Stereotyping", *Journal of Per-
sonality and Social Psychology* 36 (1978): 778-93.

128 **idade, sexo e uma terceira categoria variável:** Jim Sidanius
e Felicia Pratto, *Social Dominance: An Intergroup Theory of
Social Hierarchy and Oppression* (Nova York: Cambridge
University Press, 1999); F. Pratto, J. Sidanius e S. Levin,
"Social Dominance Theory and the Dynamics of Intergroup
Relations: Taking Stock and Looking Forward", *European
Review of Social Psychology* 17 (2006): 271-320

128 *xibolete:* Juízes 12:5-6, citado em Steven Pinker, *The Better
Angels of Our Nature: Why Violence Has Declined* (Nova
York: Viking, 2011).

129 *lollapalooza:* Guillermo C. Jimenez, *Red Genes, Blue Genes:
Exposing Political Irrationality* (Nova York: Autonomedia,
2009).

278   O QUE NOS FAZ BONS OU MAUS

129 Os bebês conseguem reconhecer a língua à qual foram expostos, e preferem-na a outras línguas: F. Ramus, "Language Discrimination by Newborns: Teasing Apart Phonotactic, Rhythmic, and Intonational Cues", *Annual Review of Language Acquisition* 2 (2002): 85-115.

130 Em um experimento, eles testaram bebês de 10 meses de idade, em Boston e Paris: K. D. Kinzler, E. Dupoux e E. S. Spelke, "The Native Language of Social Cognition", *Proceedings of the National Academy of Sciences* 104 (2007): 12577-80.

130 bebês de 12 meses preferiam aceitar alimentos de um desconhecido que falasse a sua língua: K. Shutts, K. D. Kinzler, C. B. McKee e E. S. Spelke, "Social Information Guides Infants' Selection of Foods", *Journal of Cognition and Development* 10 (2009): 1-17.

130 crianças de 2 anos preferem dar um presente a um falante de sua língua: K. D. Kinzler, E. Dupoux e E. S. Spelke, "'Native' Objects and Collaborators: Infants' Object Choices and Acts of Giving Reflect Favor for Native over Foreign Speakers", *Journal of Cognition and Development,* em breve.

130 as de 5 anos preferem ter como amiga uma criança que fala a mesma língua: K. D. Kinzler, K. Shutts, J. De Jesus e E. S. Spelke, "Accent Trumps Race in Guiding Children's Social Preferences", *Social Cognition* 27 (2009): 623-34.

130 Os bebês preferem olhar para um falante sem sotaque: Kinzler, Dupoux e Spelke, "Native Language of Social Cognition"

130 Ao escolher os amigos, as crianças norte-americanas de 5 anos estão mais propensas a escolher crianças que falam inglês norte-americano: Kinzler, Shutts, De Jesus e Spelke, "Accent Trumps Race"

130 crianças de 4 e 5 anos confiam mais em um falante nativo do que em um falante com sotaque: K. D. Kinzler, K. H. Corriveau e P. L. Harris, "Children's Selective Trust in Native-Accented Speakers", *Developmental Science* 14 (2011): 106-11.

NOTAS 279

131 investigação do desenvolvimento do preconceito racial em crianças: Para uma revisão, vide Frances E. Aboud, *Children and Prejudice* (Londres: Blackwell, 1988).

131 A psicóloga Frances Aboud: Aboud, *Children and Prejudice*, especialmente 10.

132 Entretanto, métodos experimentais mais bem elaborados (...) são estabelecidos em torno dos 6 anos: H. McGlothlin e M. Killen, "Intergroup Attitudes of European American Children Attending Ethnically Homogeneous Schools", *Child Development* 77 (2006): 1375-86; H. McGlothlin, M. Killen e C. Edmonds, "European-American Children's Intergroup Attitudes About Peer Relationships", *British Journal of Developmental Psychology* 23 (2005): 227-49.

132 Outros estudos constataram (...) mas, novamente, isso é válido, principalmente, para escolas racialmente homogêneas: J. A. Graham e R. Cohen, "Race and Sex as Factors in Children's Sociometric Ratings and Friendship Choices", *Social Development* 6 (1997): 355-72.

133 Quando os estudos são executados em escolas heterogêneas, as crianças não se importam com a raça: J. Moody, "Race, School Integration, and Friendship Segregation in America", *American Journal of Sociology* 107 (2001): 679-716.

133 "hipótese de contato": Gordon W. Allport, *The Nature of Prejudice* (Reading, MA: Addison-Wesley, 1954); T. E. Pettigrew, "Intergroup Contact Theory", *Annual Review of Psychology* 49 (1998): 65-85.

133 Estudos com crianças de 3 anos descobriram que (...) o gênero é importante: K. Shutts, M. R. Banaji e E. S. Spelke, "Social Categories Guide Young Children's Preferences for Novel Objects", *Developmental Science* 13 (2010): 599-610.

133 Mas, para as crianças de 3 anos, a raça não é importante: K. D. Kinzler e E. S. Spelke, "Do Infants Show Social

280 O QUE NOS FAZ BONS OU MAUS

Preferences for People Differing in Race?", *Cognition* 119 (2011): 1-9.

133 mesmo nas crianças mais velhas, que, de fato, levam a raça em consideração, ela não é tão importante quanto a língua: Kinzler, Shutts, De Jesus e Spelke, "Accent Trumps Race".

134 Tanto Sherif quanto Tajfel estavam interessados em saber o que é preciso para formar um Nós que entre em confronto com um Eles: David Berreby, *Us and Them: The Science of Identity* (Chicago: University of Chicago Press, 2008).

136 O experimento de Robbers Cave: Muzafer Sherif, O. J. Harvey, B. Jack White, William R. Hood e Carolyn W. Sherif, *Intergroup Conflict and Cooperation: The Robbers Cave Experiment* (Norman: University of Oklahoma Book Exchange, 1961). Para revisão e discussão, vide Berreby, *Us and Them*.

136 Esta foi a pergunta que Tajfel se fez. Ele elaborou um experimento simples: H. Tajfel, M. G. Billig, R. P. Bundy e C. Flament, "Social Categorization and Intergroup Behaviour", *European Journal of Social Psychology* 1 (1971): 149-78.

137 Esses resultados foram replicados inúmeras vezes: B. Mullen, R. Brown e C. Smith, "Ingroup Bias as a Function of Salience, Relevance, and Status: An Integration", *European Journal of Social Psychology* 22 (1992): 103-22.

137 Estudos de "grupos minimais" também foram realizados com crianças: R. S. Bigler, L. C. Jones e D. B. Lobliner, "Social Categorization and the Formation of Intergroup Attitudes in Children", *Child Development* 68 (1997): 530-43; M. M. Patterson e R. S. Bigler, "Preschool Children's Attention to Environmental Messages About Groups: Social Categorization and the Origins of Intergroup Bias", *Child Development* 77 (2006): 847-60.

NOTAS

137 Outros pesquisadores descobriram que orientações explícitas de um professor nem sequer eram necessárias: Y. Dunham, A. S. Baron e S. Carey, "Consequences of 'Minimal' Group Affiliations in Children", *Child Development* 82 (2011): 793-811.

139 O divulgador científico David Berreby começa seu livro: Berreby, *Us and Them*, xi.

139 Os judeus constituem (...) 4% da população de New Haven: Sabemos disso a partir dos dados de pesquisa reunidos por Ira Sheskin, pai de Mark Sheskin, que trabalhou com Karen Wynn e comigo em alguns dos estudos sobre inequidade, discutidos no último capítulo; vide A. Appel, "Survey: Region Has 23,000 Jews", *New Haven Independent*, 4 de fevereiro de 2011, www.newhavenindependent.org/index.php/archives/entry/jews_23000.

140 os professores dividiam as crianças em grupos usando como critério o signo astrológico: Berreby, *Us and Them*, 208.

140 as crianças nascidas em 1976, que foi um ano do dragão, são, de fato, mais instruídas: N. D. Johnson e J. V. C. Nye, "Does Fortune Favor Dragons?", *Journal of Economic Behavior and Organization* 78 (2011): 85-97.

141 "devemos pensar com o auxílio de categorias (...)": Allport, *Nature of Prejudice*, 20.

141 estereótipos de grupos raciais e étnicos tendem a ser precisos: Lee Jussim, *Social Perception and Social Reality: Why Accuracy Dominates Bias and Self-Fulfilling Prophecy* (Nova York: Oxford University Press, 2012).

143 Após o início da Segunda Guerra Mundial, os norte-americanos mudaram as suas atitudes em relação aos chineses e aos japoneses: Berreby, *Us and Them*.

143 os adultos tendem a avaliar indivíduos com certos sotaques não nativos como menos competentes: A. Gluszek e J. F. Dovidio, "The Way They Speak: A Social Psychological

282   O QUE NOS FAZ BONS OU MAUS

Perspective on the Stigma of Nonnative Accents in Communication", *Personality and Social Psychology Review* 14 (2010): 214-37.

143 **tendemos a acreditar que os membros de grupos completamente desconhecidos careçam de emoções consideradas exclusivamente humanas:** S. Loughnan, N. Haslam, T. Murnane, J. Vaes, C. Reynolds e C. Suitner, "Objectification Leads to Depersonalization: The Denial of Mind and Moral Concern to Objectified Others", *European Journal of Social Psychology* 40 (2010): 709-17; J. Ph. Leyens, M. P. Paladino, R. T. Rodriguez, J. Vaes, S. Demoulin, A. P. Rodriguez e R. Gaunt, "The Emotional Side of Prejudice: The Attribution of Secondary Emotions to Ingroups and Outgroups", *Personality and Social Psychology Review* 4 (2000): 186-97.

144 **Os participantes típicos dos experimentos de psicologia (...) podem, perfeitamente, ser as pessoas menos racistas do mundo:** A. R. Pearson, J. F. Dovidio e S. L. Gaertner, "The Nature of Contemporary Prejudice: Insights from Aversive Racism", *Social and Personality Psychology Compass* 3 (2009): 314-38.

144 **As crianças não veem a raça como um tabu desde sempre:** E. P. Apfelbaum, K. Pauker, N. Ambady, S. R. Sommers e M. L Norton, "Learning (Not) to Talk About Race: When Older Children Underperform in Social Categorization", *Developmental Psychology* 44 (2008): 1513-18.

145 **uma ansiedade opressora para não parecerem racistas:** Pearson, Dovidio e Gaertner, "Nature of Contemporary Prejudice".

145 **até mesmo as pessoas menos racistas do mundo têm preconceitos raciais inconscientes:** Para uma revisão, vide M. R. Banaji e L. Heiphetz, "Attitudes", in *Handbook of Social Psychology,* org. Susan T. Fiske, Daniel T. Gilbert e Gardner Lindzey (Nova York: Wiley, 2010), 348-88.

NOTAS   283

145 O pior exemplo que já presenciei foi durante um episódio
     da série de televisão Lie to Me: De *Lie to Me,* Fox, Temporada
     1, Episódio 5 ("Libertado").

146 alguns críticos argumentam que tais descobertas pouco nos
     dizem sobre os estereótipos e os preconceitos do mundo
     real: H. Arkes e P. E. Tetlock, "Attributions of Implicit Pre-
     judice, or 'Would Jesse Jackson Fail the Implicit Association
     Test?'", *Psychological Inquiry* 15 (2004): 257-78.

146 estas medidas se correlacionam com as considerações que
     realmente importam: A. G. Greenwald, A. Poehlman, E.
     Uhlmann e M. R. Banaji, "Understanding and Interpreting
     the Implicit Association Test III: Meta-analysis of Predic-
     tive Validity", *Journal of Personality and Social Psychology*
     97 (2009): 17-41; Banaji e Heiphetz, "Attitudes"; Pearson,
     Dovidio e Gaertner, "Nature of Contemporary Prejudice".

147 os candidatos asiáticos às universidades apresentam uma
     pontuação no teste SAT mais elevada: Thomas. J. Espensha-
     de e Alexandria W. Radford, *No Longer Separate, Not Yet
     Equal: Race and Class in Elite College Admission and Campus
     Life* (Princeton: Princeton University Press, 2009).

148 Como salienta o psicólogo Francisco Gil-White, (...) é
     uma declaração sobre as etnias de seus antepassados: F.
     Gil-White, "Are Ethnic Groups Biological 'Species' to the
     Human Brain? Essentialism in Our Cognition of Some Social
     Categories", *Current Anthropology* 42 (2001): 515-54.

149 "uma das fontes naturais da imaginação e do prazer criativo
     humanos": Berreby, *Us and Them,* xiv.

150 O filósofo Kwame Anthony Appiah: Kwame Anthony Ap-
     plah, *Cosmopolitanism: Ethics in a World of Strangers* (Nova
     York: Norton, 2006), 98.

150 Appiah cita Cícero quanto a este ponto: Appiah, *Cosmopo-
     litanism,* xviii.

284 O QUE NOS FAZ BONS OU MAUS

5. OS CORPOS

153 **Primo Levi conta como os nazistas negavam aos prisioneiros judeus o acesso aos toaletes:** Primo Levi, *The Drowned
and the Saved* (Londres: Abacus, 1988),70-71.

154 **"um ser repugnante mole e esponjoso (...)":** Martha C.
Nussbaum, *Upheavals of Thought: The Intelligence of the
Emotions* (Nova York: Cambridge University Press, 2001),
347.

154 **George Orwell é eloquente quanto ao papel da aversão nas
divisões de classe:** George Orwell, *The Road to Wigan Pier*
(Londres: Penguin, 1937),79.

155 **Certos objetos, substâncias e experiências:** Para revisões
vide P. Rozin, J. Haidt e C. R. McCauley, "Disgust", in *Han-
dbook of Emotions*, 3ª ed., org. Michael Lewis, Jeannette M.
Haviland-Jones e Lisa F. Barrett (Nova York: Guilford Press),
757-76; Paul Bloom, *Descartes' Baby: How the Science of Child
Development Explains What Makes Us Human* (Nova York:
Basic Books, 2004); Daniel Kelly, *Yuck! The Nature and Moral
Significance of Disgust* (Cambridge, MA: MIT Press, 2011);
Rachel Herz, *That's Disgusting: Unraveling the Mysteries of
Repulsion* (Nova York: Norton, 2012); William Ian Miller,
The Anatomy of Disgust (Cambridge, MA: Harvard Univer-
sity Press, 1997).

155 **uma escala para medir a "sensibilidade à aversão" nas
pessoas:** J. Haidt, C. McCauley e P. Rozin, "Individual-Diffe-
rences in Sensitivity to Disgust: A Scale Sampling 7 Domains
of Disgust Elicitors", *Personality and Individual Differences*
16 (1994): 701-13. Para uma versão modificada, vide B. O.
Olatunji, N. L. Williams, D. F. Tolin, C. N. Sawchuck, J. S.
Abramowitz, J. M. Lohr e L. S. Elwood, "The Disgust Scale:
Item Analysis, Factor Structure, and Suggestions for Refi-
nement", *Psychological Assessment* 19 (2007): 281-97.

NOTAS 285

156 os índices da sensibilidade à aversão indicam o quanto as pessoas estão dispostas a realmente se envolver em atividades repugnantes: P. Rozin, J. Haidt, C. McCauley, L. Dunlop e M. Ashmore, "Individual Differences in Disgust Sensitivity: Comparisons and Evaluations of Paper-and-Pencil Versus Behavioral Measures", *Journal of Research in Personality* 33 (1999): 330-51.

157 a explicação de William Ian Miller (...) as lágrimas não possuem as propriedades físicas das substâncias aversivas: Miller, *The Anatomy of Disgust*, 90.

157 "os excrementos não despertam neles aversão": Sigmund Freud, *Civilization and Its Discontents* (Nova York: Norton, 1961), 54.

157 as crianças pequenas vão tocar e, até mesmo, levar à boca todos os tipos de coisas aversivas: P. Rozin, L. Hammer, H. Oster, T. Horowitz e V Marmora, "The Child's Conception of Food: Differentiation of Categories of Rejected Substances in the 1.4 to 5 Year Range", *Appetite* 7 (1986): 141-51.

158 Não tente obrigar a criança a compartilhar sua aversão adulta pelas fezes: Penelope Leach, *Your Baby and Child: From Birth to Age Five* (Nova York: Knopf, 1989), 317.

158 todo o restante deste trecho está equivocado: Veja, também, Bloom, *Descartes' Baby.*

160 a aversão evoluiu para evitar que comamos alimentos estragados: Rozin, Haidt e McCauley, "Disgust".

160 "É impressionante como a ânsia de vômito ou o vômito propriamente dito são rápida e imediatamente induzidos": Charles Darwin, *The Expression of the Emotions in Man and Animals* (1872; reimpr., Oxford: Oxford University Press, 1998), 257.

160 as mulheres grávidas são excepcionalmente sensíveis à aversão: D. M. T. Fessler, S. J. Eng e C. D. Navarrete, "Elevated Disgust Sensitivity in the First Trimester of Pregnancy:

286 O QUE NOS FAZ BONS OU MAUS

Evidence Supporting the Compensatory Prophylaxis Hypothesis", *Evolution and Human Behavior* 26 (2005): 344-51.

160 o córtex insular anterior (...) é ativado quando as pessoas são confrontadas com imagens repugnantes: B. Wicker, C. Keysers, J. Plailly, J. P. Royet, V. Gallese e G. Rizzolatti, "Both of Us Disgusted in My Insula: The Common Neural Basis of Seeing and Feeling Disgust", *Neuron* 40 (2003): 655-64; P. Wright, G. He, N. A. Shapira, W. K. Goodman e Y. Liu, "Disgust and the Insula: fMRI Responses to Pictures of Mutilation and Contamination", *Neuroreport* 15 (2004): 2347-51.

161 Alguns argumentaram que a teoria alimentícia é incompleta: Para uma discussão, vide Kelly, *Yuck!*

161 a aversão evoluiu para nos afastar de patógenos e parasitas em geral: V. Curtis, R. Aunger e T. Rabie, "Evidence That Disgust Evolved to Protect from Risk of Disease", *Proceedings of the Royal Society B* 271 (2004): 131-33. Para uma revisão, vide V. Curtis, M. DeBarra e R. Aunger, "Disgust as an Adaptive System for Disease Avoidance Behaviour", *Philosophical Transactions of the Royal Society B: Biological Sciences* 366 (2011): 389-401.

161 "um nativo tocou um pedaço da carne fria (...)": Darwin, *Expression of the Emotions*, 255.

163 Thalia Wheatley e Jonathan Haidt hipnotizaram os participantes para que eles sentissem um lampejo de aversão: T. Wheatley e J. Haidt, "Hypnotic Disgust Makes Moral Judgments More Severe", *Psychological Science* 16 (2005): 780-84.

163 Em outros experimentos, os participantes foram convidados a fazer apreciações (...) depois de (...) uma experiência aversiva: S. Schnall, J. Haidt, G. L. Clore e A. H. Jordan, "Disgust as Embodied Moral Judgment", *Personality and Social Psychology Bulletin* 34 (2008): 1096-1109.

NOTAS

163 Até mesmo a ingestão de um alimento amargo, que evoca uma sensação semelhante à aversão física, torna as pessoas mais severas: K. Eskine, N. Kacinik e J. Prinz, "A Bad Taste in the Mouth: Gustatory Disgust Influences Moral Judgment", *Psychological Science* 22 (2011): 295-99.

163 os indivíduos com alta sensibilidade à aversão têm atitudes mais severas em relação a algumas outras pessoas: G. Hodson e K. Costello, "Interpersonal Disgust, Ideological Orientations, and Dehumanization as Predictors of Intergroup Attitudes", *Psychological Science* 18 (2007): 691-98.

165 Para os psicólogos morais, o mistério (...) [é] por que deveríamos ficar tão preocupados com o tipo de sexo que as outras pessoas estão fazendo: Vide, também, P. DeScioli e R. Kurzban, "Mysteries of Morality", *Cognition* 112 (2009): 281-99.

165 uma pesquisa recente: L. Saad, "U.S. Acceptance of Gay/Lesbian Relations Is the New Normal", 14 de maio de 2012, www.gallup.com/poll/154634/Acceptance-Gay-Lesbian-Relations-New-Normal.aspx.

166 Jefferson propôs a seguinte lei: Robert M. Pallitto, *Torture and State Violence in the United States: A Short Documentary History* (Baltimore: Johns Hopkins University Press, 2011).

167 "O quê? Você gostaria de se casar com a sua irmã?": Margaret Mead, *Sex and Temperament in Three Primitive Societies* (Nova York: William Morrow, 1935), 79.

168 Como aponta o psicólogo Steven Pinker: Steven Pinker, *How the Mind Works* (Nova York: Norton, 1997).

168 A coabitação durante a infância é um dos indicativos: D. Lieberman, J. Tooby e L. Cosmides, "Does Morality Have a Biological Basis? An Empirical Test of the Factors Governing Moral Sentiments Relating to Incest", *Proceedings of the Royal Society B: Biological Sciences* 270 (2003): 819-26.

288   O QUE NOS FAZ BONS OU MAUS

169   um padrasto que passa a fazer parte da família quando a filha
       já passou de determinada idade: Martin Daly e Margo Wilson,
       The Truth About Cinderella (Londres: Weidenfeld, 1998).

169   uma famosa situação hipotética: J. Haidt, "The Emotional
       Dog and Its Rational Tail: A Social Intuitionist Approach to
       Moral Judgment", *Psychological Review* 108 (2001): 814-34.
       Vide, também, Jonathan Haidt, *The Righteous Mind: Why
       Good People Are Divided by Politics and Religion* (Nova York:
       Pantheon, 2012).

170   "incesto de terceiro grau": W. Saletan, "Incest Is Cancer",
       Slate, 14 de dezembro de 2010.

171   a observação de imagens aversivas despertava mais atitu-
       des implícitas negativas em relação à homossexualidade:
       N. Dasgupta, D. A. DeSteno, L. Williams e M. Hunsinger,
       "Fanning the Flames of Prejudice: The Influence of Speci-
       fic Incidental Emotions on Implicit Prejudice", *Emotion* 9
       (2009): 585-91.

171   expor as pessoas a um cheiro ruim — um spray de pum —
       as fazia ser menos calorosas em relação aos homens gays:
       Y. Inbar, D. A. Pizarro e P. Bloom, "Disgusting Smells Cause
       Decreased Liking of Gay Men", *Emotion* 12 (2009): 23-27.

171   índices mais elevados de sensibilidade estavam associados
       a atitudes mais conservadoras: Y. Inbar, D. A. Pizarro e P.
       Bloom, "Conservatives Are More Easily Disgusted Than
       Liberals", *Cognition and Emotion* 23 (2009): 714-25.

172   os índices de sensibilidade à aversão dos estudantes se
       correlacionava com suas atitudes implícitas em relação aos
       homossexuais: Y. Inbar, D. A. Pizarro, J. Knobe e P. Bloom,
       "Disgust Sensitivity Predicts Intuitive Disapproval of Gays",
       Emotion 9 (2009): 435-39.

172   Hoje em dia, sentimos aversão por qualquer coisa que
       ameace nossa autoimagem (...) e que nos recorde de que
       somos animais: P. Rozin, J. Haidt e C. McCauley, "Disgust",

NOTAS 289

in *Handbook of Emotions*, 2ª ed., org. Michael Lewis e Jeannette M. Haviland (Nova York: Guilford Press, 2000), 642.

173 **"um estratagema adotado para isolar o grupo dominante"**: Martha C. Nussbaum, *Hiding from Humanity: Sexual Orientation and Constitutional Law* (Princeton: Princeton University Press, 2004), 16.

174 **A higiene física faz parte dos rituais de muitas religiões:** Para uma revisão, vide S. W. S. Lee e N. Schwarz, "Wiping the Slate Clean: Psychological Consequences of Physical Cleansing", *Current Directions in Psychological Science* 20 (2011): 307-11.

174 **Esta conexão também pode ser observada na linguagem:** Bloom, *Descartes' Baby*. Para uma discussão sobre como as crianças usam a linguagem da aversão, vide J. Danovitch e P. Bloom, "Children's Extension of Disgust to Physical and Moral Events", *Emotion* 9 (2009): 107-12.

174 **o efeito Macbeth:** C.-B. Zhong e K. Liljenquist, "Washing Away Your Sins: Threatened Morality and Physical Cleansing", *Science* 5792 (2006): 1451-52.

174 **um estudo complementar:** S. W. S. Lee e N. Schwarz, "Dirty Hands and Dirty Mouths: Embodiment of the Moral-Purity Metaphor Is Specific to the Motor Modality Involved in Moral Transgression", *Psychological Science* 21 (2010): 1423-25.

175 **E esta higiene realmente ajudava a aliviar a culpa e a vergonha:** Lee e Schwarz, "Wiping the Slate Clean".

175 **quando os participantes são lembrados a respeito do asseio, sua reprovação a atos como o consumo de pornografia aumenta:** C.-B. Zhong, B. Strejcek e N. Sivanathan, "A Clean Self Can Render Harsh Moral Judgment", *Journal of Experimental Social Psychology* 46 (2010): 859-62

175 **Em comparação com aqueles a quem a pureza não foi assinalada, estes sujeitos se classificaram como mais politicamente conservadores:** E. Helzer e D. A. Pizarro, "Dirty

290   O QUE NOS FAZ BONS OU MAUS

Liberals: Reminders of Cleanliness Promote Conservative Political and Moral Attitudes", *Psychological Science* 22 (2011): 517-22.

176 **uma ética da divindade:** R. A. Shweder, N. C. Much, M. Mahapatra e L. Park, "The 'Big Three' of Morality (Autonomy, Community, Divinity), and the 'Big Three' Explanations of Suffering", in *Morality and Health*, org. Allan M. Brandt e Paul Rozin (Nova York: Routledge, 1997), 138.

177 **Elliot Turiel define moralidade:** Elliot Turiel, *The Development of Social Knowledge: Morality and Convention* (Cambridge: Cambridge University Press, 1983), 3.

177 **Jonathan Haidt define-a:** Haidt, *Righteous Mind*, 270.

179 **um apelo poético à gentileza para com os fisicamente incapacitados:** Levítico 19:14 (Versão do Rei James).

179 **"a sabedoria da repugnância":** Leon Kass, "The Wisdom of Repugnance", *New Republic*, 2 de junho de 1977, 20.

180 **Meu ponto de vista é diferente:** Vide, também, Bloom, *Descartes' Baby*; Nussbaum, *Hiding from Humanity*.

6. A IMPORTÂNCIA DA FAMÍLIA

184 **A família é especial:** Uma versão bastante preliminar deste capítulo foi publicada como P. Bloom, "Family, Community, Trolley Problems, and the Crisis in Moral Psychology", *Yale Review* 99 (2011): 26-43.

184 **mãe e filho:** Alison Gopnik, *The Philosophical Baby: What Children's Minds Tell Us About Truth, Love, and the Meaning of Life* (Nova York: Farrar, Straus and Giroux, 2009).

184 **Nossas melhores teorias da psicologia moral dos adultos têm pouco a dizer:** John Doris e Moral Psychology Research Group, orgs., *The Moral Psychology Handbook* (Nova York: Oxford University Press, 2010).

NOTAS   291

185 **Nesta área, os filósofos estão divididos em dois campos principais:** Para um resumo acessível, vide Michael Sandel, *Justice: What's the Right Thing to Do?* (Nova York: Farrar, Straus and Giroux, 2009).

187 **"equilíbrio reflexivo":** John Rawls, *A Theory of Justice* (Nova York: Oxford University Press, 1971).

187 **O filósofo Peter Unger sugere uma situação:** Peter K. Unger, *Living High and Letting Die: Our Illusion of Innocence* (Nova York: Oxford University Press, 1996), citado em Peter Singer, "The Singer Solution to World Poverty", *New York Times Magazine*, 5 de setembro de 1999.

189 **caso de trem desgovernado:** P. Foot, "The Problem of Abortion and the Doctrine of the Double Effect" [1967], in *Virtues and Vices*, org. Philippa Foot (Oxford: Basil Blackwell, 1978); J. J. Thompson: Killing, Letting Die, and the Trolley Problem", *Monist* 59 (1976): 204-17.

190 **a maioria das pessoas sente, intuitivamente, que estes casos são diferentes:** Para uma revisão, vide G. Miller, "The Roots of Morality", *Science* 320 (2008): 734-37.

190 **a Doutrina do Duplo Efeito:** A. McIntyre, "Doctrine of Double Effect", in *The Stanford Encyclopedia of Philosophy* (edição do outono de 2011), org. E. N. Zalta, http://plato.stanford.edu/archives/fall2011/entries/double-effect.

191 **o trabalho do psicólogo Lewis Petrinovich e seus colegas:** P. O'Neill e L. Petrinovich, "A Preliminary Cross-Cultural Study of Moral Intuitions", *Evolution and Human Behavior* 19, n. 6 (1998): 349-67.

192 **John Mikhail fez uma série de estudos:** A dissertação foi publicada como John Mikhail, *Elements of Moral Cognition: Rawls' Linguistic Analogy and the Cognitive Science of Moral and Legal Judgment* (Cambridge: Cambridge University Press, 2010).

192 **um artigo na revista *Science* que usava técnicas de imagem cerebral:** J. D. Greene, R. B. Sommerville, L E. Nystrom,

292   O QUE NOS FAZ BONS OU MAUS

J. M. Darley e J. D. Cohen, "An fMRI Investigation of Emotional Engagement in Moral Judgment", *Science* 293 (2001): 2105-8.

192 **uma grande quantidade de pesquisas em torno de dilemas de bondinhos:** Para uma revisão, vide G. Miller, "The Roots of Morality", *Science* 320 (2008): 734-37.

192 **todas as pessoas neurologicamente normais (...) entre o caso da chave e o caso da ponte:** F. Cushman, L. Young e M. Hauser, "The Role of Conscious Reasoning and Intuition in Moral Judgments: Testing Three Principles of Harm", *Psychological Science* 17 (2006): 1082-89; Mikhail, *Elements of Moral Cognition.*

192 **Até mesmo as crianças de 3 anos (...) se mostraram inclinadas a afirmar que acionar a chave é a coisa certa a fazer:** S. Pellizzoni, M. Siegal e L. Surian, "The Contact Principle and Utilitarian Moral Judgments in Young Children", *Developmental Science* 13 (2010): 265-270.

192 **uma faculdade moral universal, análoga à gramática universal:** Mikhail, *Elements of Moral Cognition;* Marc Hauser, *Moral Minds: How Nature Designed Our Universal Sense of Right and Wrong* (Nova York: HarperCollins, 2006).

193 **a linguagem e a moralidade diferem de forma bastante acentuada:** P. Bloom e I. Jarudi, "The Chomsky of Morality?", resenha de *Moral Minds: How Nature Designed Our Universal Sense of Right and Wrong,* por Marc Hauser, *Nature* 443 (2006): 909-10.

193 **Greene e seus colegas:** J. D. Greene, F. A. Cushman, L. F Stewart, K. Lowenberg, L. E. Nystrom e J. D. Cohen, "Pushing Moral Buttons: The Interaction Between Personal Force and Intention in Moral Judgment", *Cognition* 111 (2009): 364-71.

194 **Um engenhoso estudo observou os efeitos das sugestões da raça das personagens envolvidas:** E. L. Uhlmann, D.

NOTAS 293

A. Pizarro, D. Tannenbaum e P. H. Ditto, "The Motivated Use of Moral Principies", *Judgment and Decision Making* 4 (2009): 476-91.

194 **Em outro estudo, as pessoas foram apresentadas a dilemas de bondinhos depois de assistir a um quadro humorístico:** P. Valdesolo e D. DeSteno, "Manipulations of Emotional Context Shape Moral Judgment", *Psychological Science* 17 (2006): 476-77.

194 **a vasta literatura sobre os dilemas de bondinhos "faz com que o Talmude se assemelhe a um resumo":** Kwame Anthony Appiah, *Experiments in Ethics* (Cambridge, MA: Harvard University Press, 2008), 91.

194 **as mosquinhas-de-fruta da mente moral:** J. D. Greene, "Fruit Flies of the Moral Mind", in *What's Next: Dispatches from the Future of Science,* org. Max Brockman (Nova York: Vintage, 2009).

195 **Adam Smith salienta bem este aspecto:** Adam Smith, *The Theory of Moral Sentiments* (1759; reimpr., Lawrence, KS: Digireads.com, 2011), 61.

197 **A história natural da moralidade começou com pequenos grupos de pessoas reunidas em famílias e tribos:** W. D. Hamilton, "The Genetical Evolution of Social Behavior, Parts 1 and 2", *Journal of Theoretical Biology* 7 (1964): 1-52; R. L. Trivers, "The Evolution of Reciprocal Altruism", *Quarterly Review of Biology* 46 (1971): 35-57; R. L. Trivers, "Parental Investment and Sexual Selection", in *Sexual Selection and the Descent of Man,* org. B. Campbell (Chicago: Aldine, 1972).

198 **Outros argumentam em favor de uma explicação em dois estágios:** Peter J. Richerson e Robert Boyd, *Not by Genes Alone: How Culture Transformed Human Evolution* (Chicago: University of Chicago Press, 2005).

198 **discussões sobre se a seleção de grupo (...) desempenharia algum papel na origem da moralidade:** Para uma defesa

294   O QUE NOS FAZ BONS OU MAUS

recente, vide E. O. Wilson, *The Social Conquest of Earth* (Nova York: Liveright, 2012).

198 Isso foi reconhecido pelo próprio Darwin em suas especulações sobre a origem de nossas capacidades morais: Charles Darwin, *The Descent of Man* (1871; reimpr., Londres: Penguin, 2004),121 (grifo do autor).

199 o altruísmo é fruto do cuidado que oferecemos à nossa prole indefesa: C. Daniel Batson, *Altruism in Humans* (Nova York: Oxford University Press, 2011); Paul Zak, *The Moral Molecule: The Source of Love and Prosperity* (Nova York: Dutton, 2012); Patricia Churchland, *Braintrust: What Neuroscience Tells Us About Morality* (Princeton: Princeton University Press, 2011).

199 pessoas que recebem uma dose do hormônio tornam-se mais confiantes e mais generosas: M. Kosfeld, M. Heinrichs, P. J. Zak, U. Fischbacher e E. Fehr, "Oxytocin Increases Trust in Humans", *Nature* 435 (2005): 673-76; T. Baumgartner, M. Heinrichs, A. Vonlanthen, U. Fischbacher e E. Fehr, "Oxytocin Shapes the Neural Circuitry of Trust and Trust Adaptation in Humans", *Neuron* 58 (2008): 639-50; P. J. Zak, A. A. Stanton, S. Ahmadi e S. Brosnan, "Oxytocin Increases Generosity in Humans", *PLoS ONE* 2 (2007): e1128.

199 mais empáticos e menos suscetíveis ao estresse: S. M. Rodrigues, L. R. Saslow, N. Garcia, O. P. John e D. Keltner, "Oxytocin Receptor Genetic Variation Relates to Empathy and Stress Reactivity in Humans", *Proceedings of the National Academy of Sciences* 106 (2009): 21437-41.

200 a reação provocada pela oxitocina é, por si só, moralmente complexa: C. K. W. De Dreu, L. L. Greer, G. A. Van Kleef, S. Shalvi e M. J. J. Handgraaf, "Oxytocin Promotes Human Ethnocentrism", *Proceedings of the National Academy of Sciences USA* 108 (2011): 1262-66.

NOTAS 295

200 **uma tríade de fundamentos morais:** R. A. Shweder, N. C. Much, M. Mahapatra e L. Park, "The 'Big Three' of Morality (Autonomy, Community, Divinity), and the 'Big Three' Explanations of Suffering", in *Morality and Health*, org. Allan M. Brandt e Paul Rozin (Nova York: Routledge, 1997), 119-69.

200 **um conjunto de seis diferentes fundamentos morais:** Este trabalho foi originalmente desenvolvido em colaboração com Craig Joseph, in J. Haidt e C. Joseph, "Intuitive Ethics: How Innately Prepared Intuitions Generate Culturally Variable Virtues", *Daedalus* 133 (outono de 2004): 55-66. Para uma síntese recente, vide Jonathan Haidt, *The Righteous Mind: Why Good People Are Divided by Politics and Religion* (Nova York: Pantheon, 2012).

202 **a traição é um pecado — e um pecado muito grave:** Haidt, *Righteous Mind.*

203 **Nos Evangelhos, Cristo deixa claro que veio para substituir a família:** Mateus 10:34-37 (Versão do Rei James).

203 **Pode-se observar a mesma preferência na Bíblia hebraica:** Deuteronômio 13:6, 9, 10 (Versão do Rei James).

203 **não existe um sistema cerebral voltado especialmente para o raciocínio sobre o zero:** K. Wynn, "Infants Possess a System of Numerical Knowledge", *Current Directions in Psychological Science* 4 (1995): 172-77.

205 **realmente, nos mostramos mais propensos a ajudar os outros quando vemos os seus rostos e ouvimos os seus nomes:** P. Slovic, "'If I Look at the Mass I Will Never Act': Psychic Numbing and Genocide", *Judgment and Decision Making* 2 (2007): 79-95. Para uma revisão, vide Dan Ariely, *The Upside of Irrationality: The Unexpected Benefits of Defying Logic at Work and at Home* (Nova York: Harper, 2010).

206 **Rachel Aviv relata a vida de adolescentes gays desabrigados:** Rachel Aviv, "Netherland", *New Yorker,* 10 de dezembro de 2012, 64.

296   O QUE NOS FAZ BONS OU MAUS

206 **Certa vez, William Godwin (...) sugeriu a seus leitores:** Peter Singer, *The Expanding Circle: Ethics and Sociobiology* (Nova York: Farrar, Straus and Giroux, 1981).

206 **Como observou Adam Smith:** Adam Smith, *The Theory of Moral Sentiments* (1759; reimpr., Lawrence, KS: Digireads. com), 60.

207 **poderíamos tratar o dilema como ele se não passasse de um problema de matemática:** R. A. Shweder, "A Great Moral Legend from Orissa", *Orissa Society of Americas Souvenir*, 40ª Convenção Anual da Orissa Society of the Americas, julho de 2009.

207 **uma situação de bondinho em que no lugar de pessoas há xícaras de chá:** S. Nichols e R. Mallon, "Moral Rules and Moral Dilemmas", *Cognition* 100 (2006): 530-42.

209 **Em um estudo, um grupo de participantes foi solicitado a doar dinheiro:** T. Kogut e I. Ritov, "The 'Identified Victim' Effect: An Identified Group, or Just a Single Individual?", *Journal of Behavioral Decision Making* 18 (2005): 157-67; Slovic, "If I Look".

209 **indivíduos com lesões no córtex pré-frontal ventromedial (...) tratam o caso da ponte exatamente da mesma forma que o caso da chave:** M. Koenigs, L. Young, R. Adolphs, D. Tranel, F. Cushman, M. Hauser e A. Damasio, "Damage to the Prefrontal Cortex Increases Utilitarian Moral Judgments", *Nature* 446 (2007): 908-11.

210 **polemizar com os consequencialistas:** D. Bartels e D. A. Pizarro, "The Mismeasure of Morals: Antisocial Personality Traits Predict Utilitarian Responses to Moral Dilemmas", *Cognition* 121 (2011): 154-61.

210 **Concordo com Joshua Greene:** J. D. Greene, R. B. Sommerville, L. E. Nystrom, J. M. Darley e J. D. Cohen, "An fMRI Investigation of Emotional Engagement in Moral Judgment", *Science* 293 (2001): 2105-8.

NOTAS

211 muitas vezes somos gentis com os desconhecidos, especialmente aqueles que podemos identificar como individualidades distintas da nossa: Kogut e Ritov, "'Identified Victim' Effect".

7. COMO SER BOM

213 a maneira perfeita para propragandear a própria riqueza e o próprio *status*: Thorstein Veblen, *The Theory of the Leisure Class: An Economic Study of Institutions* (Nova York: Random House, 1899).

213 uma boa forma de atrair parceiros sexuais e namorados: G. F. Miller, "Sexual Selection for Moral Virtues", *Quarterly Review of Biology* 82 (2007): 97-125.

214 espalhou cartas seladas e endereçadas por toda a cidade de New Haven: S. Milgram, L. Mann e S. Harter, "The Lost-Letter Technique: A Tool for Social Research", *Public Opinion Quarterly* 29 (1965): 437-38.

214 Nossa bondade também se torna evidente de outras maneiras: Para uma revisão extensa, vide Steven Pinker, *The Better Angels of Our Nature: Why Violence Has Declined* (Nova York: Viking, 2011).

214 a proposta de Thomas Jefferson: Robert M. Pallitto, *Torture and State Violence in the United States: A Short Documentary History* (Baltimore: Johns Hopkins University Press, 2011).

215 Para alguns, nossa bondade é uma evidência da intervenção divina: Francis Collins, *The Language of God: A Scientist Presents Evidence for Belief* (Nova York: Free Press, 2006); Dinesh D'Souza, *What's So Great About Christianity* (Nova York: Regnery, 2007), 237. A citação de Wallace foi extraída de sua resenha da obra de Charles Lyell, *Principles of Geology*, e foi citada por Robert J. Richards, *Darwin and the*

298 O QUE NOS FAZ BONS OU MAUS

Emergence of Evolutionary Theories of Mind and Behavior (Chicago: University of Chicago Press, 1989).

218 **esta gentileza se transformou em um ato reflexo:** Agradeço a David Rand pelos esclarecimentos sobre este assunto. Para uma discussão sobre como o juízo moral pode se transformar em um reflexo moral, vide, também, D. A. Pizarro e P. Bloom, "The Intelligence of Moral Intuitions: Comment on Haidt", *Psychological Review* 110 (2001): 197-198.

219 **a história relatada por Heródoto:** Heródoto, *The Histories,* ed. rev., trad. Aubrey de Selincourt (Nova York: Penguin, 2003), 3:38.

220 **como as crianças (...) se comportariam depois de observar atos beneficentes praticados por desconhecidos:** Para uma revisão, vide Natalie Henrich e Joseph Henrich, *Why Humans Cooperate: A Cultural and Evolutionary Explanation* (Nova York: Oxford University Press, 2007).

220 **uma série de experimentos realizados recentemente pelo psicólogo Peter Blake:** P. R. Blake, T. C. Callaghan, J. Corbit e F. Warneken, "Altruism, Fairness and Social Learning: A Cross-Cultural Approach to Imitative Altruism", artigo apresentado na Conferência sobre Desenvolvimento Cognitivo da Central European University, Budapeste, Hungria, janeiro de 2012.

221 **"o círculo moral":** Peter Singer, *The Expanding Circle: Ethics and Sociobiology* (Nova York: Farrar, Straus and Giroux, 1981); W. E. H. Lecky, *History of European Morals from Augustus to Charlemagne,* vol. 1 (Nova York: George Braziller, 1955), 103.

222 **nossa solidariedade "se tornou mais sensível e amplamente difundida (...)":** Charles Darwin, *The Descent of Man* (1871; reimpr., Londres: Penguin, 2004), 149.

222 **o poder do contato pessoal:** Gordon W. Allport, *The Nature of Prejudice* (Reading, MA: Addison-Wesley, 1954). Para uma

NOTAS   299

revisão, vide T. E. Pettigrew, "Intergroup Contact Theory", *Annual Review of Psychology* 49 (1998): 65-85.

223 **exposição a histórias:** M. Nussbaum, "Exactly and Responsibly: A Defense of Ethical Criticism", *Philosophy and Literature* 22 (1998): 354.

224 **ao sofrimento dos prisioneiros em confinamento solitário:** A. Gawande, "Hellhole", *New Yorker,* 30 de março de 2009, 36-45.

224 **"a exposição a mundos que só podem ser vistos através dos olhos de um estrangeiro (...)":** Pinker, *Better Angels,* 175.

224 **"tratar ficções como pílulas de estmiluação moral (...)":** H. Vendler, "The Booby Trap", *New Republic,* 7 de outubro de 1996, 34, 37.

224 **muitas das grandes histórias expressam valores tenebrosos:** R. Posner, "Against Ethical Criticism", *Philosophy and Literature* 21 (1997): 5.

224 **diz-se que Joseph Goebbels amava a tragédia grega:** M. Beard, "Do the Classics Have a Future?", *New York Review of Books,* 12 de janeiro de 2012.

225 **pessoas que leem mais livros de ficção têm habilidades sociais um pouco mais elevadas:** R. A. Mar, K. Oatley, J. Hirsh, J. de la Paz e J. B. Peterson, "Bookworms Versus Nerds: Exposure to Fiction versus Non-fiction, Divergent Associations with Social Abllity, and the Simulation of Fictional Social Worlds", *Journal of Research in Personality* 40 (2006): 694-712.

225 **adultos que sofrem de formas leves de autismo, e que, portanto, têm alguma imparidade social, estão menos interessados em ficção:** J. L. Barnes, "Fiction, Imagination, and Social Cognition: Insights from Autism", *Poetics* 40 (2012): 299-316.

225 **a ficção certa no momento certo pode produzir algum efeito:** Vide, também, Paul Bloom, *Descartes' Baby: How*

300   O QUE NOS FAZ BONS OU MAUS

the Science of Child Development Explains What Makes Us Human (Nova York: Basic Books, 2004); Pinker, Better Angels.

226   quando as aldeias rurais indígenas instalarem TV a cabo, (...) a preferência pelos filhos homens diminuirá: R. Jensen e E. Oster, "The Power of TV: Cable Television and Women's Status in India", Quarterly Journal of Economics 124 (agosto de 2009): 1057-94.

227   para elas, não se pode ser bom sem acreditar em Deus: P. Bloom, "Religion, Morality, Evolution", Annual Review of Psychology 63 (2012): 179-99.

227   Eles são vistos como egoístas e imorais, (...) esnobes: P. Edgell, J. Gerteis e D. Hartmann, "Atheists as 'Other': Moral Boundaries and Cultural Membership in American Society", American Sociological Review 71 (2006): 211-34.

228   "Desafiar o altruísmo limitado (...) uma condição de Seu próprio reconhecimento": J. Waldron, "Secularism and the Limits of Community", NYU School Law, Artigo sobre Pesquisas em Direito Público No. 10-88, http://papers.ssrn. cam/sol3/papers.cfm?abstract_id=1722780, 10. Para argumentos semelhantes, vide D'Souza, What's So Great About Christianity.

228   a religião é "violenta, irracional, intolerante (...)": Christopher Hitchens, God Is Not Great: How Religion Poisons Everything (Nova York: Twelve Books, 2007), 56.

229   algumas das mais horríveis atrocidades da história tiveram como motivação a fé religiosa: Matthew White, The Great Big Book of Horrible Things: The Definitive Chronicle of History's 100 Worst Atrocities (Nova York: Norton, 2011).

229   as "criancinhas" zombaram do profeta Eliseu por causa de sua calvície: Reis 2:23-25 (Versão do Rei James).

230   em uma sociedade, os indivíduos religiosos são mais morais do que os indivíduos seculares?: Para uma revisão, vide P.

NOTAS   301

Bloom, "Religion, Morality, Evolution", *Annual Review of Psychology* 63 (2012): 179-99.

231   "Uma vez constatado o quanto uma pessoa é conscienciosa (...) não a crença religiosa": Robert D. Putnam e David E. Campbell, *American Grace: How Religion Divides and Unites Us* (Nova York: Simon & Schuster, 2010), 467, 473.

231   uma forte relação entre a religiosidade e o apoio a atentados suicidas com bombas: J. Ginges, I. Hansen e A. Norenzayan, "Religion and Support for Suicide Attacks", *Psychological Science* 20 (2009): 224-30.

232   alguém que acredita que a morte dos infiéis seja um desejo de Deus ficará muito mais entusiasmado em matar infiéis: Richard Dawkins, *The God Delusion* (Nova York: Bantam, 2006), 348.

232   a crença religiosa não causa a crença moral — ela a revela: Robert Wright, *Evolution of God* (Nova York: Little, Brown, 2009), 410.

233   um círculo moral maior nem sempre é o melhor: Para uma investigação anterior sobre algumas das ideias aqui expostas, vide Bloom, *Descartes' Baby*.

234   arremessar um gato em uma fogueira era considerado uma forma aceitável de entretenimento público: Norman Davies. citado em Pinker, *Better Angels*, 145.

235   David Brooks faz uma articulada defesa desta tendência: David Brooks, *The Social Animal: The Hidden Sources of Love, Character, and Achievement* (Nova York: Randam House, 2011), x, xiii.

235   um clássico artigo de 2001: J. Haidt, "The Emotional Dog and Its Rational Tail: A Social Intuitionist Approach to Moral Judgment", *Psychological Review* 108 (2001): 814-34, citações das pp. 814 e 830.

236   cujo mote vem de David Hume: David Hume, *A Treatise of Human Nature* (Nova York: Oxford University Press, 1978). 415.

302 O QUE NOS FAZ BONS OU MAUS

236 lavar as mãos (uma evocação da pureza) aumenta nosso nível de reprovação moral (...) spray de pum: S. Schnall, J. Haidt, G. L. Clore e A. H. Jordan, "Disgust as Embodied Moral Judgment", *Personality and Social Psychology Bulletin* 34 (2008): 1096-1109; E. Helzer e D. A. Pizarro, "Dirty Liberals: Reminders of Cleanliness Promote Conservative Political and Moral Attitudes", *Psychological Science* 22 (2011): 517-22.

236 Estaremos mais dispostos a ajudar os outros se sentirmos o cheiro de pão fresco no ar ou se tivermos acabado de encontrar uma pequena soma de dinheiro: R. A. Baron e J. Thomley, "A Whiff of Reality: Positive Affect as a Potential Mediator of the Effects of Pleasant Fragrances on Task Performance and Helping", *Environment and Behavior* 26 (1994): 766-84; A. M. Isen e P. F. Levin, "The Effect of Feeling Good in Helping: Cookies and Kindness", *Journal of Personality and Social Psychology* 21 (1972): 384-88.

237 as disputas enfrentadas por crianças brancas e negras no sul dos Estados Unidos durante o movimento dos direitos civis: Robert Coles, *The Moral Life of Children: How Children Struggle with Questions of Moral Choice in the United States and Elsewhere* (Boston: Houghton Mifflin, 1986).

237 mulheres jovens na iminência de decidir se deveriam abortar: Carol Gilligan, *In a Different Voice: Psychological Theory and Women's Development* (Cambridge, MA: Harvard University Press, 1982).

237 indivíduos que são vegetarianos por razões morais não têm dificuldade de articular as justificativas para sua decisão: Paul R. Amato e Sonia A. Partridge, *The New Vegetarians: Promoting Health and Protecting Life* (Nova York: Plenum Press, 1989), citações das pp. 36-37.

238 crianças de 6 a 10 anos que se tornaram vegetarianas: K. M. Hussar e P. L. Harris, "Children Who Choose Not to

NOTAS

Eat Meat: A Study of Early Moral Decision-Making", *Social Development* 19 (2010): 627-41.

240 **declarações explícitas de imparcialidade:** Peter Singer, *The Expanding Circle: Ethics and Sociobiology* (Nova York: Farrar, Straus and Giroux, 1981).

241 **"Assim, quando você tenta (...) você é sugado para uma posição de compromisso com o não uso do dano enquanto um objetivo geral":** Pinker, *Better Angels*, 648.

242 **Com frequência, a empatia e a imparcialidade se reforçam mutuamente:** D. A. Pizarro e P. Bloom, "The Intelligence of Moral Intuitions: Comment on Haidt", *Psychological Review* 110 (2001): 197-198; Martin L. Hoffman, *Empathy and Moral Development: Implications for Caring and Justice* (Nova York: Cambridge University Press, 2000).

242 **os comportamentos parentais que o psicólogo Martin Hoffman chama de** induções: Hoffman, *Empathy and Moral Development*.

245 **eles registraram este processo de persuasão moral:** Melanie Killen e Adam Rutland, *Children and Social Exclusion: Morality, Prejudice, and Group Identity* (Nova York: Wiley/ Blackwell, 2011), 20-21.

246 **"Não sou bom em agir com nobreza (...)":** o exemplo de *Casablanca* também é mencionado por Singer, em *Expanding Circle*, 340.

Este livro foi composto na tipologia Minion
Pro Regular, em corpo 11,5/15,5, e impresso em
papel off-white no Sistema Cameron da Divisão
Gráfica da Distribuidora Record.